学前教育专业（五年制）系列教材

Youeryuan Guanli

幼儿园管理

何光明 / 主编　　吕海云 / 副主编

U0652232

北京师范大学出版集团
BEIJING NORMAL UNIVERSITY PUBLISHING GROUP
北京师范大学出版社

图书在版编目(CIP)数据

幼儿园管理 / 何光明主编 . —北京：北京师范大学出版社，
2020.8(2025.8 重印)

ISBN 978-7-303-26263-2

Ⅰ.①幼… Ⅱ.①何… Ⅲ.①幼儿园—管理 Ⅳ.①G617

中国版本图书馆 CIP 数据核字(2020)第 159438 号

出版发行：北京师范大学出版社 https://www.bnupg.com

北京市西城区新街口外大街 12-3 号

邮政编码：100088

印　　刷：天津中印联印务有限公司

经　　销：全国新华书店

开　　本：787 mm×1092 mm　1/16

印　　张：17.5

字　　数：353 千字

版　　次：2020 年 8 月第 1 版

印　　次：2025 年 8 月第 4 次印刷

定　　价：39.80 元

策划编辑：王　超　　　　　　　责任编辑：张　爽

美术编辑：焦　丽　　　　　　　装帧设计：焦　丽

责任校对：段立超　王志远　　　责任印制：赵　龙

前　言

《幼儿园工作规程》指出："幼儿园教育是基础教育的重要组成部分，是学校教育制度的基础阶段。"做好幼儿园管理，对于全面贯彻党的教育方针，规范办园行为，提高保育和教育质量，促进幼儿身心健康具有十分重要的意义。作为学前教育专业的一门重要必修课程，幼儿园管理的专业教育不仅有利于提升学生的理论素养，促使其掌握科学的管理理念，形成正确的教育价值观，为其将来参与或直接从事幼儿园教育管理工作提供积极的价值引领，同时也可以为国家培养更多、更优秀的幼儿园教育管理人才。

近年来，由于中、高职学前教育专业招生火热，相应地，幼儿园管理这门课程教材的品种也越来越多。应该说，任何一本教材的编写都花费了编者大量的时间和精力，而且各有特点，例如，有的教材重视逻辑结构，理论体系较强；有的教材重视联系实际，直观的经验现象描述较多；还有的教材紧跟新形势，对政策、文件介绍较多。本教材吸纳了众多教材的优点，从学科特点和学生的学习需求出发，体现了如下特点。

在整体框架上，传统"幼儿园管理"教材的体系框架大多是，首先介绍管理和中外管理理论，其次介绍幼儿园管理的体制、组织机构、意义、任务、内容、原则、方法，最后介绍幼儿园保教工作管理、卫生保健管理、后勤工作管理、园长的领导艺术、幼儿园评价等。本教材打破了这一结构体系，开篇第一章主要对"幼儿园管理"进行总体概述，介绍了管理的概念、性质、作用和基本要素，以及幼儿园的类型、组织机构和领导体制，包括幼儿园管理的含义、意义、任务、内容、过程、原则和方法。从第二章开始，本书将传统"幼儿园管理"教材的主体内容按照管理要素"人、财物、事、时间、空间、信息"等分章来介绍。其中，第二章从幼儿园教师和保育员队伍建设、后勤人员队伍建设、幼儿园中层管理人员队伍建设，以及幼儿园园长和领导团队自身建设几个维度，集中介绍幼儿园中"人"的管理。第三章从幼儿园的招生和编班、教育工作管理、卫生保健工作管理、后勤保障(包括财和物的管理)与安全工作管理、家长工作和社区工作管理、规章制度建设、教科研工作管理方面介绍了幼儿园中"事"的管理。第四章则集中介绍时间、空间和信息管理。此外，本教材将"幼儿园课程管理与特色建设"和"幼儿园发展与评价"单独分章介绍，增加了"幼儿教育政策法规"一章，将"经典管理理论简介"的内容放在最后介绍，力图避免传统教材将此放在第一部分所带来的占用较多授课时间，且理论抽象影响学生的学习兴趣等弊端。

在编写体例方面，本教材每章开篇安排一个与本章内容相近的"管理小故事"，以期激发学生的阅读兴趣。每章开始之前都以"本章学习导图"的形式，概括勾勒出本章主要的学习内容，以代替传统教材的"本章学习目标"。在每一节介绍完成后，都安排一个"本节小结"，代替传统教材的"本章小结"，以期引导学生"小步骤"学习并及时巩固消化所学内容。在对具体内容进行介绍的同时，本教材还视具体情况，适当列举了一些事例，以"想一想"的形式启发学生联系对所学内容进行思考。对于一些与教材相关的带有拓展性的内容，本教材则以"延伸阅读"的形式介绍一些有价值的阅读材料，以拓宽学生的知识面。在练习设计方面，本教材力图让练习紧贴教材内容，以期引导学生有效地把握教材的重点内容并及时巩固强化。同时，教材中一些没有定论的内容则尽可能以"主观题"的形式出现，用"你认为……""你觉得……"等表述，或安排学生在课外上网查找、收集相关书面文字资料，以拓宽学生的思维空间。

在语言叙述方面，本教材力图做到通俗、简洁，尽可能以通俗易懂的语言重点突出、直截了当地介绍教学内容，努力以分明的层次、简洁的语言再现教材内容，力求做到言简意赅、简明扼要。

本教材主要供五年制学前教育专业大专班和三年制中等职业学校学前教育专业的学生使用，也可供其他本、专科院校学前教育专业学生和园长继续教育培训等使用。

本教材在编写过程中，参考了一些图书、期刊和电子资料，借鉴了现行多本幼儿园管理教材的编写体例，引用了众多专家学者的理论观点，宿州市埇桥区直属幼儿园滕文艳园长帮助提供了一些有价值的图片，在此，对相关专家、学者、出版部门，宿州市埇桥区直属幼儿园以及滕文艳园长表示衷心的感谢！

本教材第一、二、三、五、六、八章由宿州逸夫师范学校何光明撰写，第四、七章由灵璧师范学校吕海云主任撰写。

受编者理论水平和管理经验的限制，教材或有许多不足之处，恳请使用者或其他相关专家学者提出批评意见，以期能不断修改完善。

编者

目　　录
CONTENTS

目　　录
CONTENTS

CHAPTER 1

第一章
幼儿园管理
概述

管理小故事

贞观治道①

有一天，唐太宗李世民和群臣讨论如何平息盗贼。有人请求用严格的法令来禁止，唐太宗微笑着说："北行之所以成为盗贼，是因为赋税劳役繁重，官吏贪污，民众饥寒切身，所以才不顾廉耻的。朕应当捐弃奢华，减少费用，轻徭薄赋，任用清廉的官员，让百姓衣食有余，自然就不做盗贼了，哪里需要用重法！"就这样过了几年之后，天下太平，路不拾遗，外面的大门都不需要关闭，商旅之人可以在荒郊野外露宿，都不用担心治安问题。

【分析】上述故事说明：管理既要管又要理。管理者若单靠一厢情愿的压制，而不分析问题的实质，不考虑被管理者的感受，就不会起到应有的管理成效。唐太宗之所以能取得那样的管理成效，就是因为抓住了问题的本质，即满足老百姓的基本生活需要，最终实现了"仓廪实而知礼节"。此外，这一故事还告诉我们，管理者要严格要求自己，只有严于律己，率先垂范，才能树立威信，增强感召力。

---

① 司马光：《资治通鉴》（中华经典藏书），245－246页，陈磊译注，北京，中华书局，2007。引用时有改动。

本章学习导图

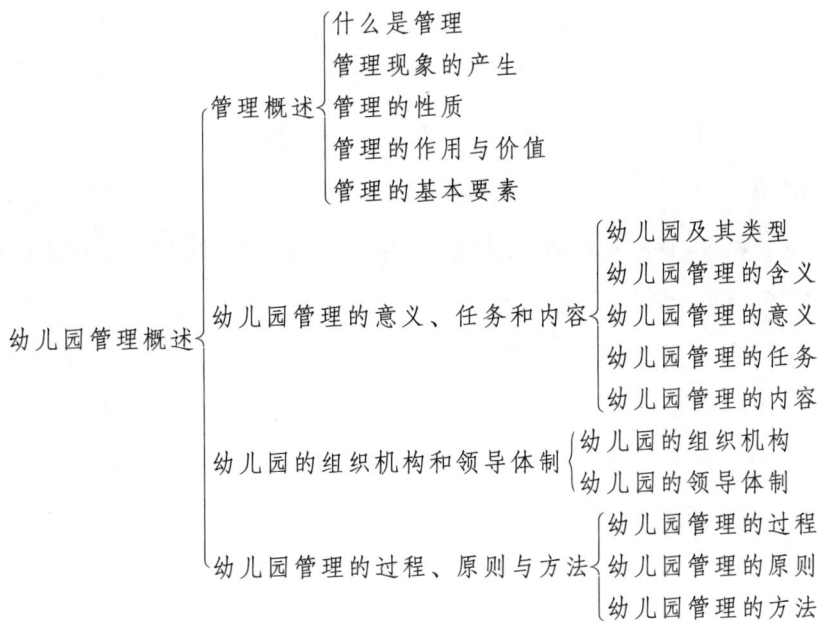

```
                    ┌ 什么是管理
                    │ 管理现象的产生
            管理概述 ┤ 管理的性质
                    │ 管理的作用与价值
                    └ 管理的基本要素
                                        ┌ 幼儿园及其类型
                                        │ 幼儿园管理的含义
            幼儿园管理的意义、任务和内容 ┤ 幼儿园管理的意义
                                        │ 幼儿园管理的任务
                                        └ 幼儿园管理的内容
幼儿园管理概述 ┤
                                        ┌ 幼儿园的组织机构
            幼儿园的组织机构和领导体制 ┤
                                        └ 幼儿园的领导体制
                                        ┌ 幼儿园管理的过程
            幼儿园管理的过程、原则与方法 ┤ 幼儿园管理的原则
                                        └ 幼儿园管理的方法
```

第一节　管理概述

一、什么是管理

(一)管理的概念

对管理概念的理解，见仁见智，不同学者由于所站角度不同，对管理概念的理解也不一样，例如，有的人认为管理是一种活动，有的人认为管理是一个过程，有的人认为管理就是决策等。根据《现代汉语词典》的解释，管理具有以下三层意思：①负责某项工作使顺利进行，如管理财务；②保管和料理，如管理图书等；③照管并约束(人或动物)，如管理牲口等。① 从组织运行角度来看，有人认为，管理就是

---

① 中国社会科学院语言研究所词典编辑室编：《现代汉语词典》第 7 版，482 页，北京，商务印书馆，2018。

"在组织中，有关人员对各种资源进行适当领导、组织和安排，以完成预定的目标和任务"[①]。从要素发挥角度来看，有人认为，管理就是"把一个机构所拥有的人力、物力、财力充分运用起来，使之发挥最大效果，以达到机构的目的，完成机构的任务"[②]。综上所述，我们认为，所谓管理，就是合理地利用或调控单位组织的内外相关资源要素，提高运行效益，以实现预期目标的活动过程。

(二)管理与组织

组织的含义包括名词和动词两方面意思。作为动词，是指安排分散的人或事物使具有一定的系统性、整体性，如组织人力，这篇文章组织得很好。作为名词，是指系统；配合关系；或按照一定的宗旨和系统建立起来的集体，如党团组织、工会组织等。[③] 从作为集体单位的组织来看，管理一般是在某一特定组织中进行的，任何一个组织要做到有序运行，必须借助于管理。就像我们经常说班主任要"组织和培养班集体"，而不是"管理班集体"一样。班级不需要管吗？需要管理，但是这种管理是通过开展形式多样的班级活动，建立健全班级常规管理制度得以实现的。

(三)管理与领导

领导一般是指领头的人或引领指导某人做某事。领导和管理都有组织、控制、协调的意思，但是，领导侧重于率领、引导下属人员为实现共同的奋斗目标而运用权力，向其下属施加影响力的一种行为或行为过程；而管理则主要是指对管理者所属的单位或个人进行监督、调控。例如，毛泽东带领中国人民推翻帝国主义、封建主义和军阀统治，建立新中国，这一行为过程就是领导，企业经理对企业内部人、财物等的调控就是一种管理。

(四)管理与教育

管理和教育都是人类特有的一种社会现象，但是，两者既有区别又有联系。从两者的区别来看，广义的教育泛指一切有意识地影响人、培养人的活动。狭义的教育是指根据一定的社会要求和受教育者的身心发展规律，通过专门的教育机构对受教育者实施的有目的、有计划的社会实践活动。由此可见，管理更多地趋向于约束、

---

① 吴志宏等主编：《新编教育管理学》，4页，上海，华东师范大学出版社，2000。
② 黄志成、程晋宽：《教育管理论》，3页，上海，上海教育出版社，2001。
③ 刘振铎主编：《汉语辞书大全·汉语词典》，1238页，长春，北方妇女儿童出版社，2002。

控制，教育则更多地趋向于启发引导。从两者的联系来看，管理中的"理"实际上就是道理，也就是说，管理就是通过约束，使人们的言行符合某种道理或者说达到某种要求。但是，任何有效的管理都不是简单的管制和约束，都需要借助于说服教育，启发引导或情感激励。同时，教育也不是万能的，卓有成效的教育也必须辅之以必要的约束控制。人们常说的"家有家规，校有校纪"，实际上就是说，无论是家庭教育还是学校教育，都需要借助一定的规矩或纪律才有可能取得良好的教育效果。

案例[①]

某幼儿园每月都要召开园务会，对一个月的工作进行回顾和总结，并通报工作检查和考勤结果。有一次，在园务会前，后勤园长告诉园长，中三班卫生工作做得不好，扣分了。开会时，园长通报了检查结果，并批评了中三班保育员。谁知保育员竟然情绪激动地与园长争执起来，最后摔门而去。

事后，园长经过调查得知，保育员之所以未做好卫生，是因为她所在的班级当时有位老师请假了，没有来得及按时做完。这位保育员平时又是一位非常爱面子、自尊心极强的人。园长当着全园教师的面批评她，保育员觉得很冤枉，严重挫伤了她的自尊心，她认为园长是有意跟她过不去。

于是园长亲自找到那位保育员，当面向她致歉，表明自己没有做深入调查了解就批评人，方法不当。保育员见园长态度诚恳，并亲自向自己道歉，这说明园长并不是与自己过不去才批评自己，于是她也检讨了自己的错误，并向园长保证，今后一定努力把工作做好。

> 🙍 **想一想**
>
> 中三班保育员的态度为何会发生如此转变？

二、管理现象的产生

管理作为一种社会现象，是随人类社会的出现而产生的。早在远古时期，人类

---

① 程凤春主编：《幼儿园管理的 50 个典型案例》，39 页，上海，华东师范大学出版社，2011。引用时有改动，后同。

的祖先过着群居生活，他们以狩猎为生。在刚开始的狩猎活动中只是单个人追逐猎物，狩猎的成功率很小，但是后来人们发现，如果几个人从不同的角度一起去围堵猎物，就很容易成功，于是人们就推举一个人专门负责指挥大家统一行动，集体围猎，最早的管理活动就在这种情况下产生了。

随着人类社会的发展，管理活动也越来越频繁，范围也越来越广。家庭出现以后，产生了家庭管理；阶级出现之后，逐渐产生了奴隶主义统治制度，封建主义统治制度和资本主义管理制度。当然，在管理活动的产生和发展过程中，人类也积累了一些管理经验，形成了许多管理思想理论，产生了一些体现管理思想的重大管理成果，例如，埃及的金字塔建设工程、中国的长城建设工程等，这些重大工程，既是管理思想的体现，也是人类管理智慧的结晶。当今世界的管理，已经形成了众多管理理论，出现了许多管理理论流派，而且管理也日趋信息化、网络化、数字化，管理手段和管理水平已经迎来了一个新的飞跃时期。

三、管理的性质

(一)管理是一种普遍存在的社会现象

从管理活动的产生过程来看，应该说管理是随着人类社会的产生而出现的。时至今日，从家庭生活理财到企业工人的机器操作，从单位部门的人员聘用和工作安排到国家的宏观管控，从细微的软件设计到航天飞船的太空运行，都存在管理，可以说，有人的地方就有管理，有时间和事务的安排就需要管理。管理无处不在，无时不有。

(二)管理是一门科学

从管理活动产生和发展的过程来看，管理理论也从零星发展到系统，从简单的经验总结发展到深刻的理论探究，而且管理已经形成了既有专门的研究对象，又有相应的研究方法的系统科学。目前，管理作为一门学科，其理论已经形成了许多流派，例如，经验主义学派、行为主义学派、系统学派、决策学派等。同时，管理学也出现了众多分支体系，如行政管理学、经济管理学、企业管理学、教育管理学等，其中教育管理又可分为学校管理和教育行政管理，学校管理又可细分为大学管理、中小学管理和幼儿园管理等。

(三)管理是一门艺术

现实生活中，我们经常发现，不同的家庭对孩子的影响不一样，孩子成长和发展的轨迹也不一样。会管教孩子的家长，教育出来的孩子往往既懂事又有上进心；而一些家长以简单粗暴的方式教育出来的孩子则往往厌学、不懂道理。这种现象实际上说明了，在家庭中，家长对孩子的管教是一门艺术。在学校工作中，同样也可以看出教师的管理艺术，如同一个年级的学生，有不同的班主任，其带班的效果往往不一样。有的班主任平时似乎不怎么问班级学生的事，但班风却很好，有的班主任天天待在班级，班风仍然不如其他班级。所以说，管理有方法，有技巧。不管是家庭的教子理财，还是企业的经营竞争，抑或是单位部门的团队精神打造，都需要科学性、艺术性和现实性的管理方法。

案例

批评也要讲究艺术①

在一次全园会上，园长表扬了一些老师主动留园工作，以鼓励其他老师参加上级单位组织的欢度教师节的活动，然后又批评某老师说："A老师一开口问我加班有没有钱，真没意思。我们做老师的应该讲点奉献精神，即使有想法也要在合适的场合、选择合适的方式提出来，哪能当着小朋友的面就乱讲呢？"

大会结束后，这位挨批评的老师情绪消沉，躲着园长，不愿再找园长讲话，以前那种正常的同事关系荡然无存。

时隔几日，园长终于忍不住了。她找到这位老师谈心，这位老师说："真没想到，您当着那么多人的面，把我的一句玩笑话捅了出来，我还能跟您说些什么呢？"

园长陷入了沉思，这件事情如果换一种方式，换一个讲法，可能比现在的结果要好一些……看来，批评也要讲究艺术。

> **👥 想一想**
>
> 批评是一种艺术吗？你认为怎样才能做到既批评人又不伤人自尊呢？

四、管理的作用与价值

管理不只是一门艺术，好的管理还可以产生一定的价值，对管理对象具有积极

---

① 张燕、邢利娅主编：《幼儿园管理案例及评析》，163页，北京，北京师范大学出版社，2002。引用时有改动，后同。

的作用。

(一)管理关系到国家的稳定繁荣

历史上不同国家的兴衰存亡，当今世界的多极化现象，都说明善管理的国家则强盛，不善管理的国家则衰亡，管理关系到一个国家的繁荣稳定。众所周知，近年来，中国在世界上的地位越来越高，综合国力也越来越强大，一个重要原因就是国家的管理越来越科学。

(二)管理关系到社会的发展进步

在漫长的人类社会中，从原始社会的刀耕火种到封建社会的牛耕马拉，这种经验型的管理模式伴随着人类社会走过了几千年。但是，管理科学产生以后，在正确的思观念指导下，社会的发展进步日新月异。当今时代，从核导弹的研制到大型航空母舰的建造，从核潜艇、无人机到成功登月，无不凝聚着管理的价值。可以预见，信息技术的广泛运用，特别是数字化、云计算等技术应用于管理，会给人类社会带来更快、更大的进步。

(三)管理关系到企业经营效益

众所周知，日本从第二次世界大战结束到现在，其经济恢复只有几十年时间，但是，日本从当时国力耗尽、满目疮痍的废墟，发展到企业和产品遍及世界各地的程度，是什么原因呢？而且尽管日本人多地少，其经济总量却位居全球前列。日本经济之所以发展如此之快，主要原因是日本人的企业管理比较精细，生产过程的管理较为科学。日本的管理经验充分表明，任何企业要发展，要兴盛，必须要有好的管理，管理直接影响到企业的经营效益。

(四)管理关系到个体的人生价值

平时我们经常说，经营人生。人生又不是经济，谈何经营？实际上这里讲的经营就是管理，也就是说，人生也需要管理。大家都知道，一个人如果善于自我约束、自我控制，就容易养成良好的习惯和个性品质；如果善于合理地安排时间，科学规划人生目标，就容易走向成功。相反，一个人若管不住自己，凡事随心所欲，不管是学习还是工作，都很难有所成就。所以说，管理关系到个人的人生价值，影响到人的生活质量。

五、管理的基本要素

管理的要素是指管理系统的构成因素。根据不同的分析标准，管理要素有不同的观点，而且随着社会的发展和管理理论的深入，有关管理要素的观点和内容也越来越丰富。

（一）过程要素说

传统的管理理论根据管理过程的结构分析，认为管理包括管理者、管理对象和管理手段三个方面，也就是常说的管理三要素。

（二）职能要素说

有人对管理的职能进行分析，认为管理应包括计划、组织、协调和控制四个要素，也称管理四要素说。

（三）资源要素说

随着科技的进步和社会分工的精细化，研究者又将管理要素概括为人、财物、事、空间、时间、信息、手段七个方面，也就是常说的管理七要素。这种观点是目前大家普遍认可的、最具研究价值的管理要素观，而且随着社会的发展和管理系统的不断深入，人们对管理的要素，有时进行适当地整合，有时又将一些重要、无形的资源列入其中，例如，有人将薪资待遇、绩效考核、规章制度、管理目标、文化技术、社会关系等也纳入管理要素的范畴。因此，管理要素就出现了六要素说、八要素说、九要素说，甚至十要素说等。

1. 人的要素

常言说：事在人为，财在人理，物在人管。所以，在管理过程中，人是最核心的要素，也是能动的、最具潜力的要素。管理者在管理工作中必须尊重、关心、信任、体谅每个工作人员，做到心中有"人"，并且在遇到一些原则性问题时又要果敢行事，不屈就，做到心中无"人"。

2. 财物要素

财和物是单位部门的工作开展的物质基础。这方面的管理主要涉及资金的筹措与使用，物品、设施设备的购置、使用和维修等。财物管理的基本指导思想是广开财源，勤俭节约，物尽其用。

3. 事的要素

事是指一个单位或部门平时要处理的日常事务。不同单位、不同部门所要处理的事务也不一样，例如，企业的"事"主要有员工的招聘与考核、材料设备的购置与使用，产品的推销与售后服务等，而幼儿园的"事"包括招生、教育、保育、教研、家长工作、教师进修等。管事要做到心怀全局，抓大事，系统抓，重点抓，急事急办。

案例

一起事故的处理[①]

某班午睡起床后，孩子们说："眼睛有点难受。"保健医生看过后说："有点像红眼病。""可晨检没有发现这种症状，不应该是红眼病！"园长马上请来保洁员，检查孩子们的床上、被褥上有什么东西。保洁员说："没发现什么。"园长立即把早班老师叫回单位，让她想想上午带孩子们都去了什么地方。这时孩子们陆续离园，老师一边向家长交代回去后给孩子点眼药水，一边继续查找原因。突然上午班老师说："我想起来了，十点半我带孩子到户外活动，关灯时没注意，按错了开关，把紫外线打开了。"园长问："大约开灯多长时间？"老师说："一个多小时。"园长马上向眼科医生咨询。眼科医生说："可能是灼伤。"随即医生告诉幼儿园取一些治疗灼伤的眼药水，并说如果孩子们明天不见好，马上带孩子们来医院检查。

幼儿园连夜派老师到小朋友家送眼药水，并向家长说明原因和注意事项，等到第二天早上，孩子们来园时，眼睛就已经好了。晚上，园长特意召开此班家长会。在会上，园长、本班教师当面向家长做检讨，承认错误；幼儿园拿出资金为小朋友发营养品。

👤 想一想

如何看待该园长对这一事件的行为反应？

4. 空间要素

空间主要指单位部门内外物质环境和精神氛围。管好空间可以起到充分利用资源，潜移默化地陶情冶性的作用。空间管理一般包括有型空间的规划设计，物质环境的净化美化，轻松愉快的人际氛围的营造等。

---

① 张燕、邢利娅主编：《幼儿园管理案例及评析》，96页，北京，北京师范大学出版社，2002。

5. 时间要素

所谓时间管理实际上就是对时间的使用和统筹。时间既无限又有限。科学合理地安排时间，有利于提高工作效率。从管理角度来说，管好时间就是要学会对时间进行统筹使用，做到抓主放次、抓重放轻、抓急放缓，对于主要管理者来说，还要学会脱身，避免琐事缠身。

6. 信息要素

信息是指事物运动的状态与方式。作为管理的要素，信息既是资源，又是机会，妥善地搜集和处理信息有时还能反映出管理者的智慧。对信息的管理，要求管理者首先要有敏感的信息知觉，及时获取新的、有价值的信息，才能与时俱进；其次要有前瞻意识，提前占有信息，超前谋划。同时，管理者对信息的统揽，还要有度。

7. 手段要素

管理的手段要素是指管理要采用的方法、技术措施等。如何管理？怎样才能提高管理效能？这是每位管理者首先和重点考虑的因素。众所周知，科学而合理的管理手段有助于提高工作效率，而落后的不切实际的管理措施则不利于工作效率的提高，有时甚至还会起反作用。管理手段要因人、因事、因时、因地而用。

案例

男女教师为何待遇不同①

某幼儿园有两名男教师，他们的到来为清一色女教师主导的幼儿园带来了活力，同时两位小伙子也深受园长的喜爱。

一年后，园长承诺：只要期末考核合格，两位男教师可以一个月涨 150 元工资。现在两位男教师已经在幼儿园工作 5 年了，工资比一同参加工作的女教师多了 750元。这时一同来的女教师找到园长提出：为什么同时参加工作的教师，男教师比她们多拿那么多工资？园长不知如何回答。

> 😀 **想一想**
>
> 怎样看待该幼儿园的做法？

---

① 程春风主编：《幼儿园管理的 50 个典型案例》，69 页，上海，华东师范大学出版社，2011。

🖊️ **本节小结**

1. 管理是指管理者通过某种手段对管理对象(人、财物、事等)施加影响,使管理过程中人的行为表现或财物等的存在状况符合管理者的要求。管理与组织、管理与领导、管理与教育是互相联系又实质不同的概念。

2. 管理是一种普遍存在的社会现象,产生于原始社会人类群体的狩猎活动。管理是一门科学,又是一门艺术。

3. 管理关系到国家的稳定繁荣和社会的发展进步,关系到企业的经营效益,影响个人的人生价值。

4. 管理的要素是指管理系统的构成因素。管理工作涉及的要素很多,从管理过程看,主要包括管理者、管理对象和管理手段三个方面;从管理职能看,包括计划、组织、协调和控制四个要素;从资源角度看,通常分为人、财物、事、空间、时间、信息、手段七个基本方面。

📚 **思考与练习**

1. 管理、领导、组织、教育四者是不是一回事?为什么?

2. 联系实际谈谈管理的作用。

3. 上网搜索"管理要素",查看有关管理要素的说法有多少种。

第二节　幼儿园管理的意义、任务和内容

一、幼儿园及其类型

(一)幼儿园与幼教机构

幼儿园是针对 3 岁以上幼儿设立的一种教育机构。其教育对象一般是 3～6 岁的幼儿,与此相衔接的学段是小学阶段。所以说,幼儿教育是基础教育的重要组成部分,是学校教育制度的基础阶段。作为一种教育机构,幼儿园必须把实施全面发展的教育,促进幼儿身心和谐发展作为主要任务,同时向家长提供科学的育儿指导。

从学习制度来看，幼儿园教育一般是三年制，按小班、中班和大班三个阶段分班。规模大一点的幼儿园，每个年级可设若干个平行班。但是根据幼儿的年龄特点和管理要求来说，每个幼儿园在园幼儿一般不超过360人。

幼儿园是一种幼教机构，但是广义的幼教机构除了幼儿园之外，还包括托儿所、亲子园、音乐、舞蹈、美术等特殊才艺班，以及针对幼儿的特训营等。

图 1-1　某幼儿园教学楼图片

(二)幼儿园的类型

依据不同的分类标准，幼儿园的类型多种多样。从办园性质来看，有公立幼儿园和私立幼儿园；从办园主体来看，有政府办园、企业办园、个体办园；从资金投入和管理模式来看，有公办民助幼儿园、民办公助幼儿园和股份制幼儿园等；从幼儿的学习形式和时间安排来看，有全日制幼儿园、半日制幼儿园、定时制幼儿园、季节制幼儿园和寄宿制幼儿园等；从办园水平来看，有示范幼儿园和一般幼儿园；从办园的等次级别来看，有省市一类园、二类园等；从管理的主体层级来看，有部属幼儿园、省直幼儿园、市直幼儿园、县直幼儿园、镇直幼儿园。

案例

国务院关于当前发展学前教育的若干意见

国发[2010]41号（节选）

学前教育是终身学习的开端，是国民教育体系的重要组成部分，是重要的社会公益事业。……办好学前教育，关系亿万儿童的健康成长，关系千家万户的切身利益，关系国家和民族的未来。

发展学前教育，必须坚持公益性和普惠性，努力构建覆盖城乡、布局合理的学前教育公共服务体系，保障适龄儿童接受基本的、有质量的学前教育；必须坚持政府主导，社会参与，公办民办并举，落实各级政府责任，充分调动各方面积极性；必须坚持改革创新，着力破除制约学前教育科学发展的体制机制障碍；必须坚持因地制宜，从实际出发，为幼儿和家长提供方便就近、灵活多样、多种层次的学前教育服务；必须坚持科学育儿，遵循幼儿身心发展规律，促进幼儿健康快乐成长。

各级政府要充分认识发展学前教育的重要性和紧迫性，将大力发展学前教育作为贯彻落实教育规划纲要的突破口，作为推动教育事业科学发展的重要任务，作为建设社会主义和谐社会的重大民生工程，纳入政府工作重要议事日程，切实抓紧抓好。

……大力发展公办幼儿园，提供"广覆盖、保基本"的学前教育公共服务。加大政府投入，新建、改建、扩建一批安全、适用的幼儿园。不得用政府投入建设超标准、高收费的幼儿园。中小学布局调整后的富余教育资源和其他富余公共资源，优先改建成幼儿园。鼓励优质公办幼儿园举办分园或合作办园。制定优惠政策，支持街道、农村集体举办幼儿园。

鼓励社会力量以多种形式举办幼儿园。通过保证合理用地、减免税费等方式，支持社会力量办园。积极扶持民办幼儿园特别是面向大众、收费较低的普惠性民办幼儿园发展。采取政府购买服务、减免租金、以奖代补、派驻公办教师等方式，引导和支持民办幼儿园提供普惠性服务。民办幼儿园在审批登记、分类定级、评估指导、教师培训、职称评定、资格认定、表彰奖励等方面与公办幼儿园具有同等地位。

城镇小区没有配套幼儿园的，应根据居住区规划和居住人口规模，按照国家有关规定配套建设幼儿园。新建小区配套幼儿园要与小区同步规划、同步建设、同步交付使用。建设用地按国家有关规定予以保障。未按规定安排配套幼儿园建设的小区规划不予审批。城镇小区配套幼儿园作为公共教育资源由当地政府统筹安排，举办公办幼儿园或委托办成普惠性民办幼儿园。城镇幼儿园建设要充分考虑进城务工人员随迁子女接受学前教育的需求。

……各地要把发展学前教育作为社会主义新农村建设的重要内容，将幼儿园作为新农村公共服务设施统一规划，优先建设，加快发展。各级政府要加大对农村学前教育的投入……国家实施推进农村学前教育项目，重点支持中西部地区；地方各级政府要安排专门资金，重点建设农村幼儿园。乡镇和大村独立建园，小村设分园或联合办园，人口分散地区举办流动幼儿园、季节班等，配备专职巡回指导教师，逐步完善县、乡、村学前教育网络。改善农村幼儿园保教条件，配备基本的保教设施、玩教具、幼儿读物等。创造更多条件，着力保障留守儿童入园。发展农村学前教育要充分考虑农村人口分布和流动趋势，合理布局，有效使用资源。

> **👤 想一想**
>
> 上述文件中提到了哪几种类型的幼儿园？

二、幼儿园管理的含义

幼儿园管理可分为广义和狭义两个方面。广义的幼儿园管理是指外部对幼儿园的管理，一般指政府和教育主管部门对幼儿园的指导、监督和调控。例如，各地教育行政部门对民办幼儿园办园资质的审查和对幼儿园安全工作的指导等，是一种宏观监督，这是一种广义的管理。狭义的幼儿园管理主要是指幼儿园内部的管理，即幼儿园管理者在园内，对其所属的人、财物、事等进行科学的组织和合理的利用。例如，在幼儿园内，通过建立健全规章制度去规范全体教职工的工作行为，使用某种方法激发教职工的工作热情，提高工作效率和办园水平等，这是由幼儿园领导和教职工一起在园内自行开展的管理活动，是一种微观的内部管理，即狭义的幼儿园管理。一般所说的幼儿园管理主要是指狭义的幼儿园管理。

幼儿园管理与教育管理既有区别也有联系。教育管理是指管理者通过组织协调教育队伍，利用教育内部的各种有利条件，高效率地实现教育目标的活动过程，包括国家对教育系统进行组织调控的一系列活动。教育管理包括幼儿园管理，幼儿园管理是整个教育管理的一部分。幼儿园管理的水平在一定程度上影响整个教育管理的质量和效果。

三、幼儿园管理的意义

俗话说，管理无小事。虽然说管理要事无巨细，但这也说明管理很重要。幼儿园管理不是一件小事，幼儿园管理，不仅关系到幼儿的发展，还关系到国家的前途和社会的发展程度。

(一)幼儿园管理关系到幼儿的身心健康

目前，在幼教界最热的一个话题就是幼儿园小学化的问题。这一问题实际上就是幼儿园的办园方向问题。或者说，幼儿阶段，是教幼儿写字做题，在其顽童时代就给其施加沉重的学习压力和心理负担，还是培养幼儿良好的习惯，激发其认知兴趣。管理者能否把握住正确的"风向标"，直接影响到幼儿身心能否健康发展。

(二)幼儿园管理关系到教职工积极性的调动程度

众所周知，管理是一门艺术。幼儿园管理者的管理理念、工作能力和工作方法如何，直接关系到能否有效协调园内各种复杂的人际关系，激发教职工的工作热情，从而最大限度地调动全体人员的工作积极性，提高办园质量，实现办园效益的最大化。

(三)幼儿园管理关系到国家前途和未来社会发展的后劲

梁启超先生在《少年中国说》中提出，"少年智则国智，少年富则国富，少年强则国强，少年独立则国独立……少年进步则国进步"。幼儿是祖国的花朵，是人类的未来，幼儿园办园成果的直接体现就是幼儿的素质。幼儿的素质又会影响到其后继学习的潜质和动力，关系到未来社会的人才素质，直接影响到国家前途和未来社会发展的后劲。

![案例]案例

在幼儿园学到了什么？[①]

1987 年，75 位诺贝尔奖获得者相聚在巴黎，记者问其中一位诺贝尔奖获得者："您在哪所大学学到了您认为最重要的东西？"老人莞尔一笑，回答："在幼儿园。"记者又问："在幼儿园学到了什么？""学到把自己的东西分一半给小伙伴，不是自己的东西不要拿，用过的东西要放回原处，吃饭要洗手，做错事要表示歉意，午饭后要休息，要仔细观察大自然，我学到的最重要的东西就是这些。"

> **👤 想一想**
>
> 获奖老人的话对我们有何启示？

四、幼儿园管理的任务

幼儿园的任务是指幼儿园担负的职责。幼儿园管理的任务是为了实现幼儿园的任务而要达到的工作要求，即利用幼儿园内外各种教育资源，通过发挥计划、组织、领导和调控等管理职能，有效地实现"促进幼儿全面发展"的管理目标。具体来说，幼儿园管理要完成的任务主要有以下几个方面。

（一）建立管理系统，完善规章制度

幼儿园管理首先要规范管理行为，明确各项工作要求，所以，管理幼儿园最重要的是建立健全的岗位责任制，使各类人员明确岗位职责，同时建立切实可行的规章制度，使各类人员依规履职，遵纪行事。

（二）用好人力资源，调动各方积极因素

人是幼儿园中最活跃的因素，也是幼儿园发展的有效动力。办好幼儿园，关键是选好人、用好人，调动园内外各种积极因素，推动幼儿园各项工作的有效实施。

（三）改善教育环境，创建和谐园所

环境是影响人发展的重要因素。在幼儿园管理中，要努力创设园内良好的物质

---

① 朱家雄、张亚军主编：《给幼儿园园长的建议》，161 页，上海，华东师范大学出版社，2010。引用时有改动。

环境，营造健康和谐的精神氛围，积极开展园本文化建设，创建和谐园所，营造宽松、愉悦、创新、向上的发展氛围。

（四）提高保教质量，促进幼儿健康成长

促进幼儿发展是幼儿园的首要任务，也是幼儿园管理的最终目标。所以，在幼儿园管理中，管理者要始终围绕幼儿园的工作要求，始终坚持以提高保教质量，促进幼儿健康成长为终极目标，部署和安排幼儿园各项工作。

五、幼儿园管理的内容

所谓幼儿园管理的内容是指幼儿园管理工作要做的具体事务，即幼儿园管理者要管什么，或者说幼儿园管理者要做哪些事？从不同角度来看，幼儿园管理的内容包含的要素是不一样的。

第一，从管理的性质来看，幼儿园管理主要包括前勤的保教工作管理、后勤的总务工作管理、党务工作管理等内容。

第二，从管理的资源要素来看，有"三要素"说，即传统的"人、财、物"的管理；"四要素"说，即常说的"人、财、物、事"；近年来，对管理的资源要素又进一步细化，诸如"人、财、物、事、时间、空间"六要素说、"人、财物、事、时间、空间、信息、手段"七要素说等。应该说，不同的管理要素就是管理要涉及的内容。

第三，从管理的实务来看，幼儿园管理的内容主要涉及幼儿园发展的规划、幼儿园规章制度的建设、幼儿园保教工作的实施、幼儿园后勤保障工作的管理、幼儿园组织文化的建设、幼儿园教职工和领导团队的建设等。从目前来看，幼儿园管理的内容一般是幼儿园管理实务涉及的内容。

本节小结

1. 幼儿园是针对 3～6 岁幼儿设立的教育机构。依据的分类标准不同，幼儿园也有不同类型。

2. 幼儿园管理可分为广义和狭义两个方面。广义的幼儿园管理是指外部对幼儿园的管理，主要是指政府和教育主管部门对幼儿园的指导、监督和调控。狭义的幼儿园管理主要是指幼儿园内部的管理，即幼儿园管理者在园内，对其所属的人、财

物、事等进行科学的组织和合理的利用。幼儿园管理，不仅关系到幼儿的发展，还关系到国家的前途和社会的进步。

3. 幼儿园管理要完成的任务主要有建立管理系统，完善规章制度；用好人力资源，调动各方积极因素；改善教育环境，创建和谐园所；提高保教质量，促进幼儿健康成长。

4. 幼儿园管理内容是指幼儿园管理工作要做的具体事务，从不同角度来看，幼儿园管理的内容不一样。从管理的实务来看，一般认为幼儿园管理的内容主要包括幼儿园发展的规划、幼儿园规章制度的建设、幼儿园保教工作的实施、幼儿园后勤保障工作的管理、幼儿园组织文化的建设、幼儿园教职工和领导团队的建设等。

思考与练习

1. 调查你身边 1～2 所幼儿园，了解其办园类型和资金来源的渠道。

2. 为什么要研究和加强幼儿园管理？幼儿园管理要完成的主要任务有哪些？

3. 有人说，幼儿园管理就是对幼儿园教职工的严格要求和管束。你觉得这种说法对吗？为什么？你认为幼儿园管理应包括哪些内容？

第三节　幼儿园的组织机构和领导体制

一、幼儿园的组织机构

(一)幼儿园组织机构的含义

组织是指为实现一定目标而结合的集体或团体。机构是指机关单位部门的组成。组织机构是指单位部门的构成，主要包括单位部门在职务范围、责任分担以及权力等方面形成的结构体系。依此类推，幼儿园组织机构是指在幼儿园内，为保证各项工作的正常运行而设置的科室、班组以及相关部门的构成形式。如园长室、保教处、总务处等。

(二)幼儿园的组织层次

幼儿园的组织机构应该是一个健全完整的系统，而且根据职责权限的不同，又可以划分为不同的层次。一般来说，从高到低，幼儿园的组织机构可分为以下几个层次。第一，决策指挥层。这一层通常是指园长室，其组成人员主要包括园长和副园长等，他们居于幼儿园组织机构的最高层，行使决策指挥的职能。第二，执行管理层。这一层在幼儿园中常见的形式主要是保教处和总务处，其组成人员主要是保教主任、总务主任等。他们居于幼儿园管理的中间层，向上对园长负责，执行园长室的决定，向下负责管理和指导具体工作。第三，具体工作层。这一层居于幼儿园管理的基层，通常表现为年级、班级、教研组等，组成人员一般是幼儿园工作的具体实施者，如教师、保育员、其他后勤人员等。

(三)幼儿园组织机构的类型

幼儿园的组织机构因幼儿园的性质、规模不同可以有不同的类型，但是总的来看，可以分为行政组织和非行政组织两大类。行政组织主要包括园长室、保教处、总务处、年级组、教研组或学科组，以及大班、中班、小班等。非行政组织主要是指党群组织，例如，幼儿园的党支部、团支部、工会、家长委员会、关工委等。

(四)幼儿园组织机构的设置

幼儿园组织机构的设置关系到领导关系和职责权限的分工，组织机构的设置是否科学、合理直接影响到领导作用的发挥。一般来说，健全的幼儿园组织机构有利于发挥各职能部门的作用，最大限度地调动教职员工的工作积极性，进而有效地实现幼儿园的任务。相反，如果幼儿园组织机构不健全，例如，组织机构过少，该设的机构未设置，则不利于发挥部门的应有职能。同时，幼儿园的组织机构如果过多，又容易出现机构臃肿、人浮于事的现象，同样不利于提高工作效率。

1. 幼儿园组织机构设置的依据

幼儿园组织机构的设置要考虑多种因素，首先，要依据政府和主管部门的规定设置组织机构。《幼儿园工作规程》第五十六条规定："幼儿园应当建立园务委员会。园务委员会由园长、副园长、党组织负责人和保教、卫生保健、财会等方面工作人员的代表以及幼儿家长代表组成。"第五十七条则提出："幼儿园应当加强党组织建设，充分发挥党组织政治核心作用、战斗堡垒作用。幼儿园应当为工会、共青团等其他组织开展工作创造有利条件，充分发挥其在幼儿园工作中的作用。"很显然，根据这一规定，幼儿园必须要设立园务委员会、党支部、共青团、工会等组织。

其次，要依据幼儿园的实际情况设置组织机构。不同的幼儿园，由于性质、规模、办园条件的不同，其相应的组织机构设置也会有所差别，民办幼儿园可以成立董事会，设置人事处等职能部门，公立幼儿园一般则没有。规模大的幼儿园可能有保教处、总务处、教研组等组织，而规模小的幼儿园则可能由园长直接管理某一部门，如保教或总务等，而不设保教处或总务处。

再次，要依据幼儿园的服务内容和服务时间设置组织机构。例如，实行全托形式的幼儿园，就要成立膳食组，设立全托班等，否则，就无须设置这些组织。

最后，要依据幼儿园重点任务的要求设置组织机构。例如，有的幼儿园为了加强教科研工作，提高教师的教学研究能力，单独设立教研室，为了有效做好家长工作，成立家长委员会等，以保证重点工作、重点任务的顺利完成。

2. 幼儿园组织机构的设置模式

幼儿园组织机构的设置模式因幼儿园的性质、规模的不同而各不相同。看一下下列五种模式类型：

(1)模式一(常规模式)：

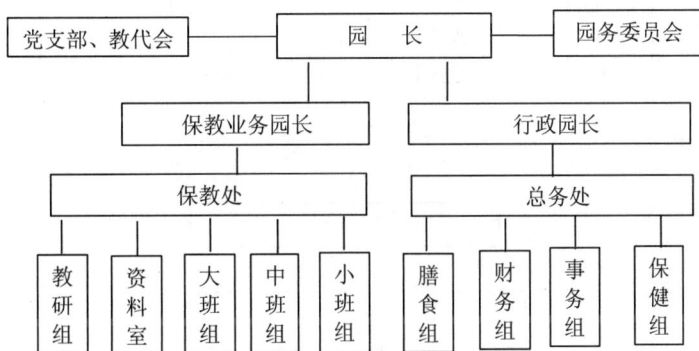

(2)模式二：

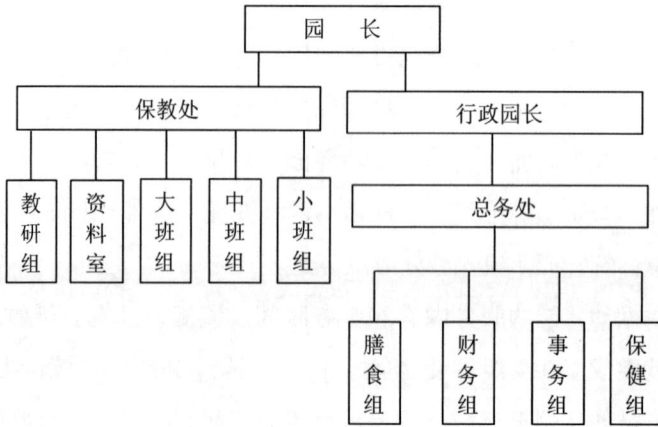

(3)模式三：

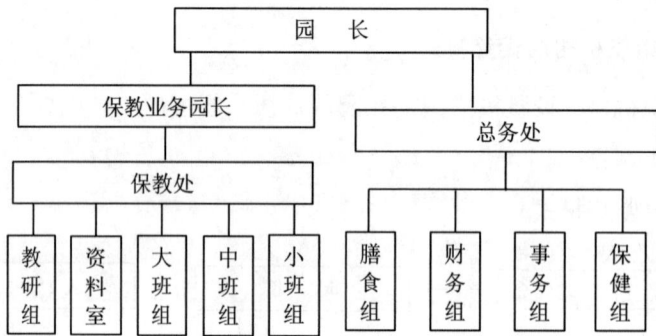

(4)模式四：

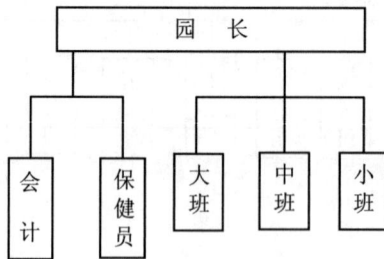

(5)模式五(民办园模式):

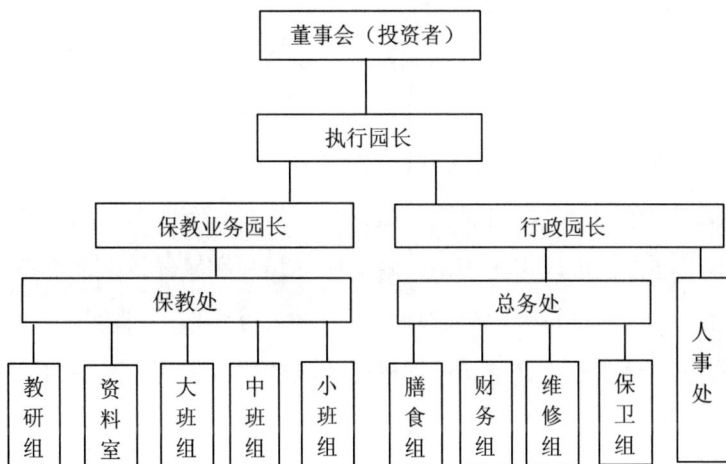

3. 幼儿园组织机构设置的基本原则

幼儿园组织机构的设置要遵循幼儿园工作运行的基本规律,又要符合幼儿园的实际和主管部门的要求。具体来说,要遵循以下几条原则。

(1)目标任务原则

所谓目标任务原则是指一个幼儿园设置什么样的机构,要根据幼儿园的工作任务、性质、规模来确定,也就是说,有什么样的任务,就需要设置什么样的组织,相应地确定什么岗位。也就是说,设置幼儿园组织机构要以事为中心,因事设职,因职设岗,因岗择人,做到事事有人做、人人有事做。

这方面存在的问题主要有两点。一是人情关系问题。在实际管理工作中,有的幼儿园为了安置园领导或上级主管部门的个别亲友就业,单独为这些人员设置一些不该设置或可设可不设的岗位,就像常说的"萝卜招聘",实际上是一种只考虑亲情关系,而忽视客观管理规律的错误做法。二是缺位问题。一些幼儿园有的部门虽然有岗位,但是无人任职,例如,目前比较明显的就是,很多幼儿园,虽然按国家规定每个班级配备两名教师、一名保育员,但是保育员很难配足配齐,有的条件简陋的农村幼儿园连基本的教师需求都很难满足。除此之外,还有财务室、医务室等,很多幼儿园难以足量配备相关专业人员,这就是岗位设置的缺位现象。

(2)分工明确,运转高效原则

幼儿园的组织机构不是越多越好,也不是越少越好,一个总原则是科学设置、合理设置，要做到分工明确，以充分发挥每个职能部门的功能，提高工作效率。

与这一原则相关的问题主要有以下三种表现。一是机构重叠。幼儿园管理虽然事务繁杂，但是，很多工作可以归属到某个科室或部门去实施，例如，保卫科、膳食科等可以放在总务科，由总务科安排具体人员负责即可，如果单设保卫科或膳食科，对中等以下规模的幼儿园来说，就没有必要，类似科室设置过多容易出现机构重叠，产生越权现象。二是职责不明，缺乏统一指挥。有些幼儿园虽也设置了一些组织机构，但是各部门的职责不明确，缺乏统一指挥和领导，以至于经常出现多头领导，政出多门，"十八口子乱当家"现象。三是人浮于事。在幼儿园中，有些事务工作量弹性较大，如水电、维修、小规模幼儿园的财务室等。这些相关工作可以采取兼职方式运作，如果这些类似岗位都实行专人负责，甚至由几个人负责，人多事少，就会增加办园成本，甚至会给管理带来不必要的纷扰。

(3)层级结构合理，跨度有效原则

现行的幼儿园管理仍然是以科层式体制为主。从科层制管理理念来看，层级越少，管理效率越高，管理者的工作负担越重。相反，层级越多，管理效率越低，管理者的工作负担越轻。因此，幼儿园管理组织机构的设置，应考虑幼儿园的实际情况和管理者的工作负担，做到层级结构合理，在合理跨度内设置组织机构。这方面存在的问题主要是，有的幼儿园组织机构设置过于扁平，横向跨度过大，导致主要领导工作压力过大；有的幼儿园设置的组织机构，中间层过多，纵向跨度大，容易造成机构臃肿，人浮于事，甚至出现推诿扯皮现象。

(4)管教结合原则

上文提到，管理倾向于约束控制，教育侧重于启发引导。真正有效的管理既要管也要教，做到管教结合。因为任何企事业单位的经营运转必须要有与之相适应的管理制度，用制度去约束、规范被管理者的日常行为，才能保证幼儿园有良好的运行秩序，但是，仅仅依靠管理只能约束其行，很难管住其心，要真正使被管理者心悦诚服地接受管理要求并付诸实际行动，还要提高被管理者的认识，激发其热情，增强其遵循管理要求的主动性。当然，管理者的儿童观、教育观、社会价值观等也会在不同程度上影响管理效果，一般来说，先进科学的价值观有利于提高管理效能，陈旧落后的价值观制约管理效能的提升。

二、幼儿园的领导体制

体制是指国家机关、企事业单位的机构设置和管理权限划分，以及相应的关系，如政治体制、领导体制、学校体制等。体制是国家基本制度的重要表现形式，为基本制度服务。领导体制是指组织系统内部进行决策、指挥、监督等领导活动的具体制度，主要涉及领导者的职责、权限、地位和隶属关系等。领导体制是领导者与被领导者之间建立关系、发生作用的桥梁与纽带，对于一个单位、一个集体的发展具有十分重要的意义。

幼儿园的领导体制是指幼儿园领导的地位、职责、权限及其隶属关系的表现形式。这一表现形式主要表现为幼儿园的外部管理体制和内部管理体制两种。

从外部管理体制来看，1985 年，《中共中央关于教育体制改革的决定》指出："要把发展基础教育的责任交给地方。"幼儿园作为基础教育的一部分，其外部管理体制，理所当然地也实行"地方负责，分级管理"、有关部门分工协调的管理体制。

案例

转制后，如何处理与"老上级"的关系[1]

某街道园重新开办三年以来，经过全园领导和老师的共同努力，在较短时间里从一所规模小、投入少、师资力量薄弱的无名小园，一跃成为市里少数街道办园中的一级一类园。该园现在实行园长负责制，虽然该园属所在街道办事处管理，但已自负盈亏，成为相对独立的办学实体。该幼儿园职工绝大部分为公职人员，仅有外聘教师 2 名。由于该园办园规模不大，基础较薄弱，现仅能维持收支平衡，而人员的配置也恰好合乎比例，没有多余的人员编制。

某天，园长接到街道办事处通知。因该办事处下辖的另一所幼儿园经营不善，亏损较多，现已决定解散，原公职教师需要分配至各效益好的幼儿园。因此，该园需要接收 3 名教师。

该园受办事处领导，虽然自收自支、自负盈亏，但在人事上没有独立的任免权，办事处可以干预该园的人事事务。可是该园目前的人员已满，且恰好能维持收支平

---

[1] 张燕、邢利娅主编：《幼儿园管理案例与评析》，17 页，北京，北京师范大学出版社，2002。

衡，若接受上级的安排，则会直接影响到该园的收支平衡乃至园所将来的发展。

在此问题上，园长感到进退两难。作为独立的经济实体，在园长负责制下，园领导有权拒绝上级领导部门的人事安排；但是，尽管该园在形式上实现了体制转轨，但事实上与原来的体制仍有千丝万缕的联系，这就表现在与上级领导部门的关系上。园长想拒绝但又不敢拒绝，于是与上级磋商，希望能减少或减免额外的人员安排。

> 😑 **想一想**
>
> 如何看待该园长面临的进退两难之窘境？

从内部管理体制来看，《幼儿园工作规程》规定："幼儿园实行园长负责制。"所谓园长负责制，是指园长是幼儿园全园保育教育和行政工作的最高领导，对外负责与主办单位和业务主管部门协调，对内负责人员配备、职能部门的协调与管理等工作。园长在幼儿园内具有决策指挥权、人事管理权和财物管理权。

但是，园长负责制并不是园长一个人说了算，因为《幼儿园工作规程》还规定：幼儿园应当建立由园长任主任、"园长、副园长、党组织负责人和保教、卫生保健、财会等方面工作人员的代表以及幼儿家长代表组成"的园务委员会，其职责是："对规章制度的建立、修改、废除，全园工作计划，工作总结，人员奖惩，财务预算和决算方案，以及其他涉及全园工作的重要问题进行审议。"除此之外，《幼儿园工作规程》第五十七、第五十八条还规定：幼儿园应当"加强党组织建设，充分发挥党组织政治核心作用、战斗堡垒作用"，应当"建立教职工大会制度或者教职工代表大会制度，依法加强民主管理和监督"，同时还应当"为工会、共青团等其他组织开展工作创造有利条件，充分发挥其在幼儿园工作中的作用"。

案例

尴尬的园长①

某私立幼儿园由一名园长兼任法人代表负责园内全面工作，该园长年纪较大，是某幼儿园的退休老园长；由一名教学主任负责园内教育教学和后勤工作；幼儿园上级管理部门为公司董事会，由一名年轻有魄力的董事长直接参与幼儿园管理。

---

① 程凤春主编：《幼儿园管理的50个典型案例》，35—36页，上海，华东师范大学出版社，2011。

元旦将至，幼儿园决定举办一场大型"元旦狂欢夜"活动。董事长亲自策划、组织本次活动，并将活动的具体组织交给教学主任总负责，而将本次活动的"美食节"环节交给园长负责。于是在活动中，董事长和教学主任直接单线联系，确定活动方案的内容与过程，然后教学主任找每个部门负责人协调落实各个细节。园长很不满意这样的安排，但是又迫于董事长的安排，只能接受。

教学主任仿佛成为活动的总负责人，所有策划和安排直接与董事长商量，全权安排相关负责人，甚至还给园长分派工作。

整个活动在董事长的策划、组织，以及教学主任的步步跟进下取得圆满成功，而教学主任也因活动组织的非常成功而大受董事长赏识。之后，他借董事长的权威，在各种会议中以董事长的名义发表见解，大事小事直接找董事长汇报，根本不把园长放在眼里。园长心里一直窝着火，觉得自己在员工心中的地位受到了威胁，大家也不知道到底是园长说了算还是教学主任说了算。

👤 想一想

董事长和教学主任的做法是否合适？为什么？

📖 本节小结

1. 幼儿园组织机构是指在幼儿园内，为保证各项工作的正常运行而设置的科室、班组，以及其他相关部门的构成形式。

2. 幼儿园的组织机构可以分为高层、中层和基层三个层次，分别称为决策指挥层、执行管理层、具体工作层。幼儿园的组织机构可以分为行政组织和非行政组织两大类。

3. 幼儿园组织机构具有不同的模式，其设置要结合幼儿园的实际情况，依据政府和主管部门的规定，综合考虑服务内容、服务时间和重点任务的要求。

4. 幼儿园的领导体制是指幼儿园领导的地位、职责、权限及其隶属关系的表现形式。幼儿园外部管理体制实行"基础教育，地方负责"、有关部门分工协调的管理体制，幼儿园内部实行"园长负责制"。

📚 思考与练习

1. 什么是组织机构？幼儿园组织机构可以分为哪几个层次？有哪些类型？

2. 幼儿园组织机构设置的依据是什么？设置幼儿园组织机构要遵循哪些原则？

3. 有人说，"园长负责制，就是园长一个人说了算"，这种说法对吗？为什么？

第四节　幼儿园管理的过程、原则与方法 //////

一、幼儿园管理的过程

（一）管理过程

管理过程是指，为实现管理目标，管理者组织全员按计划有步骤地进行共同活动的程序。

（二）幼儿园管理的过程

幼儿园管理的过程是指，幼儿园管理者根据幼儿园的任务要求，组织全体教职工恪尽职守，最大限度地达成幼儿园目标的实施过程。

（三）幼儿园管理过程的实质

由于所站角度不同，每个人对管理过程的理解不一样，对幼儿园管理过程的理解也就不同。根据有关管理理论和幼儿园实际工作的运行情况，我们可以将幼儿园管理的过程理解为以下三点。

第一，幼儿园管理实质上就是幼儿园管理者通过一定的管理措施，最大限度地调动教职工工作的积极性、主动性和创造性，高质量地实现幼儿园管理目标的过程。

第二，幼儿园管理的过程就是"决策—执行"两个环节循环往复的过程。根据著名管理学家西蒙的"决策链条说"，管理就是一个不断决策的过程，即"决策—执行—再决策—再执行"循环往复的运行过程。

第三，幼儿园管理的过程就是"计划—执行—检查—总结"四个环节螺旋上升的过程。根据著名管理学家戴明的"四环说"观点，每一个相对完整的管理过程都是由计划、执行、检查、总结四个环节构成的，每一个过程结束后，又会在总结的基础上进行再计划、再执行、再检查、再总结，表现为螺旋式上升。

（四）幼儿园管理过程的运行

戴明的"四环说"理论是目前幼儿园管理过程的基本程式。下面就此四个环节做简要介绍。

1. 幼儿园工作计划的制订

孔子说："凡事预则立，不预则废。"毛泽东在《论持久战》中也说："没有事先的计划和准备，就不能获得战争的胜利。"工作计划作为某个组织或个人在一定时间内的工作打算和基本规划，是一项工作的起始环节。一项科学合理的工作计划，对于减少盲目性和主观随意性，有的放矢地开展工作，提高管理成效具有十分重要的意义。所以，幼儿园管理者要高度重视幼儿园工作计划的制订，做到未雨绸缪，精心设计，超前谋划。

根据不同的分类标准，幼儿园工作计划可分为不同的类型。从工作性质来看，有党务工作计划、工会工作计划、保教工作计划、总务工作计划、卫生保健工作计划、家长工作计划、班级工作计划、单元主题活动计划等；从制订计划的主体来看，有全园工作计划、科室工作计划、教师个人工作计划等；从计划实施的时间长短来看，有学年工作计划、学期工作计划、月工作计划、周工作计划、一日活动安排和某次具体活动计划等。

幼儿园管理者，首先要制订好幼儿园全园工作计划，其次要在此基础上指导下属科室和教师个人制订相关工作计划。

幼儿园工作计划因性质和制订主体不同，其基本格式也不一样。下面重点介绍幼儿园全园学期工作计划的基本格式。

全园学期工作计划，是根据幼儿园某学期的工作任务，按照国家和教育主管部门要求制订的学期工作方案。它要站在全园的高度，对幼儿园的保育、教育、安全、卫生等各个方面的工作进行整体安排。幼儿园全园工作计划的基本结构一般包括指导思想、本学期的目标任务、实现目标任务的措施、每月具体工作安排等。请看下面幼儿园学期工作计划。

案例

××幼儿园学期工作计划[①]

一、指导思想

认真落实区托幼办和学校工作指示精神，坚持以科学管理为保障、以教师幼儿发展为根本、以优质保教为中心，深化规范与发展并举的管理思路。本学期将进一步提高教师和幼儿素质，不断提升幼儿园办园质量和服务水平，使幼儿园质量和水平在原有基础上再创新高。

二、工作目标和具体措施

（一）重视安全保健工作，营造安全温馨校园

1. 有计划地开展教师安全知识问答、幼儿安全教育和师幼安全实战演习，提高教师、幼儿的安全意识和应急突发事件的能力。

2. 细化一日活动安全管理细则，规范日常工作要求，将安全责任落实到每一个环节。

3. 规范卫生保健工作，严格执行幼儿园卫生保健制度，全方位做好防病防疫工作，确保幼儿身心健康。

（二）加强教师多方位培养，提高教师综合素质

1. 深入学习《幼儿园工作规程》（简称《规程》）和《幼儿园教育指导纲要（试行）》（简称《纲要》）中的细则，每月交流学习笔记，进行理论联系实践的考核，提高教师理论素养和对《规程》《纲要》的实际应用能力。

2. 分别组织语言组和音乐组的教师进行图画书讲述和边弹边唱的技能考核，提高教师的专业技能。

3. 开辟"优秀园丁"和"幼儿园里好事多"德育栏目，鼓励优秀教师脱颖而出，倡导家长和小朋友学习幼儿园里的好人好事。

4. 继续开展"快乐10分钟大家谈"主题讨论，在原有基础上鼓励教师关注幼教事业发展方向，提高服务家长的意识。

---

① 何光明：《幼儿园教育活动设计与组织》，21—22页，长春，吉林大学出版社，2013。引用时有改动。

（三）组织形式多样的教学活动，促进幼儿和谐发展

1. 要求各班结合幼儿园工作计划制订科学合理的班级工作计划，注重计划的可操作性和实用性。

2. 通过每学期一次的教学评优和日常的有效教研，加强教学研究力度，增加领导推门听课次数，逐步提升日常教育教学质量。

3. 深入开展早期阅读和诵读古诗活动，鼓励教师、幼儿读经典读好书，提高教师、幼儿文化素养，促进幼儿语言能力的提高。

4. 结合全国运动会在济南召开的大好形势，组织各班开展"我运动　我健康"的传统体育游戏，鼓励每位幼儿参加运动会，为其提供展示自我和健康成长的机会。

（四）密切家园联系，形成有效教育合力

1. 更新幼儿园家长委员会成员，积极听取家长委员会成员对幼儿园各方面工作的意见和建议，不断改善办园条件。

2. 组织家长和幼儿开展安全童谣的创编和朗诵活动，丰富幼儿关于安全的知识，提高家长和幼儿的安全意识。

3. 通过家长会的专题内容，与家长探讨教育话题，形成教育合力，达成教育共识。

4. 利用"家园直通车""撷海拾贝""家园共育"等多种形式，对家长进行育儿指导和培训，加强沟通与交流。

5. 增设园长信箱，充分发挥家长的监督作用，加大家园交流力度，不断规范教育行为。

三、每月具体工作安排

八月：

1. 以先进的教育理念为指导，更新园所环境，开展环境创设评比活动。

2. 全面整理园所物品和卫生，为幼儿营造整洁舒适的环境。

3. 新小班试入园活动，配备优质师资，稳定幼儿情绪，进行活动常规和行为习惯培养。

九月：

1. 根据区托幼办和学校工作指示，结合本园实际，传达幼儿园工作计划，各班制订学期教育计划。

2. 召开新学期幼儿园和班级的家长会，传达本学期幼儿园和班级工作思路，取得家长对幼儿园工作的支持。

3. 参加省十佳幼儿园开放活动。

十月：

1. 组织教师开展以体育和科学学科为主的教学评比活动。

2. 各班学习徒手操，规范动作与要求，进行徒手操评比活动。

3. 组织教师进行《纲要》和幼儿园规章制度的理论考核。

十一月：

1. 组织教师进行图画书讲述和边弹边唱的技能考核。

2. 组织幼儿和家长参与安全童谣创编评比活动。

3. 开展"我运动　我健康"的幼儿冬季运动会。

十二月：

1. 迎新年庆祝活动。

2. 进行备课评优活动。

3. 各班进行学期工作总结和期末展示活动。

制订幼儿园全园工作计划要注意的问题很多，例如，要保证计划的正确方向，要有创新，具有可操作性等，除此之外，最为重要的还有以下两点：

第一，要保持计划的连续性。制订幼儿园工作计划必须要在总结上学期工作的基础上进行，并有所提高。上学期没完成的工作要继续抓，做得不够好的要深入抓，已经完成的要提出新要求。只有保持这种连续性，全园工作计划才能有效地总结经验，抓出成效。

第二，要确保计划的可行性。全园工作计划不能只是空洞的条条框框，或者是一般化的号召。要实事求是地提出目标任务，明确要求，并有切实可行的执行措施。这样，全园工作计划才能充分发挥作用，保证目标的实现。

2. 幼儿园工作计划的执行

幼儿园工作计划的执行即工作计划在具体管理工作中的实施，也是整个管理过程的关键环节。

这一阶段，园长要做的工作很多，例如，布置任务，明确分工；安排人力，落实责任；做好财物分配；组织协调领导班子的内部工作、各职能部门工作、家长工作、主管部门工作等；发挥党团组织的协力作用；开展形式多样的活动，营造健康向上的环境，落实工作目标。

计划执行阶段的管理，对于园长来说要注意：一是统筹兼顾，全面安排；二是深入幼儿园实际，关注计划执行动态，及时解决问题，化解矛盾，必要时对计划进行修改或调整；三是鼓舞士气，确保计划目标高效达成。

3. 幼儿园工作的检查

幼儿园工作检查是计划实施的一项保护性措施。检查可以使园长了解情况，发现问题，为接下来的工作总结提供第一手资料，保证工作总结的针对性和客观性。同时，检查对于下属科室和教职工来说也是一种督促，可以起到一定的监督和考核作用。

依据不同的标准，幼儿园工作检查可以有不同的类型。从检查的时间来看，有定期检查和不定期检查；从检查的主体来看，有领导检查或第三方检查、同事互查、个人自查；从检查的内容范围来看，有专题检查和全面检查。

做好幼儿园工作检查，园长应注意以下几点要求：一是检查要客观公正，实事求是；二是要明确检查目的，把检查与指导工作结合起来；三是要做好检查记录，保留第一手资料；四是要掌握分寸，慎重反馈检查结果。

4. 幼儿园工作的总结

总结是一个相对完整的管理过程的最后环节，这一环节实际上预示着前一阶段管理过程的结束和新的管理过程的开始。做好幼儿园管理工作的总结有利于承上启下，引导园长、职能部门和全体教职工总结经验，吸取教训，有效探索工作规律，提高工作成效。

总结根据不同的标准也有不同的类型，例如，从内容范围看，有全面总结和专项总结；从总结主体看，有全园工作总结、部门工作总结、个人工作总结；从时间看，有全年工作总结、学期工作总结、月工作总结、周工作总结等。

总结的基本格式，一般包括以下几个方面：①标题；②引语；③主体部分，这一部分包括工作回顾、取得成绩、存在问题三个方面；④结语，这一部分主要是表达决心，说明下一阶段努力的方向。

要做好工作总结，园长应注意以下几个问题：①总结格式要完整，做到标题明晰，主体部分重点突出；②总结既要全面，又要突出重点；③总结要建立在检查的基础上，以事实、数据说话；④注重提炼工作经验，客观分析存在问题。

二、幼儿园管理的原则

（一）什么是幼儿园管理原则

原则是指行动准则、规则或基本要求。管理原则是指指导管理工作的行动准则。幼儿园管理原则是指幼儿园管理工作应遵循的基本要求。幼儿园管理活动包括如何处理幼教机构与社会的关系、幼儿园内岗位与岗位之间的关系、幼儿园内人与人之间的关系，以及投入与效果的关系等。幼儿园管理原则实际上就是如何正确处理好管理活动中的各种关系。

（二）幼儿园管理应遵循的基本原则

1. 明确方向，服务育人

《幼儿园工作规程》指出："幼儿园是对3周岁以上学龄前幼儿实施保育和教育的机构。幼儿园教育是基础教育的重要组成部分，是学校教育制度的基础阶段。"幼儿园的任务是："按照保育与教育相结合的原则，……实施德、智、体、美等方面全面发展的教育，促进幼儿身心和谐发展。"同时，为家长参加工作、学习提供便利条件。这就是幼儿园要坚持的办园方向，也是对幼儿园管理的最基本要求。

为了贯彻正确办园方向的原则，首先，幼儿园要树立正确的办园思想，牢记办园宗旨，明确幼儿园的目标任务；其次，幼儿园要增强服务意识，在满足正当要求的前提下，真正做到为家长分忧，不为家长添乱；最后，幼儿园要彰显特色优势，提高服务质量。要注意发挥传统优势和现有条件，着力打造园本特色，提高服务质量，努力促进幼儿身心和谐发展。

案例

要不要根据家长要求提供服务[①]

某医院附属幼儿园，孩子的家长大多是医院的医护人员。该幼儿园虽然并不是寄宿制幼儿园，却是24小时开放的。

[①] 张燕、邢利娅主编：《幼儿园管理案例及评析》，73页，北京，北京师范大学出版社，2002。

因为是 24 小时开放，所以，经常有家长因为有急诊任务而把孩子寄放在幼儿园。还有一些年轻的家长，不来接孩子，而是打个电话告诉老师今天不能来接孩子了，请代为照顾。

时间一长，教师开始有抱怨，园长不知道该不该继续提供这样的服务。

> 👤 **想一想**
>
> 幼儿园该不该提供 24 小时照看服务？

2. 保教并重，整体安排

所谓"保教并重，整体安排"是指，保教工作是幼儿园的中心工作，幼儿园管理者要根据幼儿的年龄特点和幼儿园的性质，正确处理保与教的关系，要指导保教人员真正贯彻落实"保中有教，教中有保"的工作方针，积极统筹相关工作内容，组织协调好各部门、各类人员，发挥整体优势，实现最佳管理效果。

实现"保教并重，整体安排"的具体要求：① 教师和保育员要协调配合，做到在工作中合理搭配，真正实现保中有教，教中有保；②幼儿园各部门、相关人员之间要整体协调，有序实施保教，避免矛盾产生；③幼儿园要加强与家庭、社区之间的交流合作，实现服务辐射，人为我用。

3. 多方参与，民主管理

幼儿园的事不是园长一个人能独立完成的，需要社区、家长及幼儿园其他教职工共同参与，群策群力地做好相关工作。人们常说："三个臭皮匠，顶个诸葛亮。"因此，要办好幼儿园，除了要争取政府和社会的支持之外，还要注重调动园内一切积极因素，引导教职工共同出主意，想办法，齐心协力，众志成城。

为了贯彻这一原则，园长首先要依靠教师办学，多方听取教职工的意见、建议；其次要健全民主形式，例如，建立教职工代表大会制度、设立园务委员会，设置意见箱，开展家长接待日等，畅通民主渠道，为相关人员创造参与的条件；最后要做到民主与集中相结合。"家有千口，主事一人"。园长要察纳雅言，对各方意见、建议汇总筛选；审慎考虑，要站在整个幼儿园发展的角度，用好集中决策权。此外，园长还要注重自我管理，加强自我监督，自我调控，自觉提升自身的民主意识和民主决策能力。

案例

我园教代会如何行使民主管理和监督职能①

我园 1985 年建立了教职工代表大会制度。我们的主要经验是：

（1）坚持每学期开一次教代会。重点审议幼儿园学期工作计划及重要问题。在审议中，代表们从学期计划的指导思想、奋斗目标到具体措施都要逐一进行讨论。对关系到幼儿园发展目标、教职工的工作考核、奖金分配等问题，提出意见和建议，为领导决策奠定基础。

（2）坚持每学期搞一次征集提案。根据幼儿园不同时期的工作重点，通过评选最佳提案，鼓励教职工积极参与幼儿园管理，增强幼儿园的凝聚力。

（3）每季度教代会专门工作小组搞一次活动。专门工作小组有政治思想、教育教学、落实职权、双评工作、福利工作五个，负责听取群众意见，分析幼儿园状况，进行调查研究。这项制度，对各项工作起到了监督作用。

（4）坚持每年一次"双评"活动，即评议领导班子、评议党员。

（5）每月一次班组会。对幼儿园月工作重点进行总结评议，领导亲自听取各班组汇报，及时总结成绩，纠正问题，使民主管理形成网络，拓宽民主管理的渠道。

（6）每月一次领导接待日制度。幼儿园每月安排领导轮流接待群众，直接听取教职工意见，及时解决群众问题。

（7）坚持按时换届制度。园领导把换届作为头等大事，全力以赴。教代会在幼儿园中具有较高的地位和权威，得到了党政领导的重视和广大教职工的积极支持。

（8）按教代会的细则办事。在每次召开教职工代表大会时，每项重大决策的制定，都必须通过一定的民主程序，严格按照教代会的细则办事。

几年来，我园审议了《加强科学管理制度改革方案》《完善以岗位责任制为核心的考核方案，深化管理体制改革》《贯彻幼儿园工作规程发展规划》、"奋斗三年，把我园办成管理优化、保教优质、师资队伍优秀、办园条件优异的全国一流水平幼儿园"等中心议题报告及每学期工作计划，还审议通过了《职工思想政治工作管理制度》《幼儿园管理集成》，包括：①各类人员的岗位责任制；②各项规章制度；③各类人员一

---

① 张燕、邢利娅主编：《幼儿园管理案例及评析》，31—33 页，北京，北京师范大学出版社，2002。

日工作程序。为了加强园长负责制管理，又审议通过了《幼儿园整体改革方案》（包括园长目标责任制方案、岗位目标责任制方案、人员聘任制方案、结构奖金分配方案、工作检查考核方案等）。

在审议中，每一位代表都充分行使权力，积极参与管理，为领导决策的科学化奠定了基础。如在讨论学期考核方案时，园长提出了两个意见：一是根据群众评议分等级；二是根据平时工作量化进行考核。教代会经过认真分析讨论，建议把群众评议与量化考核相结合，进行综合量化。领导采纳了这个意见。实践证明，它更为科学、合理，群众能够接受。再如，在讨论聘任制方案和结构奖金分配方案时，关于分级聘任、双向选择的问题，涉及超工作量奖、出勤奖等具体标准的方面，教代会反复进行讨论，在吸取代表的合理建议后获得通过。我园真正落实了教代会的审议建议权、审议通过权、审议决定权、民主监督评议权。我园实施园长负责制不等于园长一个人说了算。园长负责制是以园长为首，发动全体教职工共同参与幼儿园管理的过程。此园的突出特点有：

（1）党政领导的民主意识强，是搞好民主管理的根本保证。管理的民主性原则告诉我们，学校领导，在充分行使职权的同时，要充分调动全体教职工的积极性，使他们参与幼儿园的管理工作，做幼儿园的主人。园领导正是本着这一原则，注意发挥教代会的作用，给予教代会应有的权利，改变"一言堂"的局面，以激发和调动全体教职工参与管理的自觉性、互动性，对幼儿园民主管理起到了积极推动作用。

（2）坚持和完善教代会制度，是搞好民主管理的组织保证。随着教育改革的不断深入，教代会作为民主管理的机构，需要在教育实践中不断地健全和完善，才能适应教育改革的发展。幼儿园遵循了发展规律，逐步完善教代会的各项制度，使教代会的工作更加规范和具体，这对幼儿园的民主管理起到了促进作用。

（3）群众参政议政意识的增强，是搞好民主管理的思想基础。在社会主义民主政治建设中，群众是国家的主人，幼儿园教职工从认识自己的地位到逐渐具有主人翁的意识，明确了民主管理是为了同心协力办好幼儿园，所以大家出主意、想办法，积极为幼儿园献计献策，群众的参政议政意识增强了，使教代会组织民主管理和民主监督作用得到了充分的发挥。

所以说，园长负责制是有条件的，并不是说园长可以搞"家长制""一言堂"，而是说在举办者的支持和主管部门的政策、业务指导下，园长带领全体教职工民主管理幼儿园。

4. 重视办园效益

所谓办园效益是指幼儿园运行的效果和收益。提高效益是管理的根本目的。但是对于幼儿园来说,追求效益,并不是狭义的追求经济利益,开办幼儿园还要考虑社会效益,更为重要的是,要引导幼儿在园学习,增强其发展后劲。

提高办园效益,一要健全幼儿园组织机构,明确岗位职责,积极做到各项工作的制度化、规范化和程序化。二要开源节流,勤俭办园。要充分利用园内外一切可以利用的资源优势,人为我用,废物利用,节约办园成本。三要以幼儿的发展作为最终效益,努力促进幼儿的健康成长。四要充分利用幼儿园的设施设备和师资条件,主动服务社区,反馈社会。

案例

游泳班该不该开[①]

某幼儿园大(1)班有几个幼儿每周二、周四下午要到游泳馆游泳。为了防止意外,幼儿园与游泳馆签订协议,由游泳馆负责接送孩子。协议一签,家长觉得比较安全,所以,其他许多家长也要求为自己孩子报名参加游泳。于是,园长安排办两个游泳班,收取相关费用,由年轻教师负责幼儿的接送工作,这一做法很受家长和幼儿的欢迎。

但是,过了一段时间,教育局通知该幼儿园停办游泳班,并告知协议无效。因为,按相关文件规定,幼儿园不得开列学费、食宿费以外的任何收费项目。

---

① 张燕、邢利娅主编:《幼儿园管理案例及评析》,72页,北京,北京师范大学出版社,2002。

三、幼儿园管理的方法

(一)管理方法及其分类

管理方法是指为实现管理目标而采用的手段、措施、途径和程序的总和。不同的管理对象,实施管理的主体不同,适用的管理方法也不一样,例如,管理国家需要采取法律的方法,管理机关需要采取行政管理的方法,管理物资需要采取登记、量化的方法,管理人员需要综合使用多种方法。所以,没有绝对通用的管理方法,只有一般的管理方法。从不同的角度可以将管理方法分为不同的类型,例如,从方法实施的性质来看,有奖励法和惩罚法;从管理的功能表现看,有行政方法、经济方法、法律方法、思想教育方法、心理学方法等;从管理实施的主体来看,有他人外部管理法、自我管理法;从是否量化来看,则有定量管理法、定性管理法,等等。

(二)幼儿园常用的管理方法

幼儿园管理方法是指幼儿园为完成工作任务、实现培养目标而采取的手段、措施。其目的是调动各方积极因素,充分挖掘潜力,最大限度地发挥人、财、物的作用。总体来看,幼儿园管理方法可分为外部对幼儿园的管理和幼儿园的内部管理两大类。外部对幼儿园的管理一般可通过检查评价和政策业务指导来实施,在此不再展开介绍。下面从幼儿园内部具体工作实施角度介绍几种常用的管理方法。

1. 行政命令法

行政命令法是指幼儿园管理者依靠各级组织机构及其赋予的权力,通过发布指令的方式,直接作用于下属科室或教职员工的一种手段。这是一种自上而下具有强制性的管理方法。这种方法虽然过于强调权威和集中统一,但是对于上下行动统一,加强控制,卓有成效地实现幼儿园管理者的管理意图,实现信息传递的快捷性具有一定的积极意义。

当然,使用行政命令法也要注意以下一些问题:第一,充分认识行政命令的有效性和局限性,机动灵活,做到因事、因人制宜;第二,避免滥用行政方法,避免到处指手画脚,避免把"行政命令"等同于"长官意志",避免随意强制下属或教职工接受自己的主观指令;第三,注重日常对教职工的人性化关怀。行政命令是一种只重工作不重视人的管理方法,使用不恰当容易使教职工产生被动、反感,甚至抵触的情绪，不利于良好人际关系的形成和工作的顺利开展。所以，园长平时要多站在教职工的角度思考问题，了解并关心教职工的工作和生活，关注教师的专业发展，鼓励创新，积极争取教职工的理解和支持。

2. 教育引导法

教育引导法是指幼儿园管理者以摆事实、讲道理的方式启发教职工树立正确的人生观、价值观，努力提高他们的思想政治觉悟和贯彻党的教育方针、政策的自觉性，积极培养他们良好的职业道德和高尚的情操，从而保证幼儿园各项工作任务的顺利完成。这种方法晓之以理，动之以情，符合思想转变过程的长期性和行为效果的长期性特点，是一种常用且行之有效的方法。

使用教育引导法要注意四点。一是多种教育形式相结合。要避免命令式、教条主义的说教，采用教职工喜闻乐见的方法，如讨论、商量等方式，在轻松、愉快的气氛中引导他们转变思想，提高认识。必要时还可以利用"反面教材"，引导教职工深思反省。二是寓教育于活动之中。要通过参观考察、举办园内文体活动等形式，引导教职工在实践中体验，在活动中思考，在彼此接触交流中增进沟通与了解。三是要讲究教育的灵活性和艺术性。对教职工的教育引导要因时、因地、因人制宜，灵活变化，因势利导。四是教育与自我教育相结合。幼儿园管理者要引导教职工不断学习，提高认识。要通过不同形式，抓住适当时机引导教职工自省、自励，使他们成为自我教育的主人。

3. 制度规范法

所谓制度规范法是指幼儿园通过建立健全各种规章制度，规范教职工生活和工作行为，以保证幼儿园工作正常、有效地运行。幼儿园规章制度就是幼儿园园内的"法"，对全体教职工具有约束、指导作用。

使用制度规范法，首先要立足全园，统筹考虑幼儿园各个岗位、各项工作和各类人员，建立健全园内各种制度规章，让全体教职工有"法"可依，有据可行。其次要坚持制度的可行性。制定规章制度要做充分的调查研究，多方征求意见，同时还要做到宽严适度，防止过宽或过严。最后要保持制度规范的刚性和执行制度的灵活性。制度规范对所有组织和个人具有同等的约束力，即常说的制度面前人人平等。因此，在执行制度时要做到违纪必究。同时，又要防止过于呆板、僵化，视具体情况，灵活执纪，谨慎问责。此外，还要保持制度规范的相对稳定性，防止朝令夕改，影响制度的严肃性和权威性。

4. 目标管理法

目标管理法是指幼儿园以目标为中心，以分解和执行目标为途径，以达成目标为宗旨的一种管理方式。目标管理理论最早由美国著名管理学家彼得·德鲁克于20世纪50年代提出，后来作为一种管理方法被欧洲、日本许多企业广泛使用。在幼儿园内采用目标管理有利于管理者引导广大教职工明确职责和努力的方向，充分挖掘其潜能，促使教职工积极主动地完成工作任务。

幼儿园实施目标管理应注意的问题有六点。一是目标要求要适度。要防止标准过高、贪快求全，又要防止陈陈相因、原地踏步，或标准过低，达不到应有的效果。二是要保持总目标长期一贯。幼儿园的目标多种多样且具有一定的层次性，但无论如何，要坚持科学决策，保持总目标的长期一贯，避免朝令夕改。三是目标要可操作、可量化。管理者在制定目标时要做到分层具体，指标可测，易于检查，否则，过于笼统不利于量化考评。四是要通过加强教育、参与制定等形式，引导教职工了解目标要求，增强目标意识。五是要注重激励协调，检查总结，做到有始有终，措施得力。六是要循环推进，发展提升。实施目标管理要不断总结分析，在既定目标实现之后，要找准工作的新起点，迈向新目标，办出新特色。

5. "5S"管理法

"5S"是整理(Seiri)、整顿(Seiton)、清扫(Seiso)、清洁(Seiketsu)和素养(Shitsuke)这5个词的缩写。"5S"管理法起源于日本，是指在生产现场对人员、机器、材料、方法等生产要素进行有效管理，是日本企业独特的一种管理办法。"5S"中的"整理"是指在职场内除了常用的东西以外，其他一切都不放置，目的是将"空间"腾出来活用。"整顿"是指常用的东西依规定定位、定方法，摆放整齐，明确数量，明确标示，即实现"三定"，定名、定量、定位，目的是不浪费"时间"找东西。"清扫"是指清除职场内的脏污，防止污染的发生，目的是消除"脏污"，保持职场干干净净、明明亮亮。"清洁"是将"清扫"实施的做法制度化、规范化，维持其成果，目的是通过制度化来维持成果。"素养"是指培养员工文明礼貌的习惯，按规定行事，养成良好的工作习惯，目的是提升"人的品质"，成为对任何工作都认真的人。

"5S"管理法可分解为11个推行步骤，既是其实施过程，也是使用这种方法要注意的关键问题。这11个步骤依次是成立推行组、拟定推行方针及目标、拟订工作计划及实施方法、教育、活动前的宣传造势、实施、活动评比办法确定、查核、评比及奖惩、检讨与修正、纳入定期管理活动中。这种方法，目前在我国一些高校的宿舍管理和部分幼儿园的环境秩序管理中普遍使用。

　　除以上五种管理方法之外，定量管理与定性管理、奖励与惩罚、自我管理等方法在幼儿园的具体管理工作中也较为常见。这些方法会在后面有关章节中做具体介绍。

本节小结

　　1. 幼儿园管理过程是指幼儿园管理者根据幼儿园的任务要求，组织全体教职工恪尽职守，最大限度地达成幼儿园目标的实施过程。其实质是幼儿园管理者通过一定的管理措施，最大限度地调动教职工工作的积极性、主动性和创造性，高质量地实现幼儿园管理目标的过程，也是"决策—执行"两个环节循环往复的过程，同时，还是"计划—执行—检查—总结"四个环节螺旋上升的过程。

　　2. 幼儿园管理原则是指幼儿园管理工作应遵循的基本要求。幼儿园管理应遵循的基本原则有明确方向，服务育人原则；保教并重，整体安排原则；多方参与，民主管理原则；重视办园效益原则等。

　　3. 幼儿园管理的方法是指幼儿园为完成工作任务、实现培养目标而采取的手段、措施。分析研究幼儿园管理方法的目的是调动各方积极因素，充分挖掘潜力，最大限度地发挥人、财、物的作用。对幼儿园管理具有借鉴和指导价值的方法多种多样，常用的主要有行政命令法、教育引导法、制度规范法、目标管理法、"5S"管理法、定量管理与定性管理法、奖励与惩罚法、自我管理法等。

思考与练习

　　1. 什么是管理过程？如何理解幼儿园管理过程的实质？

　　2. 幼儿园管理要遵循的基本原则有哪些？

　　3. 什么是管理方法？幼儿园常用的管理方法有哪些？

　　4. 根据所在班级的实际，拟订一份本学期班级工作计划，并对上学期工作进行总结。要求：格式完整，内容充实。

CHAPTER 2

第二章
幼儿园人员的
管理

☕ 管理小故事

园长与采购员 [1]

某幼儿园采购员聪明能干，但脾气不好，有时很倔，有时闷头不理人，因而群众关系较差。

一天中午，食堂急需一批餐料，管理员请他去买，他不去，管理员只好找园长。园长通过询问才知道采购员正闹胃病。园长马上请保健医生拿来胃药，并劝他到医院看病。采购员一语不发，骑车出去后很快把餐料买了回来，以实际行动证明自己克服困难完成了任务。

事后，园长找到采购员，肯定了他的成绩，指出有困难可以和管理员商量，同志间要互相尊重、互相配合，采购员也诚恳地谈了自己的想法。原来有些教职工对他不尊重，购买物品无计划，急需物品时又吆五喝六，搞得他心情烦躁、手忙脚乱。园长听后，帮他分析原因，并建立了相应的采买报批制度。即常规教师教学物品每学期提前做出计划，开学初就购买，临时所需物品提前三天做出计划，极特殊情况再随时购买。这样既减轻了采购员的负担，便于合理安排时间，又使采购员有闲暇从事幼儿园其他工作。从此，采购员性格开朗了一些，

---

① 周国剑主编：《幼儿园组织与管理》，201页，天津，南开大学出版社，2012。引用时有改动。

经常为集体做好事，如为幼儿园修理床架，设计并安装紫外线消毒灯架等，为幼儿园节省资金几千元。

【分析】人是幼儿园中最重要、最能动的管理要素。园长管理幼儿园最关键的是要管好人，而管好人首先是识人，即了解每个人的性格特点、能力特长等。其次是要体谅宽容每位教职工，设身处地地为教职工着想，真诚地帮助、关心、爱护教职工，做到以情感人、以理服人，才能获得教职工的理解和支持，从而最大限度地调动教职工工作的积极性和主动性。

本章学习导图

- 幼儿园人员的管理
  - 幼儿园教师和保育员队伍建设
    - 幼儿园教师和保育员的选聘
    - 幼儿园教师和保育员的岗位职责
    - 幼儿园教师和保育员的职后培训与专业发展
    - 幼儿园教师和保育员工作积极性的调动
  - 幼儿园后勤人员队伍建设
    - 后勤人员的构成及特点
    - 做好幼儿园后勤人员管理的意义
    - 后勤人员的岗位职责
    - 后勤人员的培训与技术能力提升
    - 调动后勤人员工作积极性的措施
  - 幼儿园中层管理人员队伍建设
    - 幼儿园中层管理人员的构成及地位作用
    - 幼儿园中层管理人员的岗位职责
    - 幼儿园中层管理人员及其队伍建设存在的问题
    - 中层管理人员队伍建设的途径与措施
  - 幼儿园园长和领导团队自身建设
    - 幼儿园园长的自身建设
    - 幼儿园领导团队建设

常言道："事在人为，财在人理，物在人管。"人是管理的能动要素。如何管人用人，是考量园长管理能力的一个重要标准，也是事关幼儿园兴衰成败的根本性问题。幼儿园中的人主要有园长、副园长、保教主任、总务主任、教师、保育员、医务人员、门卫、财会人员、保洁员、食堂工作人员、幼儿等。从管理角度看，除了中层管理人员和幼儿之外，可以将幼儿园的人分为前勤保教人员和后勤总务人员两大类。

第一节 幼儿园教师和保育员队伍建设 //////

教师和保育员是幼儿园两支关键的保教队伍，选好、用好教师和保育员，对于贯彻党的教育方针政策，有效落实幼儿园管理目标，增强办园效益具有十分重要的意义。因此，幼儿园必须高度重视教师和保育员队伍建设。

一、幼儿园教师和保育员的选聘

（一）幼儿园教师的选聘

根据《中华人民共和国教师法》规定，幼儿园教师必须"取得幼儿园教师资格，应当具备幼儿师范学校毕业及其以上学历"，也就是说，目前对幼儿园教师的要求是，取得幼儿园教师资格，具有中等师范及以上学历。随着社会的发展和进步，对幼儿园教师的学历要求将逐步提升到专科甚至本科及以上。除此之外，《幼儿园工作规程》第三十九条规定："幼儿园教职工应当贯彻国家教育方针，具有良好品德，热爱教育事业，尊重和爱护幼儿，具有专业知识和技能以及相应的文化和专业素养，为人师表，忠于职责，身心健康。"

对于幼儿园教师的任用，《幼儿园工作规程》规定，"幼儿园教师实行聘任制"。这种聘用目前来看有两种形式。一是政府招编考试录用后的体制内教师，即在编教师。从目前的人事管理规定看，幼儿园要与受聘教师签订聘用合同书，明确双方的责任、权利义务及聘期等。二是幼儿园在编制之外自行招聘的教师，即不在编教师。这类教师，幼儿园只与其签订简单的用工协议，受聘教师的地位和待遇一般很难得到充分保障。

（二）幼儿园保育员的选聘

《幼儿园工作规程》第四十二条规定：幼儿园保育员除了要具备良好的品德、高尚的职业道德、身心健康之外，还应当"具备高中毕业以上学历，受过幼儿保育职业培训"。保育员的任用形式与幼儿园教师相同。

（三）幼儿园专任教师和保育的配备标准

根据教育部关于印发《幼儿园教职工配备标准(暂行)》(教师[2013]1号)的通知要

求，"幼儿园应根据服务类型、幼儿年龄和班级规模配备数量适宜的专任教师和保育员，使每位幼儿在一日生活、游戏和学习中都能得到成人适当的照顾、帮助和指导"。具体配备标准见表2-1：

表 2-1　幼儿园班级规模及专任教师和保育员配备标准（人）

年龄班	班级规模	全日制		半日制	
		专任教师	保育员	专任教师	保育员
小班(3～4岁)	20～25	2	1	2	有条件的应配备1名保育员
中班(4～5岁)	25～30	2	1	2	
大班(5～6岁)	30～35	2	1	2	
混龄班	<30	2	1	2～3	

从上表可以看出，原则上说全日制幼儿园每班都应达到"两教一保"的标准，但是从目前保育员队伍的现状看，很多幼儿园达不到这一要求。一些地方编制部门根本就没有为保育员设岗，有的是有岗无人。这确实应该引起政府、主管部门及幼儿园的高度重视。

二、幼儿园教师和保育员的岗位职责

（一）幼儿园教师的岗位职责

《幼儿园工作规程》第四十一条规定：幼儿园教师对本班工作全面负责，其主要职责如下：

（一）观察了解幼儿，依据国家有关规定，结合本班幼儿的发展水平和兴趣需要，制订和执行教育工作计划，合理安排幼儿一日生活；

（二）创设良好的教育环境，合理组织教育内容，提供丰富的玩具和游戏材料，开展适宜的教育活动；

（三）严格执行幼儿园安全、卫生保健制度，指导并配合保育员管理本班幼儿生活，做好卫生保健工作；

（四）与家长保持经常联系，了解幼儿家庭的教育环境，商讨符合幼儿特点的教育措施，相互配合共同完成教育任务；

（五）参加业务学习和保育教育研究活动；

（六）定期总结评估保教工作实效，接受园长的指导和检查。

(二)幼儿园保育员的岗位职责

《幼儿园工作规程》第四十二条规定：幼儿园保育员的主要职责如下：

(一)负责本班房舍、设备、环境的清洁卫生和消毒工作；

(二)在教师指导下，科学照料和管理幼儿生活，并配合本班教师组织教育活动；

(三)在卫生保健人员和本班教师指导下，严格执行幼儿园安全、卫生保健制度；

(四)妥善保管幼儿衣物和本班的设备、用具。

三、幼儿园教师和保育员的职后培训与专业发展

教师和保育员与幼儿接触时间最多，对幼儿的影响最直接。为保证幼儿园保教工作的顺利实施，促进幼儿身心健康发展，园长必须高度重视教师和保育员职后培训和专业成长。

(一)幼儿园教师和保育员职后培训的内容

合格的教师和保育员在任职之前都要经过系统的学习和专门培训，在任职之后，还要根据社会发展的需要和幼儿园的工作实际接受不同形式的培训，例如，国家级培训、省级培训、市县级全员培训，以及园本培训等。

目前来看，教师和保育员的培训主要有职业道德教育和业务水平提高学习两大部分内容。其中，职业道德教育主要是围绕幼儿园教职工职业道德要求，通过理论学习、参观实践等形式，引导教师和保育员正确认识教师职业的社会价值，培养其敬业精神，树立正确的职业理念。同时，不断强化其角色意识，帮助教师和保育员自觉以教师职业规范指导自己的生活和工作实践。在业务水平提高学习方面，主要提升其职业能力，引导教师和保育员不断进行文化知识的扩充，训练和提升其教育技能，更新教育理念，提高信息技术素养。

(二)幼儿园教师和保育员职后培训的途径和方法

教师和保育员职后学习有多种形式，除自我研读之外，幼儿园管理者还可以通过以下途径对教师和保育员进行培训。

1. 参加主管部门安排的培训

积极参加教育主管部门有计划地组织的不同层次的培训，如上述国家级培训、省级培训和市县级全员培训等。

2. 开展经常性的教研活动

教研活动是提高保教人员工作水平的便捷而有效的方式，也是促进幼儿园教师和保育员在职业务学习的重要手段。幼儿园可以以学科领域或年级组为单位，开展经常性、形式多样的教研活动，例如，集体备课、听课、评课、观摩交流、专题研讨等，引导保教人员分析研讨、总结评价，互相取长补短，共同提升进步。

3. 专家讲座

幼儿园可以根据实际工作要求，聘请行业专家、学者或经验丰富的骨干教师来园举办讲座，或走出园门参加专业学术会议，聆听专家讲座等，引导教师和保育员了解幼儿教育的最新政策法规，学习教育新理念，探讨热点、难点问题。

4. 以老带新，结对帮教

这种形式类似教育史上的"导师制"，是指充分发挥老教师或骨干教师的经验优势，以"传帮带"的形式，结对指导，有利于促进新教师或青年教师快速熟悉业务，提升工作能力。

5. 参与幼教课题研究

课题研究是教师积累教育工作经验、提高理论素养、促进专业发展的重要途径。参与课题研究，有利于增强幼儿园教师发现问题、分析问题和解决问题的能力，提高学术水平。因此，幼儿园管理者要高度重视课题研究工作，引导教师和保育员积极申报省市和国家级课题，主动开展园本课题研究。

6. 学历进修

上文提到，国家对幼儿园教师的学历要求会越来越高，一般来说，教师的学历水平越高，文化基础知识越丰厚，驾驭课堂的能力越强。所以，幼儿园管理者要充分重视教师和保育员的学历提升问题，采取行之有效的措施，大力支持和鼓励教师和保育员在现有学历的基础上，积极提升学历层次，努力学习更深更厚的专业知识，不断充实自我，以更有效地服务幼儿园。

四、幼儿园教师和保育员工作积极性的调动

管理的实质就是调动全体人员的工作积极性，幼儿园管理也一样。作为管理者，幼儿园园长必须站在提高工作效率、增强办园效益的高度，采取切实有效的管理措

施，最大限度地发挥人力、物力、财力的效用，真正做到各司其职，人尽其才，物尽其用。

（一）尊重信任，人本关怀

有人说："一切的一切都开始于相互尊重。"无论是教师还是保育员都有尊严，都有维护自尊和被信任的需要。培根有句名言："尊重人民，也就会受到人民的尊重。"马克思说："我们每个人都是平等的，你只有用爱来交换爱，用信任来交换信任。"毛泽东也曾说过："尊重知识分子是完全应该的，没有革命知识分子，革命就不会胜利。"所以，要想教师、保育员们言听计从，踏实工作，园长首先要尊重他们，信任他们。尊重他们的人格，尊重他们的个性，相信他们一定能在自己的工作岗位上不断发展成熟。园长只有这样才能赢得他们的理解和支持，也才能唤起他们主动工作的意识和创新的动机。同时，园长还要关爱他们，要本着以人为本的原则关心他们的工作和生活，以宽阔的胸怀体谅、包容每一位教师和保育员，真正做到以心换心，以情感人。

（二）识人善任，用其所长

要发挥每位教师和保育员工作的积极主动性，首先，就是识人。所谓识人，对于园长来说就是全面地了解每位教师和保育员的思想品德、知识水平、学历专业、个性特长、分析和解决实际问题的能力等，在此基础上分类指导，用其所长，以充分发挥每个人的潜能，培养自信，体验成功。例如，对于年轻教师、保育员，园长要进一步激发他们的工作热情，鼓励他们利用所学的新知识、新技能大胆尝试，不断积累成功经验，快速促进其专业成长。对于经验丰富的老教师，园长要虚心听取他们的意见和建议，增强他们的存在感和被尊重感。对于有专业特长的教师，园长可以经常安排他们负责兴趣辅导班或大型演出的排练与组织，在充分发挥他们专业特长的同时，增强其成就感。对于能力较弱或缺乏创新能力的教师、保育员，园长更要多给予关心和鼓励，要针对他们的劣势进行有针对性的指导，要多给予他们机会，搭建锻炼平台，促成他们克服困难、完成任务，让他们在增强归属感的同时不断提升业务水平。其次，对于一些工作负责、能力全面的可造之才，园长还要将其作为后备力量重点培养，引导他们持续上进，激励其为幼儿园做出更多、更大的贡献。

案例

获奖的启示①

A 园在为迎接省级示范幼儿园复查，进一步美化环境、准备资料忙得不亦乐乎时，又接到了省教育厅、市教育局联合下发的"黄鹂美育节"竞赛通知。这让 A 园的领导犯了难：示范园复查是头等大事，但黄鹂美育节四年一次，机会也很难得，何况 A 园是全市第一家示范园，每次参加黄鹂美育节成绩都不错，如果放弃实在太可惜。

思考再三，A 园还是决定报名参加，但园长、业务园长在这个非常时期都没有多余的精力再像往常一样设计教案、反复试教和手把手全程指导，就选派了一位曾经多次参加过此类比赛、经验丰富且善于钻研的骨干教师负责，向她讲明情况，并将活动目标定位在锻炼青年教师上，对奖项也没有提出过高的要求，以免她在组织准备时心理负担过重。在整个过程中，领导没有过多地干预，但也不是放任不管，而是随时关注进展，及时帮助解决困难，并协助做好有关协调工作。

承担任务的老师觉得领导这样信任、尊重她，于是全心投入，指导一位年轻教师精心选材、试教、修改，结果在全市获一等奖，全省二等奖。

> 😊 **想一想**
>
> 该案例体现了幼儿园怎样的管理理念？

（三）目标激励，愿景向往

一个人无论是生活还是工作，都要有目标。有目标才有动力，有动力才能有所行动，有行动才能有所成就。幼儿园的愿景就是幼儿教师和保育员成长的动力。给他们一个愿景，为其营造一种梦想情境，是调动工作积极性的巨大精神力量。所以有人说，会让教师做梦的园长，其魅力是最大的。

那么怎样为教师、保育员营造美好愿景呢？首先，要使教师和保育员明确自身的神圣使命。其次，设计出本园 5～10 年的发展愿景，要求人人理解，并采取多种形式强化，使愿景渗透到每个人的血液里，让每位教师和保育员都充满希望。最后，

---

① 程凤春主编：《幼儿园管理的 50 个典型案例》，7 页，上海，华东师范大学出版社，2011。

根据幼儿园的愿景目标，要求每位教师和保育员设计出 5～10 年的个人发展愿景或成长计划。

（四）休闲娱乐，欣赏赞美

休闲娱乐既是一种放松，也是当代教师和保育员提高生活质量和生活品位的心理需求。尤其是幼儿园的教师和保育员，他们的工作和生活压力大，长期处于紧张和身心疲惫的状态下工作，这容易使他们产生职业倦怠，既影响其工作积极性，又不利于其提高工作效率。所以，幼儿园管理者要根据教师和保育员的职业特点，从激发活力，提高效率，增强园所凝聚力和向心力方面考虑，积极创造条件，引导教师和保育员参加形式多样的休闲娱乐活动，例如，登山郊游、研学考察、周末晚会、文艺沙龙、节日茶话会等，让他们充分放松心情，然后聚集力量全身心地投入工作，这样才能收到事半功倍的效果。

此外，园长还要学会欣赏、赞美教师和保育员。因为被人欣赏、赞美是人的天性，特别是幼儿园的教师和保育员，大部分都是女性，相对来说更在意别人的评价，更关注美。园长如果能抓住这一关键点，多留意他们的优点和长处，以欣赏的目光看待他们，真诚地赞美他们，就可能在一定程度上放大他们的优点，帮助他们建立积极的工作心态，激发工作热情，增强工作动力，提高工作效能。

案例

赞美与激励[1]

戴尔·卡耐基小时候是一个公认的坏孩子。在他 9 岁的时候，父亲把继母娶进家门。当时他们还是居住在乡下的贫苦人家，而继母则来自富有的家庭。父亲一边向继母介绍卡耐基，一边说："亲爱的，希望你注意这个全郡最坏的孩子，他已经让我无可奈何。说不定明天早晨以前，他就会拿石头扔向你，或者做出你完全想不到的坏事。"

出乎卡耐基预料的是，继母微笑着走到他面前，托起他的头认真地看着他。接着她回首对丈夫说："你错了，他不是全郡最坏的孩子，而是全郡最聪明最具创造力的男孩。只不过，他还没有找到发泄热情的地方。"

---

[1] 李津编著：《世界成功管理经典智慧全集》，55 页，北京，地震出版社，2008。引用时有改动，后同。

继母的话说得卡耐基心里热乎乎的，眼泪几乎滚落下来。就是凭着这一句话，他和继母开始建立友谊。也就是说这一句话，成为激励他一生的动力，使他成了美国的富豪和著名作家，成为世界上很有影响的人物，并创造了成功的 28 项黄金法则，帮助千千万万的普通人走上成功和致富的道路。

（五）参与管理，我知我行

所谓参与管理是指幼儿园管理者以民主管理思想为指导，积极引导广大教师、保育员参与幼儿园的计划决策，积极提出合理化的意见和建议，共商幼儿园发展大计。参与管理对于园长来说是一种民主管理措施，对于教师和保育员来说则是他们知晓管理过程，践行管理要求，积极完成管理工作任务的一种有效手段。因为参与就是一种尊重，他们参与计划决策就可以先知先觉，更加明确工作要求。参与决策之后，教师和保育员所做的工作，在他们看来就是在完成自己布置的工作任务，是在兑现自己的承诺，所以，我建议我知晓，我践行本为我。这样就可以使教师和保育员的工作由被动变主动，由为他人做变成为自己做，这有利于增强他们工作的责任感、使命感和自觉性。

在幼儿园内，教师和保育员参与管理的形式有很多，最常见的就是教职工代表大会，除此之外，还有园长信箱、民主生活会、保教工作研讨会、头脑风暴会、采购验收组、民主理财组等。

（六）公正考核，奖优罚劣

奖励和惩罚是管理过程中常用的两种形式。奖励是一种激励鞭策，是肯定评价。惩罚则是一种劝阻惩戒，是否定评价。这两种形式性质不同，方向相反，互为补充。在幼儿园管理中，用好奖励与惩罚，有利于弘扬正气，树立正能量，抑制不良风气的形成。常见的奖励形式有发放奖金、实物、有价证券，授予荣誉称号，公开表扬，晋职晋级，提供参观考察、学习进修、休假疗养机会等。而惩罚形式则主要有扣发奖金、通报批评、纪律处分、剥夺晋职晋级机会等。

奖励和惩罚虽然常用而且效果明显，但是也要注意一些问题，例如，要公平公正地考核评价；奖优罚劣拉开差距；及时兑现承诺，避免秋后算账；物质激励和精神激励相结合，以精神激励为主等。

本节小结

1. 教师和保育员是幼儿园两支关键的保教队伍，选好、用好教师和保育员，对于贯彻党的教育方针政策，有效落实幼儿园管理目标，增强办园效益具有十分重要的意义。

2. 教师和保育员要根据社会发展的需要和幼儿园的工作实际接受不同形式的培训，通过培训提升他们的职业道德素质和教育教学业务水平。幼儿园教师和保育员职后培训的途径和方法主要有自我研读书籍，参加国家级培训、省级培训、市县级全员培训和园本培训，参与教研活动，聆听专家讲座，以老带新、结对帮教，参与幼教课题研究，进行学历进修等。

3. 调动幼儿园教师和保育员工作积极性的措施多种多样，常见的做法主要有尊重信任，人本关怀；识人善任，用其所长；目标激励，愿景向往；休闲娱乐，欣赏赞美；参与管理，我知我行；公正考核，奖优罚劣等。

思考与练习

1. 你认为加强幼儿园教师和保育员队伍建设有何意义？

2. 教师和保育员职后培训的内容有哪些？可通过哪些途径、采取什么方法进行培训？

3. 你认为园长可以采取哪些措施调动教师和保育员的工作积极性？

4. 调查实习幼儿园，了解其班级"两教一保"的人员配备情况。

第二节 幼儿园后勤人员队伍建设 //////////////

常言道："兵马未动，粮草先行。"幼儿园后勤工作在幼儿园中具有举足轻重的地位，而后勤工作的重要支撑则是后勤人员。

一、后勤人员的构成及特点

(一)后勤人员的构成

一个健全合格的幼儿园,其后勤人员应该包括医务人员、卫生保健人员、财务人员、水电工、维修工、保洁员、营养员、采购员、食堂管理员、图书管理员、厨师、门卫等。

(二)后勤人员的特点

从总量来看,后勤人员人数不多,但是他们的岗位分散,各自承担着不同性质的工作。这类人员的特点有四个。①大部分以体力劳动为主,例如水电工、维修工、保洁员、厨师等。②从事幕后工作,但位置关键。后勤人员的工作一般分布在幼儿园不太引人注意的岗位或部门,但这些岗位或部门却是幼儿园正常运行所不可缺少的,如卫生保健人员、门卫、保洁等。③文化水平、学历层次相对较低。后勤工作对从业人员的文化水平要求不是太高,所以他们的学历层次一般不高,但是一些岗位却要求他们达到一定的技术工种标准,具备一定的职业资格,例如,《幼儿园工作规程》第四十三条规定:幼儿园"医师应当取得卫生行政部门颁发的《医师执业证书》;护士应当取得《护士执业证书》;保健员应当具有高中毕业以上学历,并经过当地妇幼保健机构组织的卫生保健专业知识培训"。除此之外,营养员要具有营养师资格,财会人员要具备会计职业资格,水电工要具备水电操作职业资格等。④工资待遇相对较低。后勤人员由于受学历层次的影响,再加上很多人员不太注重职业技术等级的提升,所以,相对同一单位的教师来看,其工资待遇普遍较低。

(三)后勤人员的配备

因办园规模和人员岗位不同,幼儿园后勤人员的配备也不同。根据教育部印发《幼儿园教职工配备标准(暂行)》(教师[2013]1号)的通知要求,全日制幼儿园,全园教职工与幼儿按 1∶7～1∶5 比例配备;半日制幼儿园,全园教职工与幼儿按 1∶10～1∶8 的比例配备。关于后勤主要岗位人员的配备要求如下:

一是卫生保健人员。根据《托儿所幼儿园卫生保健工作规范》要求,收托 150 名儿童至少设 1 名专职卫生保健人员,收托 150 名以下儿童的幼儿园可配备兼职卫生保健人员。

二是炊事人员。幼儿园应根据餐点提供的实际需要和就餐幼儿人数配备适宜的炊事人员。每日三餐一点的幼儿园每 40～45 名幼儿配 1 名炊事员；少于三餐一点的幼儿园酌减；在园幼儿人数少于 40 名的供餐幼儿园(班)应配备 1 名专职炊事员。

三是财会人员。根据国家和地方有关财会工作规定配备。

四是安保人员。根据国家和地方有关安保工作规定配备。

幼儿园配备后勤人员总的指导思想应该是，根据实际需要配备数量适宜的教职工，实行一岗多责，提高用人效益。

二、做好幼儿园后勤人员管理的意义

正是因为后勤人员岗位分散，构成复杂，所以，幼儿园管理者要特别注重加强对这部分人员的管理。但事实情况是，后勤人员工作有特殊性，一般不太引起人们的注意，所以他们在幼儿园工作中最容易形成管理的盲点，有的园长经常忽视对这部分人员的管理，导致管理的缺失，或对他们的思想认识、工作指导不到位，失去了对他们潜能的激发，影响了他们工作的积极性和主动性，有时甚至因为管理指导不到位，酿成了一些本不该发生的事故。

"木桶效应"理论告诉我们：每一位员工都是单位这个"大木桶"不可缺少的组成部分。一个单位的最大竞争力往往不只取决于某几个人的突出才能，更取决于它的整体状况。对后勤人员的管理也一样，管好这部分人，对整个幼儿园的发展可能起到积极方向的"推波助澜"的作用，否则，就会在一定程度上制约幼儿园的发展，即所谓的"一步失误，全盘皆输"。

三、后勤人员的岗位职责

幼儿园后勤人员的岗位分散而繁多，且不同岗位的职责要求不同，下面仅就卫生保健人员、食堂炊事员及安保人员的岗位职责做简单介绍。

1. 幼儿园卫生保健人员的岗位职责

《幼儿园工作规程》第四十三条指出：幼儿园卫生保健人员对全园幼儿身体健康负责，其主要职责如下：

（一）协助园长组织实施有关卫生保健方面的法规、规章和制度，并监督执行；

（二）负责指导调配幼儿膳食，检查食品、饮水和环境卫生；

（三）负责晨检、午检和健康观察，做好幼儿营养、生长发育的监测和评价；定期组织幼儿健康体检，做好幼儿健康档案管理；

（四）密切与当地卫生保健机构的联系，协助做好疾病防控和计划免疫工作；

（五）向幼儿园教职工和家长进行卫生保健宣传和指导；

（六）妥善管理医疗器械、消毒用具和药品。

2. 食堂管理员职责[1]

(1)炊事员要努力钻研烹调技术，掌握有关育儿的知识，在色、香、味上下功夫，做出品种多样、适合幼儿口味的饭菜。要管好、做好教职工的饭菜，努力提高伙食质量。

(2)根据幼儿年龄特点，肉类菜肴要煮烂，熟食要切细，适合幼儿的咀嚼能力。根据幼儿的作息时间，按时供应饭菜。

(3)熟悉有关营养知识，保持蔬菜中的维生素含量，要先洗后切，在制作绿色蔬菜时，既要保持其营养价值，又要符合色香味要求。

(4)必须熟悉炊具消毒、厨房清洁要求、食品卫生要求，并在工作中严格执行相关规定。

(5)能掌握各年龄阶段幼儿饭菜的基本定量，避免过多造成浪费，过少达不到营养标准。

(6)负责保管和放置厨房内现有的炊事用具、食品等，做到整齐有序。

(7)做好厨房室内、外部环境卫生工作。

(8)按规定时间供给饭菜。

3. 幼儿园保安人员职责[2]

(1)经公安等部门专门培训并获得合格证书，具备一定的技能，按规定穿戴整齐，着装上班。

(2)严格执行安保工作管理制度。按规定时间开闭园门，做好迟到幼儿和幼儿离园的登记工作。加强园门周边、园内场地、教学楼的巡视清场及夜间巡查工作。

(3)坚守岗位，严格执行外来人员的进园登记验证制度。对家长和外人来访，必

---

[1] 王普华主编：《幼儿园管理》，108—109页，北京，高等教育出版社，2010。

[2] 同上书，93—94页。

须电话联系被访教师，核实后填写外来人员登记表方可进园。严禁不履行登记手续或证件不齐的来访人员进园，严防无关人员或闲杂人员进园。

(4)坚持幼儿园周边环境治安综合治理制度。配合公安部门做好治安民警巡视工作。发现园门周边有形迹可疑的人员、乱停车乱设摊乱堆物、环境卫生差等现象，要做好记录，及时向园长报告，并告知派出所、交警、城管、工商、街道等部门，确保幼儿园周边环境良好。

(5)门前禁止停放车辆(黄色区域以内)，保持通道畅通。

(6)访问员工者不允许进入班级，应在传达室接待。携物外出须经幼儿园办公室批准登记后放行。幼儿入园、离园时段，须在大门外执勤，禁止无关人员进入警戒线内，逐一检查入园家长接送卡。

(7)幼儿园门口及园内所有区域定时巡逻、巡查，及时发现园舍、门窗、水电及户外活动场所的大型玩具、应急灯、安全指示灯等各类治安、消防安全隐患，及时报告园长，并留有记录。

(8)保持传达室通信信息畅通，熟记各类报警、求助、急救电话及派出所、园领导电话。

(9)及时处置各类应急突发事件，保护幼儿园幼儿、员工的人身安全和财产安全。

(10)妥善保管好安保器械，熟练掌握所有安保器械的使用方法，同时，确保在出现突发事件时，能在最短时间内，使用安保器械保卫幼儿和员工的安全及幼儿园的财产安全。

(11)完成领导交办的与安全有关的临时性任务。

(12)其任职资格应具备初中以上学历，接受过安保职业培训，获得安保任职资格证书。

四、后勤人员的培训与技术能力提升

尽管对后勤人员的文化知识、学历层次要求不高，但是随着社会的发展，这部分人员也要跟上形势，不断学习，接受不同形式的培训，努力提升岗位技术能力。

根据后勤人员的特点和现实情况，幼儿园管理者对他们进行培训的主要内容应包括以下几个方面。①职业道德教育。像教师和保育员一样，幼儿园管理者对后勤人员也要不断加强职业道德教育，提高他们的思想觉悟，积极引导他们树立正确的社会价值观、职业观，培养其爱岗敬业精神，增强其服务意识。②文化知识补习。后勤人员的学历层次一般较低，文化知识水平不高。针对这一现状，幼儿园管理者可以像对教师、保育员一样，在引导他们加强自我学习的同时，鼓励并支持他们积极进行学历进修，提高学历层次，必要时单独举办或多园联合举办后勤人员文化补习班，促使他们不断提高文化水平。③信息技术学习。当今时代网络信息技术发展突飞猛进，新信息、新技术让人应接不暇。后勤人员也要适应这一时代要求，迎头赶上，主动自觉地学习新知识、新技术，以增强服务水平，提高服务效能。

培训后勤人员，提升其技术能力的途径有很多。一是集中学习，即幼儿园为他们专门安排学习活动或与教师、保育员一起进行学习活动。二是参观考察。幼儿园管理者可以经常性地组织后勤人员到兄弟幼儿园交流考察，借鉴兄弟园的先进经验，学人之长，补己之短。三是技术等级提升。后勤人员不像教师那样可以评职称，其待遇提升的一个重要方面就是通过参加不同层次的职业资格考试，提升其技术等级水平，例如，电工可以通过考试获得初级技工、中级技工和高级技工，会计可以通过考试获得助理会计师、会计师和高级会计师等。利用这一因素，幼儿园管理者可以积极引导后勤人员，根据各自岗位的不同性质进行有针对性的技术等级提升，使他们既能提升职业能力和自身品位，又能享受相应的待遇，可谓一举多得。

五、调动后勤人员工作积极性的措施

幼儿园管理者激励教师和保育员工作积极性的措施同样适用于后勤人员。除此之外，根据后勤人员的特点，幼儿园管理者在调动他们工作积极性时还要注意以下几点。

(一)保护自尊

后勤人员一般文化水平、学历层次较低，多从事体力劳动，工资待遇也相对低于一般教师。这一现状容易导致后勤人员产生自卑心理，进而影响其心理状态和工作效能。所以，幼儿园管理者，一方面要引导后勤人员正确认识自身岗位的社会价值，鼓励他们自信自强；另一方面要教育广大教师正确看待后勤人员及其工作，要树立人格平等的思想，要注意团结、关心、帮助后勤人员，与他们一起为幼儿园的发展努力。

（二）进修激励

幼儿园管理者可以通过鼓励和支持后勤人员参加学历进修和技术等级考试的形式，引导他们积极提高学历层次，持证上岗，然后针对不同学历或技术等级及时兑现待遇，有效提升他们的成就感和获得感。

（三）擂台比赛

为了激发后勤人员的工作动力，可以多园联合开展不同形式的擂台比赛，例如，电工操作技能比赛、厨艺比赛、安保人员的防卫技能比赛等，展示他们的技能技巧，培养自信，增强其职业荣誉感和社会价值感。

本节小结

1. 幼儿园后勤人员是幼儿园发展中不可缺少的一支队伍。这支队伍岗位分散，职责不同，且人员构成复杂，其工作特点也不同于教师和保育员。管好这支队伍，有利于促进幼儿园各项工作的协调运行，否则，就会在一定程度上制约幼儿园的健康发展。

2. 随着社会的发展，后勤人员也要通过集中学习、参观考察、技术等级提升等途径，接受职业道德教育、文化知识补习、信息技术学习等不同形式的培训，努力提升岗位技术能力。

3. 为了调动后勤人员的工作积极性，除了采取激励幼儿园教师和保育员工作积极性的措施之外，根据后勤人员的特点，幼儿园管理者还要注意保护后勤人员自尊，鼓励和支持他们参加学历进修和技术等级考试，并及时兑现工资待遇，同时通过擂台比赛等形式，培养他们的自信，增强其职业荣誉感和社会价值感。

思考与练习

1. 如何看待后勤人员在幼儿园中的地位？

2. 后勤人员可以通过哪些途径、哪些培训提高其岗位技术能力？

3. 你认为可以采取哪些措施调动后勤人员的工作积极性？

第三节　幼儿园中层管理人员队伍建设 //////////

中层管理是一个单位管理运行的中间环节。中层管理人员在整个管理中，对上要执行高层管理人员的决策，对下要将高层管理人员的决策分解细化，并指导基层职工践行落实，使高层管理人员的决策意图变成业绩成效。

一、幼儿园中层管理人员的构成及地位作用

在幼儿园中，受工作性质和发展规模的限制，中层组织设置不多，相应地，中层管理人员也较少。一般来说，中层管理人员主要包括保教主任、总务主任、教研室主任。有的幼儿园将办公室主任、工会主席和团委书记也算在中层领导之列。

幼儿园中层领导人员虽少，但是他们在幼儿园中的作用非常关键，对幼儿园的发展居于举足轻重的地位。第一，中层领导必须准确地理解和把握高层决策意图，通过消化吸收后，形成具体方案，然后指导基层一线的教师或职工去具体贯彻落实。这一方案策略，要求精准下达，不打折扣，否则，基层教职工执行力不强，就很难保证领导意图的完整实现。第二，中层领导还必须有较强的组织管理和沟通协调能力，高水平的中层领导，可以在自己的职权范围内最大限度地挖掘广大教师或职工的潜力，充分发挥他们的工作积极性，从而保质保量地完成高层领导设定的目标任务。否则，若他们组织不力，沟通渠道不畅，就会影响工作目标的达成和整个幼儿园的健康发展。因此，园长必须高度重视中层领导的管理，要站在幼儿园发展全局的角度去认识并积极做好中层管理人员的队伍建设。

二、幼儿园中层管理人员的岗位职责

幼儿园的中层组织机构的任务因其性质、规模和重点任务的要求不同而不尽相同，其中最重要的中层管理人员，一个是保教处的保教主任，另一个是总务处的总务主任。

保教主任是在园长或分管园长领导下专门负责幼儿园保教工作的中层管理人员，其主要职责是，制订并指导实施幼儿园保教工作计划；指导教师科学选择和实施保

教课程内容；做好保教常规工作检查，指导教研组或学科组开展经常性的教育教学和教育改革研究活动；协助园长或副园长做好幼儿园教师队伍建设，指导教师学习进修，提高思想觉悟和业务水平；负责整理教师业务档案并指导教师做好幼儿成长记录档案；指导并组织各班开好家长会；等等。

总务主任是在园长或分管园长指导下，专门负责幼儿园总务后勤工作的中层管理人员，其主要职责是，制订并实施幼儿园总务工作计划；负责幼儿园的园舍、物品和固定资产管理工作，提高资源利用率；负责幼儿园环境卫生和膳食管理，保障幼儿和教职工的伙食供应；负责幼儿园安全保卫和安全宣传教育工作，确保幼儿、教职工的人身安全和幼儿园的财产安全；负责幼儿园的基本建设，做好日常维修工作管理；负责幼儿园财务管理，做好大宗物品的采购工作，勤俭办园，提高经费的使用率；等等。

由于各幼儿园的具体情况不同，所以，中层管理人员的职责和履职内容也有一定的差异。例如，幼儿园为了加强教研工作，单设了教研室，相应地，就有了教研室主任的职责。而有的幼儿园教研工作则划归保教处，由保教主任监管。再如"安全保卫工作"，多数幼儿园划归总务科管理，而有的幼儿园则单设保卫科。这样一来，作为中层管理人员的总务主任无须履行安全保卫的岗位职责。

三、幼儿园中层管理人员及其队伍建设存在的问题

在现实的幼儿园管理中，由于各个幼儿园的工作机制、园长的领导风格不同，相应地，中层领导队伍及其工作效能也不一样，许多幼儿园的中层管理队伍及其建设或多或少地存在一些共性的问题。

（一）中层领导角色定位不准

一些中层领导虽为管理人员，但是对自己作为中层干部应有的职责尚不明确，角色定位不准，经常性的表现是：有的中层领导对高层领导趋炎附势，百般讨好；有的对基层职工指手画脚，气势凌人；有的中层领导回避矛盾，推脱责任；有的中层领导上传下达，甘做话筒。例如，有的中层管理者总说，"我不知道，你去问园长"，"园长说了，我们这学期要加强教师的教科研工作"等。造成这一现状的主要原因，一是中层领导自我角色不明；二是其组织管理和沟通协调能力欠缺，不能有效地做到"上情下达或下情上报"；三是园长缺乏对中层管理者职责作用的正确认识，

存在"架空"中层管理者的问题。

(二)中层管理人员缺乏有效的执行力

执行力是中层管理者的核心能力。执行力的强弱，直接影响高层领导决策的有效落实，事关幼儿园持续发展。但是在幼儿园的管理实践中，常常会出现中层领导降低高层领导决策方案的执行标准，或者在执行决策和完成任务面前表现出力不从心等问题。分析其原因：一是方案不周密，对活动的安排不细致，不具备可行性、可操作性；二是职责不清，具体分工不明确，界限不清晰，责任未明确到岗到人，以致园长的意图在逐级贯彻时，相互推诿，表面上是人人负责，实际上是谁也不负责；三是中层领导对高层领导的决策理解有偏差，或"一种方案，不同理解"等，结果导致"南辕北辙"；四是中层领导作风不实，只会布置任务，忽略或缺乏对实施过程的指导与督促，导致一线教职工办事敷衍、拖沓，或有意降低标准等。

(三)对中层管理人员的培训指导不到位

中层管理人员能力的提升既需要自身总结、积累经验，又需要不断学习，接受有针对性的业务培训。但是，许多幼儿园在此方面，一是缺乏对中层管理人员业务培训的重要性的认识，疏于对他们的培训指导。二是培训无计划，具有很大的随意性。一些园长仅凭经验和感觉派中层领导外出学习，对培训的需求很随意，有些培训实质上就是安慰性的放松休养。三是培训重业务指导，轻能力历练。中层管理者的执行力包括两部分：一是业务执行力，二是管理执行力。就这一层面来看，许多幼儿园若对中层管理人员进行了一些培训，也只是停留在业务层面，而缺乏对他们进行应有的管理能力的训练。四是重经验介绍，轻管理理论素养的提升。一些针对中层管理人员的培训，从其内容安排来看多半是经验介绍，基本的管理理论指导得很少，更谈不上系统学习，以至于他们学来学去，都是各园自己摸索出的经验，很难上升到理论高度，一些经典管理理论的实践应用介绍得则少之又少。

四、中层管理人员队伍建设的途径与措施

(一)精准选聘，任人唯贤

加强中层管理人员队伍建设，首先是要把好选人关。园长要根据幼儿园不同部门的工作特点，结合备选骨干人员的个人素质、特长，特别是服务意愿、工作责任

心、自我控制和沟通协调能力等综合考虑，选可造之才重点培养任用。这是打造好中层管理队伍的基础和前提，选不好领导苗子，就历练不出精明强干的中层管理人才。培养不出好的中层管理人才，就会影响中层管理人员威信的树立，不利于他们发挥对下属的组织、指导和管控能力。根据有关管理理论，中层管理人员应该具备八大心态(目标清晰、意愿强烈、主动积极、完全负责、关爱欣赏、信任支持、辅助教导、共赢成长)、六项技能(目标计划、组织管理、有效授权、沟通协调、培养激励、执行控制)，能够坚持六条原则(组织管理原则、人性的原则、沟通的原则、培育下属的原则、计划的原则、自律的原则)。由此可见，对于幼儿园来说，中层管理人员虽然数量不多，但对其选拔培养却并非易事，园长必须做到精准识才，严格把关，全面考量，任人唯贤。

延伸阅读

一夫当关，万夫莫开①

唐代诗仙李白在《蜀道难》一诗中有这样几句："剑阁峥嵘而崔嵬，一夫当关，万夫莫开。所守或匪亲，化为狼与豺。朝避猛虎，夕避长蛇。磨牙吮血，杀人如麻。锦城虽云乐，不如早还家。"

这几句诗暗示出李白对国家前途的忧虑。晋人张载在《剑阁铭》中有"形胜之地，匪亲勿居"之语。李白在这里予以充分发挥。"一夫当关"连续四短句的意思是，虽然"一夫当关，万夫莫开"，但是，如果"所守或匪亲"，就会"化为狼与豺"。关隘险要，如果不是可靠人把守，就会反受其害。后世吴三桂守山海关，反引清兵入关，就是一个很好的例子。……后世用"一夫当关，万夫莫开"作为成语，来形容地势的险要和选择把守人之关键。

(二)信任授权，搭台锻炼

上文提到教师需要园长的信任，中层管理人员一样也需要园长的尊重和信任。在日常管理中，园长切忌大权独揽，事事亲力亲为，或怀疑中层管理人员的能力，唯恐下属做不完美。众所周知，三国演义中诸葛亮一生鞠躬尽瘁，死而后已，其精

---

① 张兆瑞编著：《小成语大管理——中华文化之瑰宝 管理智慧之锦囊》，215-216页，北京，群众出版社，2012。引用时有改动，后同。

神可嘉，但从培养接班人、锻炼下属、提高中层的工作效率来看，其法却不足取。因为高层领导者一味地大权独揽，容易使下属领导产生被动意识。事实上，高层领导通过科学合理的授权，不仅能够使自己集中力量抓大事、抓要事，还能够激励中层管理者参与决策、独立运作的积极性，促进中层干部队伍快速成长。所以，在实际管理工作中，园长一定要信任下属，大胆授权，搭台唱戏，创造一切可能的机会，放手让中层管理人员去策划，去组织。例如节日庆典、社会实践、毕业典礼、联络接待等，同时，园长应主动征询下属意见，对中层管理人员的工作多鼓励，少干预，宁愿自己"懒惰"一些，也要给中层管理人员提供更多的锻炼机会。

案例

三只老鼠[①]

有三只老鼠一起去偷油喝，可是油缸非常深，油在缸底，它们只能闻到油的香味，根本就喝不到油，越闻越垂涎。喝不到油的痛苦使它们十分焦急，但是焦急又解决不了问题，所以它们就静下心来想办法。最后终于想了一个很棒的办法，就是一只老鼠咬着另一只老鼠的尾巴，吊下缸底去喝油。它们取得一致的共识：大家轮流喝油，有福同享，谁也不可以有自私独享的想法。

第一只老鼠最先吊下去喝油，它想："油只有这么一点点，大家轮流喝一点也不过瘾，今天算我运气好，不如痛快喝个饱。"夹在中间的第二只老鼠也在想："下面的油没有多少，万一让第一只老鼠喝光了，那我岂不要喝西北风吗？我干吗这么辛苦的吊在中间让第一只老鼠独自享受一切呢！我看还是把它放了，干脆自己跳下去喝个淋漓痛快。"第三只老鼠也暗自嘀咕："油是那么少，等它们两个吃饱喝足，哪里还有我的份儿，倒不如趁这个时候把它们放了，自己跳到缸底饱喝一顿，一解嘴馋。"

于是第二只老鼠狠心地放了第一只老鼠的尾巴，第三只老鼠也迅速地放了第二只老鼠的尾巴，它们争先恐后地跳到缸里头去了。等它们吃饱喝足才发现自己已经浑身湿透，加上脚滑缸深，它们再也逃不出这个美味的油缸了。最后，三只老鼠都困死在缸里。

---

① 李津编著：《世界成功管理经典智慧全集》，130—131页，北京，地震出版社，2008。

> **😀 想一想**
>
> 除了嘴馋嗜油之外，是什么让三只老鼠都跳下油缸并困死在缸内的？

（三）导师帮带，培训提升

园长可以为中层管理人员配备由园长或分管领导担任的导师，充当中层的指导员及教练员，指导中层管理者学会从细节中关注每位员工的工作态度和情绪；引导中层管理人员学习以指导员、教练员、协调员及沟通员的身份分配工作，积极培养高素质的员工；帮助中层管理人员分析典型管理案例，总结有效处理问题的方法，使中层管理人员在幼儿园文化建设、突发事件的处理、危机管控的实施等工作中逐步提高他们的管理技能。

此外，针对中层管理人员的培训缺失问题，幼儿园还要加强对中层管理人员的业务和管理能力培训，制订针对性的培训计划，内外兼修，实操演练，以培训促成长，用培训强动力，努力提升中层管理人员的综合理论素养和实际管理能力，激发工作热情。

（四）参与决策，建言历练

对于中层管理人员来说，参与幼儿园重大问题的决策、大型活动的组织、对外接待和业务往来，对幼儿园的一些热点难点问题大胆提出自己的意见和建议，不仅可以有效提升他们的业务水平，拓宽人脉关系，还可以在很大程度上培养他们的分析问题、解决问题、统揽全局的能力以及责任担当意识，甚至为下一步成为幼儿园高层管理者打下坚实的基础。

（五）推功揽过，提高威信

三国时期，孙权率兵收回荆州之后，设宴庆功，犒赏三军，并把大将军吕蒙置于上座，对大家说："荆州久攻不下，今天成功夺取，都是吕蒙大将军和大家的功劳啊！"孙权把战争的胜利归功于每一个人的努力，令众将士深为感动。后来，孙权被曹操手下的张辽激怒，带兵与之决战，结果大败而归，孙权诚恳、自责地说："这次失败，完全是我轻敌所致，从今往后我定当改正。"孙权推功揽过的做法，帮他树立了不贪功、敢担责的形象，也起到了得人心、聚合力的成效，深得将士们拥戴和敬重。

这一道理同样适用于幼儿园的园长与中层管理人员的关系。在具体的管理工作中，提高中层管理人员的威信是增强整个管理成效的有力保证，而提高中层管理人员的威信，对于园长来说，最重要的一点就是不要与他们争功，而要以"美名不独享，责任不推脱"的担当精神，助推中层管理人员树立威信，增强感召力。推功揽过，是园长境界、能力、智慧的综合表现，也是激发中层管理人员工作动力的有效手段。如果出了成绩，园长就自夸"劳苦功高"，出了过错就推脱"毫不知情"，纵然这可满足园长一时的虚荣之心，躲过应担之责，甚至立功受奖，但时间久了必然会令人厌烦，众叛亲离。

（六）轮岗任职，接班培养

有针对性地对中层管理者实行轮岗，不仅能有效地消除其职业倦怠，激发其工作热情，还能够有效地发掘中层干部的管理天赋和潜力，通过对中层管理人员不同方面的锻炼，大力培养复合型人才。同样，在幼儿园管理中，园长可以根据中层管理人员各自的素质和特长，安排他们定期轮岗任职，这不仅有利于培养中层管理人员的岗位适应能力，还可以把他们培养成业务的多面手，有利于促进他们综合管理能力的全面提升。

此外，幼儿园还要建立和完善关键人才的培养、开发和储备制度，为中层管理人员打开成长的通道，积极引导他们明确今后的发展方向、成长路径和奋斗目标，以激发他们积极进取、奋发向上的内在动力。

（七）情感关怀，福利激励

人性化管理是调动教职工工作积极性的重要手段，也是培养中层管理干部、激发其管理潜能的有效措施。对中层管理人员的健康或其家人的一声问候，如纪念日的一个电话、一件小小的礼物，或者一条短信的祝福，对工作中的他们道一声"您辛苦了！"既能表现出园长对下属的一颗真诚的心，也能激发他们对领导和幼儿园的感恩之情与忠诚之心。所以，园长对中层管理人员要常怀感恩之心，不吝关怀之情，既要关注他们的工作，又要关心他们的生活。要谨记，宽则得众，情暖人心。

中层管理人员作为幼儿园的中坚力量，其肩上既有高层战略意图贯彻落实的重任，又有带领教职工冲锋陷阵的责任，所以，这样一支特殊的队伍，对他们实行恰如其分的福利激励，不仅关乎整个中层管理队伍的健康成长，也关乎幼儿园整体工作的推进和今后的持续发展。园长要站在战略发展的高度，切实重视中层管理人员的福利待遇问题，要在政策范围内、在财力允许的条件下，适度提高他们的薪酬和绩效奖励，最大限度地调动他们为园服务的工作积极性。

案例

小赵老师辞职①

小赵老师是幼儿园的教学骨干，样样工作干得都很出色，尤其是近几年，为幼儿园争得了很多荣誉。一次，小赵老师的爱人不幸生病住院，家里又有一个不满两岁的儿子，这无疑增加了他的负担。小赵老师经过反复考虑，不得不向园领导提出请假的要求，并表示服侍爱人期间，不误教学，认真备课。然而，园领导的答复是硬邦邦的，请假可以，但要按章办事，每请一天假，扣奖金5元，如果一个月超过三天，该月奖金全部扣除，还要从工资中支付部分代课金。显然，这给小赵老师当头一棒，她心想：没办法，只好认了。不久，小赵老师的爱人出院了，与此同时，她也向园长提出了调离本园的申请。这是园领导万万没有想到的。于是，园长的态度来了个180度的大转弯，收回当初所说的一切，补发扣除的奖金和工资。然而，小赵老师却坚持一定要走。

想一想

小赵老师决心调离幼儿园的主要原因是什么？如何看待园长的做法？

本节小结

1. 幼儿园的中层管理人员主要包括保教主任、总务主任、教研室主任、办公室主任、工会主席和团委书记等。幼儿园中层领导在幼儿园中起着承上启下的关键作用，对幼儿园的发展居于举足轻重的地位。由于各中层科室的职能部门不同，所以相应的管理人员的岗位职责也不同。

2. 幼儿园中层管理者队伍及其建设存在的问题主要有：中层领导缺乏正确的角色定位，中层管理人员缺乏有效的执行力，幼儿园对中层管理人员的培训指导不到

---

① 杜娟主编：《幼儿园组织与管理》，74页，武汉，华中师范大学出版社，2014。引用时有改动。

位等。

3. 幼儿园中层管理人员队伍建设的途径与措施有很多，其中，需要园长特别注意的有：精准选聘，任人唯贤；信任授权，搭台锻炼；导师帮带，培训提升；参与决策，建言历练；推功揽过，提高威信；轮岗任职，接班培养；情感关怀，福利激励。

思考与练习

1. 幼儿园管理中经常有这样一种现象，园长有时越过中层领导直接将某一项工作任务布置给教师，当教师在执行中遇到困难请中层领导帮助时，中层领导却说："我不知道，你去问园长。"这个幼儿园管理中存在的问题是什么？你认为应该如何改进？

2. 你认为幼儿园可以通过哪些途径、采取哪些措施加强中层管理人员队伍建设？

第四节　幼儿园园长和领导团队自身建设

一、幼儿园园长的自身建设

(一)园长的地位、职责

幼儿园园长居于幼儿园的决策指挥层，是履行幼儿园领导与管理工作职责的专业人员，对幼儿园工作全面负责。根据《幼儿园工作规程》第四十条规定，幼儿园园长的主要职责是：

(一)贯彻执行国家的有关法律、法规、方针、政策和地方的相关规定，负责建立并组织执行幼儿园的各项规章制度；

(二)负责保育教育、卫生保健、安全保卫工作；

(三)负责按照有关规定聘任、调配教职工，指导、检查和评估教师以及其他工作人员的工作，并给予奖惩；

(四)负责教职工的思想工作，组织业务学习，并为他们的学习、进修、教育研究创造必要的条件；

（五）关心教职工的身心健康，维护他们的合法权益，改善他们的工作条件；

（六）组织管理园舍、设备和经费；

（七）组织和指导家长工作；

（八）负责与社区的联系和合作。

有关园长职责的表述，除了《幼儿园工作规程》具有法定意义的要求外，2015 年教育部印发的《幼儿园园长专业标准》（教师[2015]2 号），从专业的角度，对园长提出了六项专业职责，即规划幼儿园发展、营造育人文化、领导保育教育、引领教师成长、优化内部管理、调适外部环境。这一表述更加概括化、专业化，而《幼儿园工作规程》中的表述则更为具体、明确。

（二）园长的任职条件及任用

有人说："一个好园长，就是一个好幼儿园。"作为幼儿园的主要负责人、幼儿园的灵魂和核心，园长的思想观念、知识基础、理论水平、性格特征等在很大程度上影响着幼儿园的发展，所以，选拔幼儿园园长必须高标准、严要求、慎聘用。

1. 园长的任职条件

园长就其身份来说首先是教师，所以园长首先须具备幼儿园教师的基本条件，除此之外，作为幼儿园的最高管理者和领导人，园长还必须具备以下条件。

（1）学历资历条件

新修订的《幼儿园工作规程》第四十条规定：园长应当具备"大专以上学历、有三年以上幼儿园工作经历和一定的组织管理能力，并取得幼儿园园长岗位培训合格证书"。

（2）基本素养条件

第一，思想政治素养。

《幼儿园园长专业标准》指出，园长要树立"以德为先"的办园理念，"坚持社会主义办园方向和党对教育的领导，贯彻党和国家的教育方针政策，将社会主义核心价值观融入幼儿园工作，履行法律赋予园长的权利和义务，主动维护儿童合法权益；热爱学前教育事业和幼儿园管理工作，具有服务国家、服务人民的社会责任感和使命感；践行职业道德规范，立德树人，关爱幼儿，尊重教职工，为人师表，勤勉敬业，公正廉洁"。这既是党和国家对园长提出的办园理念的要求，也是对园长提出的思想政治要求。

第二，科学文化素养。

一是要有广博的文化知识。园长必须具备扎实的自然科学和人文科学知识，如物理、化学、生物、天文地理知识，以及历史、文学、艺术鉴赏知识等。这是对园长最基本的知识要求，也是园长进一步学习进修和维护领导威信的必要条件。

二是要有深厚的教育理论知识。园长必须要了解国家的教育方针和相关的法律法规，特别要熟悉《幼儿园工作规程》《幼儿园教育指导纲要(试行)》《3～6岁儿童学习与发展指南》等学前教育的相关政策。园长要掌握学前儿童的生理和心理特点，通晓学前教育的基本理论，把握国内外学前教育改革发展的基本趋势，具备制定和实施幼儿园发展规划、监测和评价幼儿园发展成效的基本方法与技术。

三是要有丰富的科学管理知识。园长是幼儿园的高层管理人员，扮好这一角色，必须熟悉科学管理和掌握经典的管理理论，要关注幼儿园管理的研究现状，及时把握相关理论成果。这是园长提高管理水平、创新管理实践、形成办园特色的重要思想观念基础和关键动力支持。

(3)能力特长条件

一是一般能力要求。这里讲的一般能力，除了指心理学范畴的观察力、记忆力、思维力、想象力等一般能力要求之外，对于园长来说，还包括口头表达和文字写作能力、调查研究能力、学习提升和自我反思能力等。

二是岗位能力要求。园长既是整个幼儿园的管理者，又是实现工作目标的宣传发动者，扮好这一岗位角色，需要与之相适应的多种能力素养，例如，计划决策能力、组织协调能力、统揽全局能力、灵活应变能力、指导激励能力、创新实践能力，以及育人环境创设能力、教师成长引领能力、教育教学改革能力、识人善任能力、政策规范理解能力等。

三是特殊能力要求。常言道："一俊遮百丑。"园长如果在特殊才能方面有一技之长，比如在弹琴、舞蹈、绘画、书法等某一方面技艺超群，在一定程度上能弥补其他领域的不足，同时，还有利于增强教学效果，提升威信，从而增强其团结教职工的亲和力和"发号施令"的感召力。

(4)身体和心理条件

毛泽东曾说："身体是革命的本钱。"健康的身体是园长做好工作的重要保证。试想，如果一个园长体弱多病，不能坚守工作岗位，或者脑力衰退、思维迟钝，纵有再高的情操，万般能耐，他都会力不从心，不能很好地胜任幼儿园的工作。除此之外，园长还要具有良好的心理素质，比如沉稳、坚韧、宽容、乐观、自信、随机应变等，这是园长生活处事、自我保健的基本要求，也是减少冲突、有效解决问题的必备条件。

2. 园长的任用

《幼儿园工作规程》第四十条规定："幼儿园园长由举办者任命或者聘任，并报当地主管的教育行政部门备案。"这里讲的主办者包含两层意思：一是指人民政府，即常说的"公办"；二是指社会经营者，即"民办"。

一般来说，政府主办的公立幼儿园园长，由地方人民政府教育主管部门按干部管理权限直接任命，或经所属教育主管部门同意，由幼儿园教职工代表大会选举推荐产生，并报教育主管部门批准任命。这类园长任期一般是三年，可以连任。任期届满，由教育专管部门考察或教代会评议，最后做出连任或离任决定。社会经营者主办的私立幼儿园园长，一般由举办者自己担任或面向社会招聘执行园长。

园长任期内要辞职，须个人提出申请，报经主管部门批准后方可离职。园长在任职期间不称职或严重失职，主管部门有权予以撤职。在任期内工作成绩突出的园长，主管部门应给予表彰。

3. 园长的配备标准

根据教育部关于印发《幼儿园教职工配备标准(暂行)》(教师[2013]1号)的通知要求，6个班以下的幼儿园设园长1名，6~9个班的幼儿园设园长不超过2名(包括1名副园长)，10个班及以上的幼儿园可设3名园长(包括2名副园长)。

(三)园长的领导艺术

1. 园长领导艺术的重要性

领导艺术是指领导者在管理工作中使用的策略、技巧及其表现出来的特有风格，这是领导者素质和领导水平的综合体现。美国前总统尼克松曾认为，伟大的领导能力是一种独特的艺术形式，既要求有非凡的魄力，又要求有非凡的想象力。经营管理是一篇散文，领导能力是一篇诗歌。一个不讲领导艺术，缺乏影响力的管理者，就永远不可能领导好别人。

幼儿园管理效能的提升应该说在很大程度上依赖于园长的领导艺术。园长只有采取有效的手段和强有力的措施，才能使全体教职工产生信赖感，才能得到教职工的尊重，也才能让他们在亲切敬爱中敬畏，在敬重敬佩中服从，才能在最大程度上增强园长的感召力和支持力。

2. 提高园长领导艺术的方法

(1)充分发挥职位资历优势，增强教职工的服从感和敬重感

根据领导影响力的理论观点，领导者的资历、职位本身就是一种领导力因素。因为一般来说，居于园长位置的多是有一定资历的德高望重者，这些人本身就应该得到尊重。另外，传统观念一般认为，领导者都是不同凡响的人，都有权力，有能力。所以，园长要善于用好这种"当然的权力"，大胆自信地"发号施令"。俗话说："有权不用过期作废。"如果园长畏畏缩缩，不敢担当，就会失去园长职位这种观念性社会价值的作用。当然，这种权力的影响力对人的激励作用是有限的。幼儿园管理实践证明，园长光凭权力的影响力管理职工，往往会使教职工产生消极被动地应付工作的行为，不能有效地调动教职工的积极性、主动性和创造性。所以，园长要注意在合法、合理、合情的条件下充分发挥权力影响力的积极作用，除此之外，更重要的是要发挥好非权力影响力的作用。

(2)做一个有效的决策者

美国著名管理学家赫伯特·西蒙说："管理就是决策。"决策就是领导者要做的主要工作，科学决策有利于单位的发展进步，相反，决策失误，不仅是领导者的失职，更重要的是会给幼儿园带来一定的损失。据世界著名的兰德咨询公司统计，世界上每100家破产倒闭的大企业中，85％是由企业管理者的决策不慎造成的。所以，园长在管理工作中一定要寻求科学决策、有效决策。为此，园长要特别注意以下几点：第一，要树立决策意识，避免主观随意性；第二，要充分发扬民主，集思广益，因为"正确的决策来自众人的智慧"(美国社会学家 T. 戴伊语)，所以，园长在决策时要调动相关人员积极参与，集思广益，优选决策方案；第三，要提高决策水平，绝不能在没有选择的情况下做出重大决策(美国克莱斯勒汽车公司前总裁李·艾柯卡语)，切忌议而不决，决而不断；第四，要狠抓决策落实，再完美的决策，不能得到很好的执行，也只能是一句空话，一纸空文。

(3)提升人格魅力，取得教职工的认同和赞誉

人格也是影响园长领导力的一种非权力自然因素。相对于权力因素来说，这种因素的影响力更有效，影响效应最持久。美国诗人普拉斯说，魅力有一种能使人欢颜，消怒，并且悦人和迷人的神秘品质。高尚的人格魅力，比如，沉稳的性格、坚强的意志、宽容的态度、渊博的知识、高超的技艺等，不仅引人注意，还使人产生敬意，树立角色榜样，形成价值导向。所以，要增强自身领导力，园长必须注重历练自己的人格魅力，通过打造优秀品格，让教职工产生敬爱感；通过扩充知识储备，让教职工产生信赖感；通过提升管理能力，让教职工产生敬佩感。要善待异己，敢于容人之长，以宽广的胸怀激励教职工甘心效力。

(4)加强文化管理，形成信任、支持、合作的氛围

幼儿园文化建设包括物质文化建设和精神文化建设两个方面。在净化、亮化、美化幼儿园物质情境的同时，园长要重点加强园内精神文化建设，做到：①建立健全规章制度，让教职工行为有范，依规行事；②开展形式多样的园内活动，活跃气氛，增进友谊，陶冶情操；③引导全体人员参与决策，以信任激发热情；④营造互相尊重的氛围，给每个人以金钱难买的尊严；⑤欣赏赞美，满足每个人做"重要"人物的欲望，换取效果奇特的零成本激励；⑥情感关怀，培养亲切感，让下属在感动中奋力打拼。

案例

关心员工的心理报酬[①]

××公司为加强对员工的精神奖励，专门对营销人员设立了银奖、金奖、宝石奖等奖章，颁发给营业主任及营业经理，通过颁发奖衔来肯定奋发向上的人的成绩。××公司每逢员工生日、新婚，都会送上一份小小的礼物，与员工一起分享快乐，还专门为生育第一个孩子的员工发放适当的贺金。

> **想一想**
>
> 员工非经济报酬的心理收入有何价值？

---

① 李津编著：《世界成功管理经典智慧全集》，48页，北京，地震出版社，2008。

(5)引入竞争激励，设置一个增强组织活力的无形按钮

古罗马诗人奥维德说过，一匹马如果没有另一匹马紧紧追赶着它，就永远不会疾驰飞奔！这句话说明了竞争的重要性。事实上，人都有争强好胜的心理。竞争可以激励人，让人向着自己心中的目标努力奋斗。有竞争才有进步。竞争使人脱颖而出，更好地实现人生价值。正向怀特海说的那样："缺乏进取精神的民族意味着堕落。唯有开拓和竞争，才能立于不败之地。"

在幼儿园内部建立良性的竞争机制，就是一种积极的、健康的、向上的引导和激励。管理者摆一个擂台，让下属分别上台较量，能充分调动员工的积极性、主动性、创造性和争先创优意识，全面地提高组织活力。为了建立竞争机制，激发幼儿园发展活力，首先，园长要对教职工进行竞争意识培养，要让他们明白，幼儿园的发展，既需要合作，又需要竞争。合作是相互需要，竞争则是共同需要。其次，园长要营造竞争氛围，用"危机"感激活教职工的潜力，通过建立绩效考核和优胜劣汰制度，快速高效地激发士气，引导他们"比学赶帮超"，形成最大的活力与创造力。最后，园长要引导良性竞争，避免恶性竞争。竞争是一种手段，发展才是最终目的。所以，园长一定要引导教职工以积极的心态去竞争，通过竞争去换取个人的素质和合情、合理、合法利益的提升，切忌因恶性竞争而害人、误己，甚至激化矛盾，贻误幼儿园的发展。

(6)以身作则，为教职工树立一个标杆

俗话说，榜样的力量是无穷的；又说，己不正，则难以正人。在任何一个组织里，管理者都是下属的镜子。可以说，我们只要看一看这个组织的管理者是如何对待工作的，就可以了解整个组织成员的工作态度。要让员工充满激情地去工作，管理者就先要做出一个样子来。

幼儿园管理也一样。园长要想让教职工踏实工作，积极奋进，自己首先要一马当先、身先士卒，用自己的热情引燃教职工的热情。为此，园长必须做到以下四点。①以身作则，做遵纪守法、严于律己的表率。②勤奋学习，创新工作，给教职工树立一种积极上进、精明强干的形象。③适当的"作秀"，充分展示个人魅力。有人说，园长成功需要三个要素：做人、做事、作秀。其中"作秀"又是园长管理成功的一大秘密武器。事实上，对于园长来说，"作秀"既是其魅力的体现，也是一种榜样的示范，具有巨大的影响力和感染力。成功的"作秀"，会使园长魅力无限，充分发挥"作

秀"的作用，管理也会事半功倍。园长"作秀"的方式有很多，如每周最好上一次"下水课"、"参加一次教研会"，"说话报告引经据典"，"穿戴讲究"但又不穿奇装异服，"两点站立"，"流动办公"，"阳光的微笑"等。④在员工当中树立榜样人物，激励奋进者，启发后进者。让有为的人有得有位，不让干活的人吃亏。除以上四点之外，园长还要明白，以身作则并非事必躬亲。作为一园之长，一定要摆脱繁缛琐事的缠绕，以腾出更多的时间和精力去抓大事，抓要事。

(7)发挥惩戒作用，教育本人，让他人引以为戒

所谓惩戒就是惩治过错，警戒将来。惩戒既是一种教育的方法，也是一种管理方法，在信息安全、企业失信、行政管理、律师职业、村民管理、员工违纪等众多领域广泛运用。根据违规违纪程度，造成后果、影响和存在风险的不同，惩戒可分为警告、通报批评、降级、降职或免职、解除劳动合同等形式。惩戒是一种不得不为之的反面激励，其目的是教育本人，让其他人引以为戒。

常言说，没有规矩不成方圆。在幼儿园管理中，园长也可以借助惩戒，去惩处违纪或失职的教职工，表明领导的原则立场，以适度的外在压力使他人产生趋避意识。但是，惩戒作为一种反面激励，应尽量少用，在不得不用时，园长也要注意以下几点：①惩罚要把握时机、注意方式；②惩戒要客观、公道，要坚持"诛罚不避亲戚"的原则；③实施惩罚时不要打击面过大；④要做到面上惩罚与私下"怀柔"相结合。

除上述七种领导艺术以外，管理好幼儿园的领导方式还有很多，例如，倾听的艺术、目标激励的艺术、用人的艺术、协调人际关系的艺术、危机处理的艺术等，在此不再具体介绍。

二、幼儿园领导团队建设

领导团队是指由主要领导成员组成的一个领导集体。领导团队建设是整个干部队伍建设的关键，领导班子建设的内容包括思想政治建设、团队组织建设、领导作风建设、纪律制度建设、领导能力建设等方面，核心内容是提高领导水平和执政能力。幼儿园领导团队建设问题是管理主体自身建设的核心问题。

(一)幼儿园领导团队的构成及其作用

受性质和办园规模限制，幼儿园领导团队的人数较少，一般包括园长、副园长

和支部或总支书记。但是，和其他领导团队一样，幼儿园领导团队掌握着整个幼儿园的决策权和指挥权，其行为对幼儿园的活动组织和发展进程起着决定作用。一个团结协作、素质精良的领导团队，可以通过发挥其决策引领和示范指导作用，凝心聚力，共同促进幼儿园高效运转。

（二）幼儿园领导团队建设的内容

1. 思想政治建设

领导团队是幼儿园的主心骨，其思想观念和价值标准，对幼儿园计划决策和方向引领起着决定性的作用。所以，加强幼儿园领导团队建设，首先要从提高他们的思想政治素质入手。

2. 团队组织建设

幼儿园领导团队即使人少，其构成也要符合组织机构的要求，不断优化领导机构。首先，要职责分明，合理分工。其次，要做到领导团队成员的数量和年龄结构不断完善，做到数量充足，老中青搭配合理。再次，要完善知识和专业结构，注重选配实践经验丰富、领导能力和业务水平突出、确有真才实学的骨干进团队。最后，要完善领导团队成员的个性能力结构，要重视团队成员的气质、性格特点和能力表现，使其能够协调配合，取长补短。

3. 领导作风建设

领导作风是领导在领导机构和领导活动中的态度和言行的一贯体现。领导作风的好坏关系到领导者在社会公众心中的地位的高低，决定着领导活动的成败。领导作风包括思想作风、工作作风和生活作风三个方面。在幼儿园管理中，要倡导的领导作风有：思想上要坚持实事求是，一切从实际出发；工作上要雷厉风行，严肃认真，开拓创新，做到对下属充分信任、严格要求、和蔼可亲、赏罚分明，对待群众平易近人、公正无私。

4. 纪律制度建设

幼儿园领导团队成员要牢固树立规矩意识，严守幼儿园各项规章制度，做遵纪守法的表率。

5. 领导能力建设

领导者的能力一般包括学习能力、做事能力、亲和下属能力、沟通能力、协调能力、决策能力、分析判断能力、激励能力、指挥能力等。加强幼儿园领导团队成员的能力建设，是提升决策水平和执行能力的需要，也是增强领导威信、提高管理效能的前提条件。

(三)如何打造团结高效的幼儿园领导团队

1. 加强理论学习，提高指导实践、推动工作的能力

幼儿园领导团队成员既是领导者，又是专业管理人员。作为领导干部，领导团队成员要不断加强思想政治学习，提高政治理论修养；作为专业管理人员，领导团队成员要学习了解幼儿教育的方针政策，掌握科学的教育理论和管理知识；同时还要树立终身学习的思想，勤于学习，善于学习，以过硬的理论素质指导工作实践，推动幼儿园各项活动的顺利开展。

2. 加强组织建设，提高领导团队整体功能和驾驭能力

幼儿园领导团队成员要根据分工要求，各负其责，最大限度地提升各职能岗位的工作效能，努力提高领导团队的整体功能和驾驭全局的能力。

3. 加强团结协作，提高领导团队的科学决策能力

团结协作是对领导班子重要的工作作风要求。"众人拾柴火焰高"，领导团队只有团结协作，各显其能，合力攻坚，才能增强决策的合理性和有效性，提高科学的决策能力。

4. 加强作风建设，提高领导团队开拓创新、求真务实能力

加强作风建设，对幼儿园领导团队来说，就是要解放思想，实事求是，坚持群众路线，积极引导广大教职工民主参与，做到勤奋敬业，敢于担当，勇于创新。

5. 加强廉政建设，提高领导团队从严治园、拒腐防变能力

廉洁自律是对领导干部最起码的要求，也是幼儿园领导团队成员应具备的基本素质和道德准则。幼儿园领导团队只有清正廉洁，才能凝聚民心；只有廉洁自律，才能树立权威，只有廉洁从政，才能提高幼儿园领导团队从严治园、拒腐防变的能力。

案例

团队作战，人人可胜[①]

万科集团的原董事长王石曾说过："我的灵感来自团队。我给外界的错觉是因为个人的能量非常大而成就了万科的今天，其实不是这样。我对万科的价值是选择了一个行业，树立了一个品牌，培养了一个团队。"后者的价值最大，团队的力量是企业家最大的资本，由于聚集了一批优秀的职业经理人，富有激情的万科团队推动着万科与时俱进。

> ### 👥 想一想
>
> "团队的力量是企业家最大的资本"，如何理解王石这句话？它对幼儿园管理有何启示？

本节小结

1. 幼儿园园长居于幼儿园的决策指挥层，是履行幼儿园领导与管理工作职责的专业人员，对幼儿园工作全面负责。

2. 园长是幼儿园的主要负责人，是幼儿园的灵魂和核心，园长的思想观念、知识基础、理论水平、性格特征等在很大程度上影响着幼儿园的发展。园长必须具备一定的学历资历条件、基本素养条件、能力特长条件和良好的身体心理条件。幼儿园园长由举办者任命或者聘任。

3. 园长的领导艺术对于提高自身威信，增强工作的感召力和支持力具有重要作用。提高园长的领导艺术的方法有很多，总的来说，要注意以下几点：①充分发挥职位资历优势，增强教职工的服从感和敬重感；②做一个有效的决策者；③提升人格魅力，取得教职工的认同和赞誉；④加强文化管理，形成信任、支持、合作的氛围；⑤引入竞争激励，设置一个增强组织活力的无形按钮；⑥以身作则，为教职工树立一个标杆；⑦发挥惩戒作用，教育本人，让他人引以为戒。除此之外，园长的领导艺术还有倾听的艺术、目标激励的艺术、用人的艺术、协调人际关系的艺术、

---

① 李津编著：《世界成功管理经典智慧全集》，48页，北京，地震出版社，2008。

危机处理的艺术等。

4. 幼儿园领导团队一般包括园长、副园长和支部或总支书记等。幼儿园领导团队建设的内容主要包括思想政治建设、团队组织建设、领导作风建设、纪律制度建设、领导能力建设等。打造团结高效的幼儿园领导团队，要注意加强理论学习，提高指导实践、推动工作的能力；加强组织建设，提高领导团队整体功能和驾驭能力；加强团结协作，提高领导团队科学决策能力；加强作风建设，提高领导团队开拓创新、求真务实能力；加强廉政建设，提高领导团队从严治园、拒腐防变能力。

思考与练习

1. 园长在幼儿园中的地位如何？担任幼儿园园长应该具备哪些条件？

2. 你认为提高园长领导艺术的方法有哪些？

3. 幼儿园领导团队成员一般有哪些人？你认为如何才能打造一支团结高效的幼儿园领导团队？

CHAPTER 3

第三章
幼儿园事务的
管理

📇 管理小故事

名正言顺①

有一次，孔子的弟子子路问孔子："假如卫国的国君让您去帮他治理国政，您准备先从什么事做起?"孔子说："一定要先正名分吧!"子路说："您怎么能迂阔到如此地步呢？这有什么纠正的必要?"孔子说："你怎么这么鲁莽！名分不正，言语就不可能顺理成章；言语不能顺理成章，事情就不可能做好；事情做不好，国家的礼乐制度就难以建立起来；礼乐制度建不起来，刑罚就难以得当；刑罚不得当，百姓就会惶惶不安，手足无措。君子做事必须合乎名分，说话必须切实可行。君子对他所说的话，不能苟且马虎。"

【分析】为人做事要名正言顺，名正则说起话来就顺理成章，名不正就很难说清道理。一个单位的管理又何尝不是如此呢？比如幼儿园管理，领导决策也罢，对教职工提要求也罢，甚至制定规章制度，处理日常问题事务，都要依据事实，客观公正，合乎情理，即要有充分正当的理由，切忌主观臆断、固执己见、失之公允。

---

① 门岿主编：《二十六史精粹今译》，121页，北京，人民日报出版社，1991。

幼儿园事务的管理

- 幼儿园的招生和编班
  - 幼儿园招生工作的意义
  - 幼儿园招生宣传的方法
  - 幼儿入园应注意的问题
  - 幼儿园的编班

- 幼儿园教育工作管理
  - 幼儿园教育工作管理的意义
  - 幼儿园教育工作管理的内容
  - 幼儿园教育工作管理的原则
  - 幼儿园教育工作管理的措施

- 幼儿园卫生保健工作管理
  - 幼儿园卫生保健工作的概述
  - 幼儿园卫生保健工作管理的意义、任务
  - 幼儿园卫生保健工作管理的内容
  - 幼儿园卫生保健工作管理的方法措施

- 幼儿园后勤保障与安全工作管理
  - 幼儿园后勤工作的特点、地位
  - 幼儿园后勤工作管理的意义、任务
  - 幼儿园后勤工作管理的内容及相关要求
  - 幼儿园后勤工作管理应注意的问题

- 幼儿园家长工作和社区工作管理
  - 幼儿园家长、社区工作的概述
  - 幼儿园家长工作管理
  - 幼儿园做好社区工作应注意的问题

- 幼儿园规章制度建设
  - 幼儿园规章制度建设的作用
  - 幼儿园规章制度建设的内容
  - 幼儿园规章制度建设的原则
  - 幼儿园规章制度的执行与完善

- 幼儿园教科研工作管理
  - 幼儿园教科研工作管理的意义
  - 幼儿园教科研工作管理的内容
  - 幼儿园教科研工作管理的原则
  - 幼儿园教科研工作管理的方法

第一节　幼儿园的招生和编班 //////////////////////////////////

一、幼儿园招生工作的意义

幼儿园的招生一般在每年秋季进行，也可根据具体情况，随时补招缺额。不管是公立幼儿园还是私立幼儿园，都要认真做好招生工作。通过招生环节，幼儿园展示形象，宣传国家的幼教政策，积极引导家长明确幼儿阶段的教育目标，树立正确的幼儿教育观，为幼儿进园后家园共育奠定基础。另外，通过招生，幼儿园还可以在一定程度上把握生源的数量和质量，有利于幼儿园在班额限定范围内适度扩大办园规模，并为制订适宜的课程方案奠定基础。

二、幼儿园招生宣传的方法

招生宣传是幼儿园管理的一项初始性工作，如何有效地做好幼儿园的招生宣传工作，强化宣传效果，是让众多幼儿园园长殚精竭虑的问题。但是，招生宣传既要讲究方式方法，又要实事求是，要避免幼儿园之间因招生而引起恶意竞争。总体来看，幼儿园做好招生宣传工作应注意以下几个方面。

(一)全员参与，齐抓共管

幼儿园招生工作事关幼儿园的发展生存，与幼儿园的教职工的工作及福利待遇息息相关。幼儿园由于其教育阶段性质和人员构成特点，不可能像中等和高等学校那样，单独成立招生宣传组织，全职负责招生宣传工作。所以，园长必须在园内加大宣传教育力度，增强全体教职工的责任意识和忧患意识，大家齐心协力，尽职尽责地做好本职工作，全体教职工要有一种园好我好，园衰我耻的思想认识，真正做到，我就是幼儿园的形象，我要提高我园的社会公众形象。

(二)设施齐全，质量过硬

常言道：打铁还需自身硬。要提高幼儿园的招生宣传效果，对于幼儿园来说，首先要加强自身建设，努力提高自己的教育教学质量，积极树立一个良好的外在形象，增强幼儿园的内在吸引力。为此，幼儿园要做好两方面的重要工作。

一是加强硬件建设。国家对幼儿园建设有严格的标准和规范，幼儿园必须严格执行国家标准，配足配齐必要的设备，如充足的园舍、必要的区角、一定数量的玩具设备等，以满足幼儿园的运转要求，当然，如果经费条件允许，最好能从高标准、现代化着眼，加强硬件建设。但是，调查中经常发现，许多幼儿园，特别是一些民办幼儿园，其基本教学设施设备严重不足，所谓园长弄几间房子，随便找几个教师就办幼儿园，结果，幼儿园的基本教学条件不足，满足不了办园要求，要么克扣教师的工资，要么压缩伙食费，或屈就家长的要求让幼儿园内容小学化。这种情况，最终只会形成恶性循环，导致幼儿园招生工作只能哄人一时，不能起到持久的良性效应。

二是提高教育质量。教育质量事关幼儿的身心素质。良好的教育质量，不仅有助于提高幼儿的整体素质，还有助于提升幼儿园的外在形象，起到积极的招生宣传作用。因此，幼儿园园长，要高度树立质量意识，通过加强教师队伍建设，积极开展教研活动，优化育人环境等途径，努力促进内涵发展，紧抓质量这条关系幼儿园发展的生命线，真正把幼儿园建成既能促进幼儿全面发展又让家长满意、社会认可的高质量育人基地。

(三)理念先进，办出特色

幼儿园的发展要有基本的设备设施，要有良好的教育质量，在一般要求的基础上，还要增强竞争力，要有自己的办园特色。所谓办园特色，就是突出幼儿园与其他幼儿园的不同之处，并发扬光大。这是幼儿园的一个亮点，是招生宣传的一个重要的吸人眼球之处。所以，幼儿园在办园过程中要深挖自身潜力，在先进教育理念指导下，发挥自身的长处，办出自己的特色。幼儿园办园特色的形式大致有以下几方面：特色教育理论、特色环境、特色教师、特色教法、特色设备、特色管理、特色服务、特色园服、特色园车、特色活动等。通过这些特色，幼儿园可以张扬自己的外在形象，在一定程度上起到宣传幼儿园、推销幼儿园的积极作用。

(四)开门办园，展示自我

每个家长都想为孩子选择一所好的、信得过的幼儿园。但是，在选择幼儿园之前，家长首先要了解幼儿园。怎样才能让家长充分地了解幼儿园，是每个幼儿园需要认真考虑的一个现实问题。关于上文提到的园舍、质量和特色建设，家长不要道听途说，要对幼儿园有一个真正的了解，家长就需要入园实地考察。为此，幼儿园必须本着开门办园的原则，让家长进园入班，入情入境地了解幼儿园，同时，教师和幼儿可以走出园门，展示风采。就这一点来说，幼儿园具体可以采取以下操作办法。

1. 开放日活动

开放日活动是目前许多幼儿园普遍采取的一种家园联系活动。开放日期间，家长可以参观园所，可以听评教师的公开课，可以观察孩子的活动内容和活动表现，还可以现场参与幼儿的区角活动。从招生宣传的角度看，开放日活动不仅要面向在园幼儿家长，更要面向即将入园的孩子的家长，甚至是园外的其他人员或机构，以尽可能扩大幼儿园的外在影响力。

2. 汇报演出活动

幼儿园可以在一些节日、建园纪念日组织专题活动，进行演出展示，汇报自己的教育成果。关于这类活动，目前许多幼儿园都比较看重，例如，在庆"元旦"、庆"三八妇女节"、庆"六一儿童节"等活动时，幼儿园请家长及社区领导共同参与，在某些专题活动时聘请知名专家和社会名流到场助阵等。当然，从招生宣传的角度看，在确保安全的情况下，幼儿园也可以邀请社区其他人员到园观摩指导。

3. 试入园

为了让家长更深入地了解幼儿园，幼儿园可以采取提前入园或提前开学的办法，让孩子试入园，以此让孩子体验幼儿园的教育氛围，让家长了解幼儿园的教育方法和幼儿的适应情况。

4. 网站展示

从目前社会发展信息化、网络化的实际情况出发，幼儿园还要加强数字化校园建设。一方面，幼儿园教师充分利用丰富的网络资源和直观的教学手段高效地组织教学，增强课堂学习的吸引力和实际教育效果；另一方面，幼儿园可以建立自己的网站，展示自己的活动风采，以提升幼儿园科学化、精细化和现代化管理的形象，让家长和整个社会更便捷、更直观、更全面地了解幼儿园。

5. 外出参观考察

这里讲的参观考察，既包括幼儿园教师的外出学习交流活动，又包括幼儿的园外实践参观活动。教师的外出交流学习，一方面是教师专业成长的需要，另一方面是展示幼儿园形象的机会，所以，幼儿园要支持、鼓励教师积极参加园外的学习交流活动，为教师的园外公开课教学、公益性讲座辅导等提供一切可能的机会。同时，幼儿园可以有计划地组织幼儿的园外参观活动，在丰富幼儿知识和社会生活经验的同时，通过严格的纪律、整齐划一的园服、郊游吉祥物设计、礼貌地待人接物等，展示幼儿园的形象。

（五）进村入户，园社联动

幼儿园的招生宣传有时可以借鉴某些私立中小学的招生宣传方式，即深入社区，进村入户，了解适龄幼儿的情况，有针对性地做好宣传动员工作。具体来说，幼儿园宣传人员可以到村庄、会展中心、超市、商场等人员密集的地方，刊登广告，散发招生简章。除此之外，幼儿园宣传人员还可以进入社区，通过联谊、演出、慰问等活动形式，进行园社联动。通过多方的接触与沟通，村社居民与幼儿园能加深了解，增强信任，进而放心地将孩子托送入园。

（六）媒体宣传，主动出击

当今社会是一个信息化和网络化社会，信息传递的途径多种多样，传递速度快而便捷。幼儿园除了建好自己的网站，加强自我宣传外，还要走出幼儿园，利用电视广告、拉字幕、挂条幅、贴海报、摆设宣传摊位等形式，主动出击，将幼儿园的办园实力、外在形象和招生信息传达给社会公众，让社会了解幼儿园，知晓幼儿园的招生规程。

（七）优惠激励，扩大影响

当今社会，不论是一般产品的促销，还是商品房的促销，商家都会采取形式多样的优惠措施，比如，商品打折、买一送一、老带新奖励、以旧换新、特殊群体人员照顾、加微信送礼品等促进销售，形式可谓五花八门。虽然幼儿园招生宣传和商界的宣传性质有所不同，但是商界的很多宣传方式、理念却值得幼儿园学习和借鉴。比如，幼儿园可以通过提供服务、提高办园质量等形式让家长宣传幼儿园，为幼儿园做"义务广告员"；可以让老生家长介绍幼儿新生入园，对这种老带新的家长给予其孩子在学费上的优惠奖励；对多名家长组团送孩子入园的给予集体优惠；对有音乐、舞蹈、美术等特长的幼儿，对其学费给予一定的减免优惠；另外还可对以军人、模范人物、教师子女等给予一定形式的学费减免等。这在让一部分家长得到一定实惠的同时，也树立了幼儿园良好的外在形象，有利于扩大幼儿园的影响力。

(八)亲子活动，早教衔接

目前，许多幼儿园的园舍、场地、设施等被一些亲子教育机构租用，有的幼儿园自己经常举办一些亲子活动。虽然，亲子活动的对象大多是 3 周岁以下的幼儿，但是，幼儿园可以利用自己园内的优势，加大面对面宣传的力度，让这部分孩子的家长对孩子所在的幼儿园有一个良好的第一印象，并力争让他们在选择幼儿园时首先考虑亲子活动所在的幼儿园。此外，幼儿园也可以主动与周边早教机构联系，利用早教机构宣传并推介自己的幼儿园。

当然，幼儿园的招生宣传方式是多种多样的，不同性质、不同类型，不同区域的幼儿园，其招生宣传方式也有所不同，幼儿园可以在哪一个或哪几个方面有所侧重，要根据具体情况做好招生宣传工作。[①]

三、幼儿入园应注意的问题

《幼儿园工作规程》规定，新入园幼儿入园时应注意以下一些问题：

①健康检查。幼儿入园前，应当按照卫生部门制定的卫生保健制度进行健康检查，合格者方可入园。

②照顾特殊人群子女入园。幼儿园对烈士子女、家中无人照顾的残疾人子女、孤儿、家庭经济困难幼儿、具有接受普通教育能力的残疾儿童等入园，按照国家和地方的有关规定予以照顾。

③面向社会就近招生。企业、事业单位和机关、团体、部队设置的幼儿园，除招收本单位工作人员的子女外，应当积极创造条件向社会开放，招收附近居民子女入园。

④禁止入园考试。幼儿入园前，除正常健康检查外，禁止任何形式的考试或选拔性测试。

---

① 何光明：《浅谈如何做好幼儿园的招生宣传工作》，载《家教世界》，2016(27)。

四、幼儿园的编班

幼儿入园后，幼儿园要根据幼儿的年龄和不同阶段班级的人数要求合理分班。幼儿园的办园规模要适度，应当有利于幼儿身心健康，便于管理。根据《幼儿园工作规程》要求，幼儿园在园幼儿一般不超过 360 人。

(一)幼儿园编班形式

幼儿园可根据各自不同情况选择不同的编班形式，可以按年龄分别编班，也可以混合编班。

(二)按年龄编班的班额要求

《幼儿园工作规程》规定：幼儿园小班一般不超过 25 人，主要招收 3~4 周岁幼儿；中班一般不超过 30 人，主要招收 4~5 周岁幼儿；大班一般不超过 35 人，主要招收 5~6 周岁幼儿。寄宿制幼儿园每班幼儿人数应在此基础上酌减。

除此之外，一些地方幼儿园，有的还开办托幼班(年龄一般在 1~3 周岁，人数在 20 人以下)、学前班(年龄在 6 周岁左右，人数可在 40 人左右)、混龄班(年龄不定，人数一般在 30 人左右)等。

本节小结

1. 招生是幼儿园管理的一项初始性工作，一般在每年秋季进行。通过招生宣传，幼儿园可以有效地宣传国家的幼教政策，展示自己的形象，积极引导家长明确幼儿阶段的教育目标，树立正确的幼儿教育观，为幼儿进园后家园共育奠定基础。同时，幼儿园通过招生还可以在一定程度上把握生源的数量和质量，有利于幼儿园在班额限定范围内适度扩大办园规模，并为制订适宜的课程方案奠定基础。

2. 幼儿园招生宣传既要讲究方式方法，又要实事求是，要避免幼儿园之间因招生而引起恶意竞争。幼儿园最有效的招生宣传方式是提高办园质量，形成办园特色。

3. 幼儿园要对入园幼儿提前进行健康检查，禁止进行选拔性考试。对特殊人群的子女要按政策给予照顾。

4. 幼儿园办园规模要适度，班额要符合要求。对幼儿编班可以按年龄编班，也可以混龄编班。

思考与练习

1. 做好幼儿园招生工作有何意义？你认为幼儿园有效的招生方式有哪些？

2. 幼儿园的编班形式有哪几种？《幼儿园工作规程》对幼儿园的办园规模和班额有何要求？

第二节　幼儿园教育工作管理 //////////////////////////

幼儿园教育工作与教育工作管理是两个不同性质的问题。《幼儿园工作规程》就有关幼儿园教育工作的原则、内容、过程、途径和方法，以及幼儿品德教育做了详细的介绍。接下来我们要研究的是幼儿园教育工作管理的意义、内容、原则和方法要求。

一、幼儿园教育工作管理的意义

教育工作是幼儿园的中心工作，幼儿园教育工作管理的重要意义表现在以下两个方面。

一是可以有效地实现幼儿园的发展目标，促进幼儿全面发展。《幼儿园工作规程》第五条指出，幼儿园保育和教育的主要目标是，促进幼儿身体正常发育和机能的协调发展，促进心理健康，同时发展幼儿智力，培养他们良好的品德行为和习惯，以及活泼开朗的性格，培养幼儿初步感受美和表现美的情趣和能力。这一全面发展的目标必须通过科学管理、精准实施才能得以实现。

二是有利于提高幼儿园的办园效益，提升幼儿园的外在形象。科学的教育工作管理，有利于调动教职工工作的积极性、主动性和创造性，有效地提高教育质量，增强办园实力，扩大宣传效益，提升幼儿园的外在形象。

二、幼儿园教育工作管理的内容

（一）贯彻教育方针，坚持正确的办园方向

做好幼儿园教育工作管理，首要的工作内容就是要贯彻国家的教育方针，要指

导幼儿园全体人员，遵循幼儿身心发展特点和规律，实施德、智、体、美等方面全面发展的教育，促进幼儿身心和谐发展。这也是幼儿园教育工作必须坚持的最大方向。

(二)营造教育环境，形成教育网络

环境是影响幼儿发展的一项潜在内容。幼儿园管理者除了要净化、亮化、美化园内物质环境以外，还要带领全体教职工积极打造温馨和谐、有益于幼儿身心健康生长的精神环境，促进幼儿心智和品德水平的提升。

对幼儿的教育工作是一项系统工程。做好这项工作，幼儿园除了要有一支高素质的教师队伍之外，还要有完善的管理组织，如保教处、教研组、学科领域、班级等，以及其他相关人员积极配合，共同参与，全方位、潜移默化地实施相关要求。因此，幼儿园必须科学、合理地配备教育工作人员，明确岗位职责，做到家园协作、社区联动、幼小衔接，形成齐抓共管、周密高效的教育网络。

(三)建立健全教育工作制度

幼儿园人多事杂，对教育工作的管理也一样。幼儿园要规范教育者的行为，保证教育工作的正常高效运转，建立健全教育工作制度。对幼儿园教育工作人员来说，工作制度具有两方面作用。一是标准导向作用。制度可以使他们明确哪些事应该做，哪些事不可以做，从而有效地规范其生活和工作行为。二是激励调控作用。规章制度中奖励性的规范内容有利于人们奋发向上，再创新高；而一些惩戒性的措施则可以起到惩治、终止错误行为或失职行为，让其他人引以为戒的作用。

幼儿园需要制定的教育工作制度有很多，例如考勤制度、交接班制度、学习制度、备课规范、教学常规检查制度、教研活动制度、教研成果奖励制度、家长联系制度，以及相关教育岗位人员的职责等。

(四)加强教育业务指导

教育工作人员的业务水平事关教育工作质量，要做好教育工作管理，幼儿园必须加强业务指导，努力提升相关人员的业务水平。为此，幼儿园管理者要做的重点工作：一是指导教育工作人员精选教育活动内容，使活动内容符合幼儿的认知规律，贴近他们的生活；二是指导开展形式多样的教育活动，充分发挥多重教育手段的交互作用，激发幼儿学习的积极性、主动性和创造性；三是加强检查督促，指导教师做好教育工作的计划和总结；四是开展经常性的教研活动，实现教研活动的经常化、园本化、制度化和现代化，以教研促教改，以教研促发展，向教研要效益；五是开展业务培训，提升工作人员的理论素养和教育实践能力。

（五）做好教育工作评价

《幼儿园教育指导纲要（试行）》指出："教育评价是幼儿园教育工作的重要组成部分，是了解教育的适宜性、有效性，调整和改进工作，促进每一个幼儿发展，提高教育质量的必要手段。"可见，评价在幼儿园教育工作中有重要作用。做好对幼儿园教育工作的评价，管理者首先要明确评价目的；其次要建立科学的教育工作评价体系；最后要采取有效的评价方式，对教育工作人员的工作行为和活动效益进行准确评判。

三、幼儿园教育工作管理的原则

（一）方向性和科学性原则

幼儿园的主要工作应该是促进幼儿发展，这是幼儿园工作的基本方向。所以，幼儿园教育工作的管理也应该以促进幼儿的发展为根本指导思想。同时，幼儿园还要帮助和指导教师精心选择教育内容，采取科学的方法，建立健全合理的教育常规制度，即遵守科学性的原则。为贯彻这一原则，教育工作人员，一方面要学习幼儿园教育的有关方针政策，了解国家对幼儿园和幼教工作者的要求，坚持正确的工作方向；另一方面要科学实施，民主评价教育行为，依法治园，以制度来规范教育行为。

（二）教师为主，齐抓共管原则

教师直接与幼儿接触，幼儿又具有很强的向师性，最愿意也容易接受教师的指导，所以，教师是幼儿园中实施教育工作的骨干力量。幼儿园教育工作的成效如何，归根结底要看教师能否坚持正确的教育发展方向和科学的教育理念，要看教师的榜样示范作用的程度和尽职尽责的程度，还要看教师对幼儿参与教育活动的积极性的调动以及实际教育效果。当然，教育工作的实施，除此之外，还要有园领导的正确指挥与科学指导，需要后勤人员提供保障，需要家长的支持与配合，需要利用社区资源，以及调动与幼儿发展相关的一切积极因素共同努力。大家齐抓共管，才能取得应有的教育成效。

（三）保教结合原则

发展幼儿、服务家长是幼儿园的双重任务。所以，幼儿园对幼儿不只负有教育责任，还应接过家长的嘱托，代替家长做好幼儿在园期间的保育工作。家长的最大心愿就是，孩子既能接受良好的教育，又健康安全，有一个快乐的童年。可以说，做好幼儿的保教服务工作，促进学前儿童身心和谐发展，是对家长的最好服务。另外，幼儿园的每一个工作环节都渗透着保育和教育。保育蕴含教育，教育包含保育。保育可以促进教育，教育也可以促进保育。保育和教育既互相联系，又互相影响。在生活中渗透具有发展价值的教育因素，在教育活动中适时适当地强化生活卫生习惯，保教结合，是促进幼儿全面发展的客观要求，也是实现教育目标的根本保障。所以，幼儿园管理者必须牢固树立保教结合的思想，同时调动保育和教育两方面人员的积极性，积极引导他们互相配合，充分挖掘各自工作中的保教因素，你中有我，我中有你，共同促进幼儿的健康和谐发展。

（四）阶段性和连续性原则

幼儿的发展具有年龄阶段性特点，他们在入园前、在园期间、入小学后的各个阶段的特点不一样，在园期间的大、中、小班三个年龄段的生理和心理特点也有所不同。同时，各阶段之间又不是截然分开的，它们之间具有一定的连续性。所以，在幼儿园教育管理工作中，幼儿园管理者要高度重视这种阶段性和连续性的特征，指导教育工作人员因"段"施教，同时又要加强幼儿入园前的调查研究，掌握本阶段幼儿的生理和心理特征，了解他们的家庭教育及其习惯养成的情况，积极做好入园前后的教育内容和教育方法的衔接工作。此外，管理者还要着眼于幼儿入学后的教育需要，激发其学习兴趣，培养其良好习惯，积极做好幼小衔接，让孩子带着健康的心智、优秀的品德进入小学阶段的学习。

（五）开放性原则

教育是一项塑造灵魂的工作。教育者要教育他人，自己首先要品行端正，思想端正。除此之外，作为专门的教育工作者还要解放思想，以先进的思想、开放的理念指导工作实践。教育管理者要注意做好牵线搭桥、搭台唱戏工作，即积极引导教育工作人员相互学习、相互交流，不断学习外园、外地，甚至外国的先进工作经验，借他山之石，结合本园实际，卓有成效地做好教育工作。同时，教育工作人员还要积极参与园内观摩、研讨活动，相互学习借鉴，学人之长，补己之短。幼儿园管理者通过经常性地"走出去，请进来"，积极建立开放的教育工作体系，跨越班级，走出园门，通过经常性的交流和探讨，共同提高教师的教育工作水平。

幼儿园教育工作应坚持的原则要求有很多，除上述五条之外，在具体实施过程中还要坚持发展原则、质量效益原则、评价激励原则、安全性原则等。

四、幼儿园教育工作管理的措施

管理者要做好幼儿园教育工作管理，除了遵循正确的管理原则之外，还要注意采取切实可行的方法措施引领教育工作者有效实施教育工作，提高工作质量。

（一）加强学习，提高教师的业务素质

幼儿园管理者要管好教育工作，首先要管好教育工作队伍，提高他们的整体素质，而其中最主要的是提高教师的业务水平。幼儿园管理者要加强教师的思想政治教育和职业道德教育，提高教师的政治觉悟和道德水平，积极引导他们爱国爱岗，敬业奉献；要加强教师的教育理论学习，引导教师树立正确的教育观、教学观和儿童观，解放思想，转变观念，大胆创新；要加强教师的教育与教学业务培训和职业技能训练，努力提高广大教师组织教育教学活动的经验水平和操作能力；要引导教师积极开展业余进修，充分利用网络资源，做好自我学习提升。

（二）狠抓常规管理，提升工作效果

教学常规工作是落实教育工作计划、实现教育工作目标的重要落脚点。抓教学常规就是督促教师认真做好教育工作，提升工作效果。在管理过程中，幼儿园管理者要把主要精力集中在教学常规管理中的教和学两个方面，以"抓基础，重能力，提效率"为根本指导思想，花大力气促进教师改进教法，科学指导学法；引导教师认真做好教育工作的计划和总结，加强对听课、评课的指导，以检查促落实，结果与过程并重。管理者努力做到常规工作经常抓、全面抓、创新抓，抓出成效，抓出动力，让广大教师由"要我做"转变为"我要做"。

（三）加强教学研究，形成教育特色

教研工作是幼儿园工作的一个重要组成部分，教学研究的成效直接关系到幼儿

园的保教质量。幼儿园管理者要高度重视教研工作，积极引导广大教师树立教研意识，明确教研工作对提升教师素质、提高幼儿园办园质量的重要性。同时带动和指导保教业务人员和其他教师广泛开展、积极参与各种有益的教育教学研究活动，上好公开课、考评课、示范课，组织专题研讨，积极申报不同级别的研究课题，积极开展校本研究，以教研打造办园特色，以教研促进教育质量的提升。

(四)强化园所文化建设，优化育人环境

在幼儿园中，宽敞亮丽的园舍、理念先进的园风、勤奋扎实的教风、创新担当的领导作风，以及温馨和谐、团结友爱的师幼、同伴关系等，都是孩子最好的老师。所以，幼儿园应当将环境作为重要的教育资源，强化园所环境建设，积极优化育人环境。具体说来，就是要合理利用室内外环境，创设开放的、多样的区域活动空间，提供适合幼儿年龄特点的丰富的玩具、操作材料和幼儿读物，支持幼儿自主选择和主动学习，激发幼儿的学习兴趣与探究愿望。幼儿园要积极营造尊重、接纳和关爱的氛围，建立良好的同伴和师生关系；同时还要充分利用家庭和社区的有利条件，丰富和拓展幼儿园的教育资源。

本节小结

1. 教育工作是幼儿园的中心工作。做好幼儿园工作管理，有利于调动教职工工作的积极性、主动性和创造性，有效地提高教育质量，增强办园实力，扩大宣传效益，提升外在形象；可以有效地实现幼儿园的发展目标，促进幼儿全面发展。

2. 幼儿园教育工作管理的内容主要包括贯彻教育方针，坚持正确的办园方向；营造教育环境，形成教育网络；建立健全教育工作制度；加强教育业务指导；做好教育工作评价。

3. 幼儿园教育工作管理应遵循方向性和科学性原则；教师为主，齐抓共管原则；保教结合原则；阶段性和连续性原则；开放性原则；发展原则；质量效益原则；评价激励原则；安全性原则等。

4. 管理者要做好幼儿园教育工作管理，还要注意采取切实可行的方法措施引领教育工作者有效实施教育工作，提高工作质量。管理者要做到加强学习，提高教师的业务素质；狠抓常规管理，提升工作效果；加强教学研究，形成教育特色；强化园所文化建设，优化育人环境等。

🗂 思考与练习

1. 幼儿园教育工作管理包括哪些内容？做好幼儿园教育工作管理有何意义？

2. 你认为幼儿园教育工作管理应坚持哪些重点原则？可以采取哪些措施提高幼儿园教育工作管理的成效？

第三节　幼儿园卫生保健工作管理 //////////////////

一、幼儿园卫生保健工作的概述

幼儿园卫生保健通常指为保护幼儿生理、心理健康，增强体质，促进生长发育而进行的体格锻炼、预防疾病、执行科学作息制度和保健卫生制度等活动。这一工作主要包括幼儿生理卫生保健和心理卫生保健两方面。

(一)幼儿园卫生保健工作的内容

根据《幼儿园工作规程》的要求，幼儿园卫生保健工作的内容主要包括以下几个方面：

①制定合理的幼儿一日生活作息制度，并严格执行；

②对幼儿的健康发展状况进行定期检查、分析和评价，建立幼儿健康检查档案；

③关注幼儿心理健康，保持幼儿积极的情绪状态；

④认真做好疾病防控工作，制订突发传染病应急预案，配合卫生部门做好计划免疫工作；

⑤编制营养平衡的幼儿食谱，提供安全卫生的食品，保证幼儿合理膳食；

⑥配备必要的设备设施，为幼儿提供安全卫生的饮用水；

⑦积极开展适合幼儿的体育活动，锻炼幼儿肌体，增强身体的适应和抵抗能力。

(二)幼儿园卫生保健工作的任务

《托儿所幼儿园卫生保健工作规范》指出，托幼机构卫生保健工作的主要任务是："贯彻预防为主、保教结合的工作方针，为集体儿童创造良好的生活环境，预防控制传染病，降低常见病的发病率，培养健康的生活习惯，保障儿童的身心健康。"

二、幼儿园卫生保健工作管理的意义、任务

（一）幼儿园卫生保健工作管理的重要性

1. 保护幼儿身心健康是幼儿园管理工作的首要任务

幼儿年龄小，身体和心理发育尚不健全，对环境的适应和对疾病、风险障碍的抵抗能力不强，容易受到不良环境的伤害或疾病感染。同时，幼儿好奇心强，但缺乏安全意识，自我保护能力较差。幼儿园是集体活动的场所，人群集中，容易产生矛盾冲突和人身伤害，也容易感染疾病。所以，创设幼儿成长的适宜环境，保护幼儿的身心健康，是幼儿园管理的首要任务。

2. 加强卫生保健工作管理是做好幼儿园卫生保健工作的基础和保障

健康的身体和健全的心理是幼儿接受教育的重要前提。幼儿没有健康的身体，就影响接受其健康教育；幼儿没有健康的心理，就失去了心智启迪的基础。所以，幼儿园只有加强卫生保健工作管理，才能在一定程度上保证幼儿身心健康成长，才能为卫生保健工作的实施提供有效的基础和保障。

（二）幼儿园卫生保健工作管理的任务

幼儿园卫生保健工作管理的任务是，贯彻国家卫生工作方针，建立健全幼儿卫生保健制度，指导卫生保健人员开展行之有效的卫生保健活动，科学实施卫生保健内容，完善幼儿卫生保健工作过程，促进幼儿身心健康发展。

三、幼儿园卫生保健工作管理的内容

幼儿园卫生保健工作管理要做的工作很多，重点工作内容有五个方面。

（一）执行卫生保健法规，完善卫生保健制度

国家对幼儿园卫生保健工作的要求很多、很细，从法规层面来看，有《中华人民共和国未成年人保护法》《幼儿园工作规程》《托儿所幼儿园卫生保健管理办法》《幼儿园教育指导纲要(试行)》《3～6 岁儿童学习与发展指南》《托儿所幼儿园卫生保健工作规范》《中小学幼儿园安全管理办法》等。这些法律规范从不同角度对幼儿园卫生保健工作提出了不同的规范要求，是幼儿园做好卫生保健工作的基本依据。幼儿园管理者除了自身要贯彻落实有关卫生保健法规，依法决策，依规管理外，还要引导卫生

保健人员依法依规行事，确保幼儿园卫生保健工作不违规、不逾矩。与此相关，幼儿园还要在相关法律法规的指导下，建立健全园内卫生保健制度，如生活作息制度、健康检查制度、身体锻炼制度、卫生防病制度、膳食制度、门卫制度、交接班制度等，规范保教工作人员的具体工作行为，以确保卫生保健工作的正常规范运行。

(二)检查指导，落实卫生保健工作计划

幼儿园卫生保健工作需要按计划实施，但是不论是全园还是班级的卫生保健工作计划，其落实都不可能顺顺利利。因为计划落实过程是一个复杂的过程，它涉及工作条件、卫生保健人员的工作态度和能力素质，以及其开展工作的积极主动性，包括幼儿和家长的配合程度等。只有通过检查，管理人员才能发现问题并提出可能的改进措施，才能督促卫生保健人员尽职尽责地工作。若幼儿园对卫生保健只有计划，没有对具体实施情况的检查，采取"放羊式"的管理，则很难保证计划的有效落实，也很难有针对性地发挥管理者的指导作用。所以，检查是落实幼儿园卫生保健工作计划的一个重要环节，也是做好幼儿园卫生保健工作的一项重要内容。

(三)完善设施设备，提供便利的卫生保健条件

幼儿园卫生保健工作需要做的有很多，对相关设施设备要求也很高，例如，根据《托儿所幼儿园卫生保健工作规范》(卫妇社发〔2012〕35号)的要求，托幼机构在儿童个人卫生保健方面要"保证儿童每人每日1巾1杯专用，并有相应消毒设施"，"每班应当有专用的儿童水杯架、饮水设施及毛巾架"，"儿童有安全、卫生、独自使用的床位和被褥"；在食堂卫生方面，"园(所)内应设置区域性餐饮具集中清洗消毒间，消毒后有保洁存放设施。应当配有食物留样专用冰箱"；在保健室设置方面，要求"保健室面积不少于12平方米，设有儿童观察床、桌椅、药品柜、资料柜、流动水或代用流动水等设施"，还应"配备儿童杠杆式体重秤、身高计(供2岁以上儿童使用)、量床(供2岁以下儿童使用)、国际标准视力表或标准对数视力表灯箱、体围测量软尺等设备，以及消毒压舌板、体温计、手电筒等晨检用品"，和"消毒剂、紫外线消毒灯或其他空气消毒装置"等。诸如此类都是做好卫生保健工作所必需的。幼儿园管理者必须根据幼儿园的财力条件，力所能及地做好卫生保健设施设备供给，不断改善卫生保健工作条件，为卫生保健工作的顺利开展提供应有的保障。

(四)培训卫生保健人员，提高工作能力

《托儿所幼儿园卫生保健工作规范》对托幼工作人员还规定，托幼机构"应当加强

对工作人员、儿童及监护人的安全教育和突发事件应急处理能力的培训，定期进行安全演练，普及安全知识，提高自我保护和自救的能力"。保教人员应当"定期接受预防儿童伤害相关知识和急救技能的培训，做好儿童安全工作，消除安全隐患，预防跌落、溺水、交通事故、烧(烫)伤、中毒、动物致伤等伤害的发生"。《托儿所幼儿园卫生保健管理办法》也规定，在保健室工作的保健员"应当具有高中以上学历，经过卫生保健专业知识培训，具有托幼机构卫生保健基础知识，掌握卫生消毒、传染病管理和营养膳食管理等技能"。所有这些文件实际上都要求幼儿园管理者重视对卫生保健人员的培训，并把对卫生保健人员的培训作为幼儿园卫生保健工作管理的一项重要工作内容。

(五)指导制订幼儿园卫生保健工作的计划，做好总结和保健效果评价

《托儿所幼儿园卫生保健工作规范》在对托幼机构职责要求方面指出，托幼机构应"制订适合本园(所)的卫生保健工作制度和年度工作计划"，还要"根据各年龄段儿童的生理、心理特点，在卫生保健人员参与下制订合理的一日生活制度和体格锻炼计划，开展适合儿童年龄特点的保育工作和体格锻炼"。在健康教育方面，要求托幼机构"应当根据不同季节、疾病流行等情况制订全年健康教育工作计划，并组织实施"。这要求幼儿园管理者要加强对幼儿园卫生保健工作计划制订的指导，以保证卫生保健工作有目的、有计划地开展。除此之外，幼儿园管理者还要指导班级卫生保健人员做好工作总结，反思工作过程，发扬成绩，克服缺点，不断提高工作水平。为进一步调动卫生保健人员的工作积极性，幼儿园管理者还要对卫生保健工作成效进行分析评价，奖优罚劣，强化工作动机，最大限度地调动卫生保健人员的积极性、主动性和创造性。

四、幼儿园卫生保健工作管理的方法措施

(一)坚持预防为主的卫生工作方针

《托儿所幼儿园卫生保健管理办法》第三条指出："托幼机构应当贯彻保教结合、预防为主的方针，认真做好卫生保健工作。"《幼儿园工作规程》第二十条也规定："幼儿园应当建立传染病预防和管理制度，制订突发传染病应急预案，认真做好疾病防控工作。""预防为主"是国家对卫生保健工作的基本要求，也是幼儿园做好卫生保健

工作管理的根本指导思想。因此，幼儿园必须积极引导幼儿参加体格锻炼，认真做好健康教育和计划免疫工作，努力促进幼儿身心健康成长，对各种疾病和可能发生的事故做到防患于未然。

(二)完善组织，配足配齐合格的卫生保健人员

幼儿园卫生保健的实施除了有园长和分管领导之外，还要有医务室、保健室、膳食组等相关职能部门负责具体落实卫生保健工作，同时还要配备符合要求的相关工作人员。根据《托儿所幼儿园卫生保健管理办法》的要求，托幼机构应当聘用符合国家规定的卫生保健人员，如"医师、护士和保健员"等，同时规定："在卫生室工作的医师应当取得卫生行政部门颁发的《医师执业证书》，护士应当取得《护士执业证书》。"在保健室工作的保健员"应当具有高中以上学历，经过卫生保健专业知识培训，具有托幼机构卫生保健基础知识，掌握卫生消毒、传染病管理和营养膳食管理等技能"。在配备比例上要求托幼机构"按照收托 150 名儿童至少设 1 名专职卫生保健人员的比例配备卫生保健人员。收托 150 名以下儿童的，应当配备专职或者兼职卫生保健人员"。幼儿园管理者要根据这一要求，结合幼儿园实际，一方面建立和完善卫生保健组织，另一方面尽可能地配足配齐符合职业资格要求的卫生保健人员。

(三)建立健全卫生保健制度，明确岗位职责，科学施策

上文提到，卫生保健的法律、法规和幼儿园内的卫生保健制度是幼儿园科学施

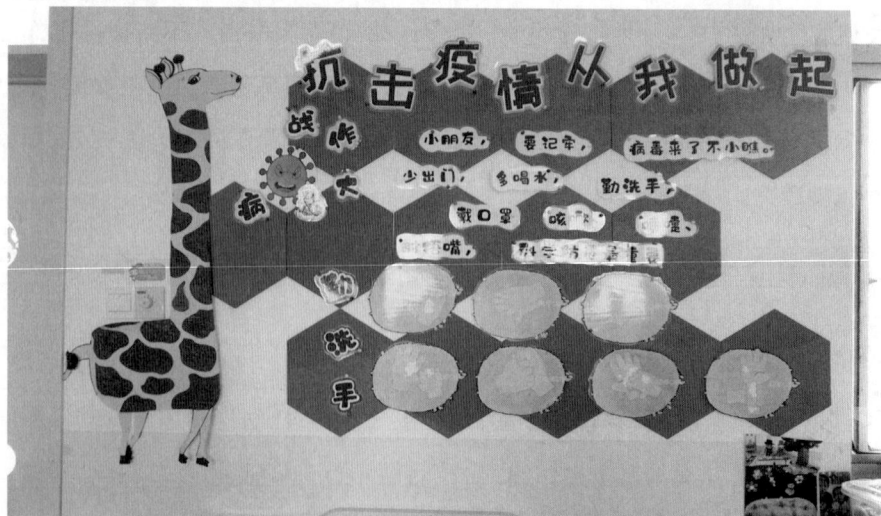

图 3-1　某幼儿园抗击新冠肺炎疫情室外宣传墙饰

策，保证卫生保健工作正常有效运行的基本保证。幼儿园管理者必须站在依法治园、依规管园的高度，根据实际情况建立健全卫生保健制度，积极引导卫生保健人员明确职责要求，科学合理地安排幼儿的一日生活和体格锻炼，做好卫生消毒和膳食工作管理，积极开展健康检查和健康教育，加强常见病和传染病的防控工作，努力促进幼儿身心健康发展。

(四)家园合作，社区联动，群防群治

家长是孩子最亲密的接触者，最了解孩子的生理和心理发展状况，也是对幼儿卫生保健责无旁贷的实施者。幼儿园要与家长密切配合，指导教师通过家访等形式，及时了解幼儿在家的身体和心理表现，指导卫生保健人员定期对儿童及家长开展预防接种和传染病防治知识的健康教育，督促家长按免疫程序和要求完成儿童疾病的预防接种。同时引导家长协助幼儿园一起做好幼儿的体格锻炼，加强对幼儿自我保护以及良好生活习惯的培养。

另外，根据《托儿所幼儿园卫生保健工作规范》的要求，妇幼保健机构要"制订辖区内托幼机构卫生保健工作评估实施细则，建立完善的质量控制体系和评估制度"；疾病预防控制机构"负责定期为托幼机构提供疾病预防控制的宣传、咨询服务和指导"；食品药品监督管理机构负责"依法加强对托幼机构食品安全的指导与监督检查"；乡镇卫生院、村卫生室和社区卫生服务中心应"加强与托幼机构的联系，取得配合，做好儿童的健康管理"。幼儿园应加强与上述各相关部门的联系，充分发挥各职能部门的优势，园社联动，互相配合，群防群治，共同做好幼儿卫生保健工作。

本节小结

1. 幼儿园的卫生保健主要包括幼儿生理卫生保健和心理卫生保健两方面。幼儿园卫生保健工作的内容主要有：制定并执行幼儿一日生活作息制度；关注幼儿心理健康，对幼儿的健康发展状况进行定期检查；做好疾病防控工作，保证幼儿合理膳食；开展体育活动，锻炼幼儿肌体，增强幼儿身体的适应和抵抗能力。

2. 幼儿园卫生保健工作的主要任务是：贯彻预防为主、保教结合的工作方针，为集体儿童创造良好的生活环境，预防控制传染病，降低常见病的发病率，培养健康的生活习惯，保障儿童的身心健康。

3. 保护幼儿身心健康是幼儿园管理工作的首要任务，也是做好幼儿园卫生保教

工作的基础和保障。幼儿园卫生保健工作管理的任务是，贯彻国家卫生工作方针，建立健全幼儿卫生保健制度，指导卫生保健人员开展行之有效的卫生保健活动，科学实施卫生保健内容，完善幼儿卫生保健工作过程，促进幼儿身心健康发展。

4. 幼儿园卫生保健工作管理要做的工作有很多，其中重点工作内容有：执行卫生保健法规，完善卫生保健制度；检查指导，落实卫生保健工作计划；完善设施设备，提供便利的卫生保健条件；培训卫生保健人员，提高工作能力；指导制订幼儿园卫生保健工作计划，做好总结和保健效果评价。

5. 做好幼儿园卫生保健工作管理，要坚持预防为主的卫生工作方针；要完善组织，配足配齐合格的卫生保健人员；要建立健全卫生保健制度，明确岗位职责，科学施策；要做到家园合作，社区联动，群防群治。

思考与练习

1. 幼儿园卫生保健的主要内容有哪些？主要任务是什么？

2. 幼儿园卫生保健工作管理的任务是什么？做好这项工作有何意义？

3. 幼儿园卫生保健工作管理的内容有哪些？怎样才能做好幼儿园的卫生保健管理工作？

第四节 幼儿园后勤保障与安全工作管理 //////

一、幼儿园后勤工作的特点、地位

（一）幼儿园后勤工作的特点

一般将幼儿园和学校工作分成两大类，一类叫前勤，即幼儿保教（教学）工作；另一类叫后勤，即总务保障工作。这种分类虽然比较笼统，但说明后勤工作是幼儿园整个工作的重要组成部分，幼儿园不能没有后勤。而且，从后勤工作的具体特点看，后勤不"后"，也不简单。首先，后勤工作具有服务性。它要为幼儿园保教工作、幼儿、家长提供物质供应、餐饮膳食、卫生安全等保障性服务，这是后勤工作的本质特点。其次，后勤工作具有广泛性。后勤服务涉及幼儿园的人员、事务、财物、基础设施、内外联络等方方面面，这种广泛性是后勤工作的基本特征。再次，后勤工作具有先行性。后勤工作虽然是服务性的工作，但是很多都要走在其他工作开始之前，例如，开学前的物质准备、水电供应、餐饮服务、疾病预防、安全防范等，都要在相关工作开始之前做好，正所谓"兵马未动，粮草先行"。最后，后勤工作还具有政策性。幼儿园的基础建设、物品采购、财务预算决算、教职工津贴福利的保障等都涉及经费使用问题。《幼儿园工作规程》第四十八条规定："幼儿园的经费应当按照规定的使用范围合理开支，坚持专款专用，不得挪作他用。"第五十一条规定："幼儿园应当建立经费预算和决算审核制度，经费预算和决算应当提交园务委员会审议，并接受财务和审计部门的监督检查。"由此可见，幼儿园的各项支出必须出而有据，符合国家财务政策要求。

有人用五个字概括了后勤工作的特点，即"繁、杂、琐、细、累"。

(二)幼儿园后勤工作的地位

从上述特点可以看出，后勤工作在幼儿园整体工作中具有重要的作用，可以这样说，成功有效的后勤工作能为幼儿园保教工作提供良好的物质基础和资源保障，对保障幼儿园各项工作的顺利进行，充分调动教职工工作积极性，促进幼儿发展，提升幼儿园的办园效益，具有十分重要的作用。相反，滞后的后勤工作，会在一定程度上影响幼儿园相关工作的顺利进行，不利于提高保教质量，甚至制约幼儿园的发展。

二、幼儿园后勤工作管理的意义、任务

(一)幼儿园后勤工作管理的意义

从幼儿园后勤工作的地位可以看出，能不能做好后勤工作管理事关幼儿的发展和幼儿园的办园效益的好坏。因此，做好后勤工作管理具有十分重要的意义。

首先，做好后勤工作管理，有利于充分发挥幼儿园人、财、物的基础保障作用，确保幼儿园各项工作的顺利进行。

其次，做好后勤工作管理，有利于发挥后勤工作的协调驱动作用，保证"双轮驱动"，充分调动教职工的积极主动性，提高部门协调度，促进幼儿园健康运行。

最后，做好后勤工作管理，有利于发挥幼儿园在园所、家庭和社区之间的联络

纽带作用，调动众多社会力量，协同推进，增强幼儿园的社会影响力，更好提升社会服务水平。

（二）幼儿园后勤工作管理的任务

幼儿园后勤工作管理的任务主要有以下四点：

一是更新观念，增强服务意识。幼儿园管理者要引导全体后勤工作人员树立教师利益、幼儿利益和家长利益至上的服务观，把满足教师、家长的合理需求作为工作的出发点和根本点，全心全意地做好服务工作。

二是精打细算，认真做好财物管理工作。幼儿园管理者要引导后勤工作人员做好幼儿园经费预算，严格审批、采购、入库、报销制度，加强办公经费和日常用水、用电的教育管理，做到经费支出规范、合理。

三是物尽其用，充分发挥设施设备功能。后勤工作人员要做好幼儿园园舍、财产的登记和日常检查工作，引导教职工充分发挥各种设施设备的应有功能，同时，严格执行资产、物品的保管和损坏赔偿制度，做到物尽其用，以实现设施设备使用效益的最大化。

四是牢固树立安全意识，做好经常性的卫生和安全防范工作。要扎实做好食堂、寝室和园内环境的日常卫生清洁工作，严格执行卫生消毒和安全排查制度，提高安全防范意识，积极营造健康、优雅的园内环境。

三、幼儿园后勤工作管理的内容及相关要求

后勤工作事务繁多，相应地，后勤工作管理的内容也很多、很细，幼儿园管理者除了要引导后勤工作人员做好人员和档案信息管理之外，主要的还有以下几个方面。

（一）幼儿园园舍和设备管理

幼儿园园舍和设备管理主要包括园舍的规划与建设，以及设施设备的配备、维护、更新和日常使用管理，以保障和改善办园条件。管理者做好幼儿园园舍和设施设备管理要注意以下几点。

1. 按标准提供生活和教学用房，满足用房需求

《幼儿园工作规程》第三十四条规定："幼儿园应当按照国家的相关规定设活动

室、寝室、卫生间、保健室、综合活动室、厨房和办公用房等。"另外，根据《幼儿园标准化建设基本标准(试行)》要求：幼儿人均占地面积不低于 15 m²，人均室外活动场地面积不低于 4 m²，人均园舍建筑面积不低于 10 m²。另外，园舍建设必须符合住建部和教育部《托儿所、幼儿园建筑设计规范》及国家现行的有关设计规范和强制性标准，楼房建筑不宜超过 3 层。幼儿园必须按照这些文件要求，为幼儿的生活、学习以及教师的教学提供充足的用房，以满足基本运行需求。

2. 配足配齐玩教具和图书设施

幼儿园应当配备必要的游戏活动设施，并根据在园幼儿规模和不同年龄段幼儿的特点配备具有教育意义并符合安全、卫生要求的玩、教具。根据《幼儿园标准化建设基本标准(试行)》要求，幼儿园的图书阅览室还应"配备图书、杂志、音像读物等，并配备数量足够的开放式书架及桌椅。有适合幼儿阅读的不少于 10 个种类的图书，幼儿人均 3 册以上，教师专业用书不少于 40 种，报纸杂志不少于 5 种"。

3. 加强设施设备的日常使用管理，提高利用率

幼儿园的房舍和大型器械设备属于不动产，加强日常管理，做好维修养护工作，可以延长其使用寿命，提高利用效益。同时，幼儿园还要根据需要对相关设施设备进行及时的更新。

(二)幼儿园常用的消耗性物品管理

作为物的因素，除了上述房舍和设施设备之外，还有幼儿园常用的物品，如生活用品、办公用品等。管好这类物品要注意两点：

一是建立和完善物品采购、验收和报销制度。幼儿园要规范物品采购程序，按需申报，集体研究，有计划地购置。要做好对物品的验收工作，严把质量关。同时还要按财务管理的要求规范报销程序。

二是做好物品的入库保管和领取登记。要有专门地点、专门人员管理物品，做好物品登记造册等。

(三)园所卫生和安全工作管理

幼儿园卫生和安全工作管理主要包括指导卫生保洁、消毒、健康教育以及卫生免疫、安全检查、安全演练、安全教育等。做好幼儿园卫生和安全工作管理要注意以下五点。

1. 高度重视卫生健康和安全防范工作

《幼儿园教育指导纲要(试行)》明确指出:幼儿园应把安全工作放在各项工作的首要位置。卫生安全问题是社会和家长关注的热点问题。幼儿园管理者必须牢固树立安全第一的思想,要明确幼儿园的根本是安全,在安全的基础上,才能谈教育。要引导全体教职工充分认识卫生安全对幼儿全面发展以及幼儿园发展的现实意义,做到卫生保健常抓不懈,安全工作警钟长鸣。

延伸阅读

居安思危①

春秋时期,晋国联合宋、卫、鲁等小的诸侯国,共同讨伐郑国。郑国国君非常恐慌,决定向晋国求和,为了表示谢罪,给晋国国君晋悼公送去许多礼物,其中包括乐师、歌伎和一批珍贵的乐器。晋悼公十分高兴,他决定将郑国送来的礼物分出一半,赏赐给曾经有很大功绩的魏绛。魏绛婉言谢绝了,并劝晋悼公说:"书曰'居安思危'。思则有备,有备无患。"(《左传·襄公十一年》)他还说,国君如能牢牢记住这些道理,就可以永享欢乐和太平。晋悼公听了魏绛的话,从此对他更加敬重。

这则故事告诉我们:"安"的背后之所以隐藏着"危",是因为许多人缺乏"居安思危"的意识,导致最安全的状态演变为最危险的状态。

2. 建立健全卫生健康和安全管理制度,做好定期安全隐患排查

《幼儿园工作规程》第十二条要求,幼儿园"应当严格执行国家和地方幼儿园安全管理的相关规定,建立健全门卫、房屋、设备、消防、交通、食品、药物、幼儿接送交接、活动组织和幼儿就寝值守等安全防护和检查制度"。除此之外,幼儿园还要加强对活动过程的监督和管控,严防意外伤害的发生,要定期进行安全隐患排查,发现问题,及时解决。

3. 加强卫生健康和安全教育

幼儿园要对幼儿和全体教职工进行形式多样的卫生健康和安全教育,把安全教

---

① 张兆瑞编著:《小成语 大管理——中华文化之瑰宝 管理智慧之锦囊》,199—200页,北京,群众出版社,2012。

育融入一日生活中，培养幼儿良好的卫生习惯，引导幼儿了解生活中潜在的危险和可能的伤害。定期组织地震、火灾等重大事故的安全防范演练，教给幼儿自救的方法。要指导教职工掌握基本急救常识和防范、避险、逃生、自救的基本方法，在紧急情况下应当优先保护幼儿的人身安全。

4. 加强幼儿园安全教育和安全工作管理方法的研究

幼儿园要组织教职工和幼儿家长积极开展安全教育和安全工作管理方法的研究，积极探讨适应幼儿年龄特点的有效的安全教育方法，研究如何通过日常渗透、随机教育和在活动中体验等途径，有效实施安全教育，探索科学的家园互动安全教育机制。

5. 建立安全责任制，制订应急预案

幼儿园要建立安全责任制，层层签订安全责任状。分班、分区域落实包保责任。要制订园内公共卫生和其他重大事件防控预案，分工负责，明确任务，有效应对重大事件。

(四)幼儿园常见的安全事故及其应对措施

1. 因外来的侵害，幼儿被冒领接走、绑架、伤害等事故

这类事故产生的原因：一是门卫管理不严，外来人员混进幼儿园内领走孩子；二是幼儿园只认接送卡不认人，外来人员拿着捡到或偷来的接送卡将孩子冒领；三是别有用心的亲戚或熟人骗领孩子。

针对这类事故的对策：①实行接送卡制度，必须由固定接送人持卡接送，卡上只标明班级代码和幼儿编号，不出现幼儿姓名和照片，以防被对应冒领；②对于非固定接送者来接孩子，教师要多留个心眼，与原固定接送者取得联系，得到许可后方能让其接走；③选聘强健并经过安全保卫技能培训的男性担任门卫，并配备必要的防卫器械，如电警棍、木棍等；④严格执行门卫制度，严防可疑人员进入幼儿园。

2. 火灾引起的安全事故

这类事故产生的原因：①幼儿使用的桌椅、玩教具、被褥、园内装修用的建筑材料等大多是易燃品、可燃品；②厨房、液化石油气储存间、烧水间等与幼儿园活动场所相连；③电热板、饮水机等电器工作时间过长等起火燃烧；④教工火源、电源管理不慎引发火灾。

针对这类事故的对策：①层层签订消防安全责任书，严格执行有关消防安全制度；②幼儿园内装修要符合《建筑内部装修设计防火规范》的有关规定；③要有专人管理火源和电源，并定期检查；④要加强对幼儿的消防安全教育和教职工的消防安全培训。

3. 食物中毒引起的安全事故

这类事故产生的原因：农药残留；进货变质；清洗不过关；容器消毒不到位；菜烧煮不熟；炊事员个人卫生不合格；人为因素，如投毒。

针对这类事故的对策：①厨房的格局设施必须严格按卫生防疫部门的要求设置；②专人负责管理食堂，严格禁止非食堂工作人员出入食堂；③把好进货关，食物每天留小样，以备事故发生后查验；④豆浆、刀豆等食物必须煮透烧熟，防止中毒。

4. 教学设施原因引起的事故

这类事故产生的原因：①幼儿园设备(如滑梯、攀登架等)陈旧、老化，年久失修；②午睡室高低床的使用不当；③教室里的桌椅、柜子边角尖锐，设计不合理，室内摆设拥挤。

针对这类事故的对策：①严禁设置威胁幼儿安全的危险建筑物和设施；②建立设备器械检查制度，定期检修、保养，对楼道等易出事故的地方设置警示标志；③室内环境设置尽量向软、圆的标准靠近，避免磕碰致伤；④对高低床要采取必要的防护措施。

5. 无接送制度或执行不到位，家长接送孩子失误导致事故

这类事故产生的原因：①不具备接送资格的未成年人接送幼儿所致事故；②教师提前放学，未等家长来接就放走幼儿；③家长未与教师交接所致或对接送孩子不重视导致事故。

针对这类事故的对策：幼儿园要建立完善的幼儿接送制度并严格执行，幼儿园与家长要签订关于接送方面的协议，包括幼儿接送的固定地点、固定接送人(无民事行为能力人不能作为接送人)、接送时间段、如何交接等。

6. 幼儿园活动组织不严密引发的事故

这类事故产生的原因：①幼儿到了新的场所，接触的环境、人和活动内容都是新鲜的，情绪容易兴奋；②组织不够严密，管理人员配备不足；③教师思想上麻痹大意。

针对这类事故的对策：①严禁参加可能危及幼儿人身安全的劳动、体育运动、商业宣传等活动；②事先做实地考察，并与合作单位取得联系，互相沟通活动方案；③制定《外出活动意外事故预案》，将职责分解落实到每位管理人员；④活动前和活动中，向幼儿进行安全教育，增强幼儿的安全意识和自我保护技能，如遵守交通规则，不单独行动，不触摸危险设施，不吃陌生人的食品等，减少来自幼儿自身原因引起的安全事故。

（五）幼儿园财务经费的管理

财务经费管理是幼儿园管理的一项严肃的工作，也是一项具有较强政策性的工作。做好财务工作管理，对于调动教职工的积极主动性，充分挖掘资源潜力，改善办园条件具有十分重要的意义。幼儿园的财务经费管理的内容主要包括收取与筹措办园经费，做好经费的预算结算，制定并严格执行财务管理制度，合理分配财力，加强财务监督等。做好幼儿园财务经费管理必须注意以下几个问题。

1. 健全财务管理制度

财务经费问题是幼儿园的一项严肃而又敏感的问题。为了保障财务人员的工作行为有章可循，有据可依，杜绝漏洞，规范经费使用程序，幼儿园必须建立健全相应的财务管理制度，例如，财务人员岗位职责、经费入账制度、采购制度、报销制度、出纳制度、收费公示制度、票证保管制度、财务审计制度等。

2. 依规收费，专款专用

目前，幼儿教育还没有纳入义务教育范畴，所以，不管是公立幼儿园还是私立幼儿园，都要向入园幼儿收取一定的费用。由于所处地区、办园性质和办园条件的差异，不同的幼儿园在收费项目、收费标准上也存在一定的差异，但是，根据《幼儿园工作规程》规定，幼儿园收费都应遵守以下基本要求：

①收费按照国家和地方的有关规定执行；

②收费项目和标准向家长公示，接受社会监督，不得以任何名义收取与新生入园相挂钩的赞助费；

③不得以培养幼儿某种专项技能、组织或参与竞赛等为由，另外收取费用；不得以营利为目的组织幼儿参加表演、竞赛等活动；

④幼儿膳食费应当实行民主管理制度，保证全部用于幼儿膳食。

3. 分清轻重缓急，勤俭办园，财尽其用

幼儿园经费的支出主要包括公用费和人头费两个方面。人头费是指用于幼儿园发放教职工工资、缴纳津贴保险、绩效考核奖励等方面的费用。公用费主要是指幼儿园的办公费、基建维修费、设备费、水电费、培训费、资料费等。在经费的使用上，幼儿园应当首先保证保育和教育的需要，有一定比例用于改善办园条件和开展教职工培训。幼儿园要本着开源节流、勤俭办园的原则，分清轻重缓急，做到财尽其用。

4. 做好预算决算，加强财务监督

《幼儿园工作规程》第五十一条规定："幼儿园应当建立经费预算和决算审核制度，经费预算和决算应当提交园务委员会审议。"幼儿园应严格执行财务制度，要按规定的使用范围合理开支，坚持专款专用，不得挪作他用，要依法建立资产配置、使用、处置、产权登记、信息管理等工作，自觉接受上级财务和审计部门的监督检查。同时，幼儿园还要完善内部党组织和教代会的监督作用，加强自我管理，自我完善。

(六)幼儿园的膳食管理

幼儿园的膳食服务工作应该包括对教职工的饮食服务和对幼儿的饮食服务两个方面，以下重点介绍对幼儿的饮食服务。

幼儿园对幼儿的饮食服务内容主要有饮水服务、水果点心供应服务、用餐服务，以及对幼儿进行节约粮食教育和良好饮食习惯的培养等。做好幼儿园的膳食管理要做到以下四点。

1. 成立膳食管理组织，加强对膳食工作的指导

幼儿园要成立由园长、分管园长、后勤主任、膳食组长、家长代表等共同参与的膳食领导小组。膳食领导小组负责指导食堂了解掌握幼儿的进餐规律及食量，坚持营养平衡，认真做好饭菜的经济核算工作，做到价格合理。检查督促全体食堂人员执行食品卫生各项规章制度，严格把好验收关，杜绝食物中毒事故的发生。有条件的幼儿园可成立伙食管理委员会，专门负责幼儿园食堂的日常管理工作。

2. 配足配齐膳食人员和设施设备

根据《幼儿园教职工配备标准(暂行)》要求,幼儿园"应根据餐点提供的实际需要和就餐幼儿人数配备适宜的炊事人员",具体配备标准是:"每日三餐一点的幼儿园每40~45名幼儿配1名;少于三餐一点的幼儿园酌减;在园幼儿人数少于40名的供餐幼儿园(班)应配备1名专职炊事员。"另外,《学校食堂与学生集体用餐卫生管理规定》(教育部令第14号)要求,"食堂从业人员、管理人员必须掌握有关食品卫生的基本要求",应有良好的个人卫生习惯,且每年必须进行健康检查。新参加工作和临时参加工作的食品生产经营人员都必须进行健康检查,取得健康证明后方可参加工作。

在设施设备配备方面,《幼儿园标准化建设基本标准(试行)》要求,幼儿园要建有厨房、幼儿餐厅、开水间兼消毒间、炊事员更衣室、配电间等生活用房,其中,厨房要设有主副食加工间、烹饪间、备餐间、主副食仓库等。除此之外,还应配备蒸饭车、和面机、冰箱、烤箱等必要的设备及防蝇、防鼠、防尘、防腐、消毒设施。

所有这些人员和设施设备配备要求,都是做好幼儿园膳食工作的基本条件,幼儿园必须严格遵守文件规定,配足配齐各种设施设备和相关膳食管理人员,以保障膳食供应,提高服务质量,促进幼儿健康成长。

3. 健全膳食管理制度,加强监督,确保安全

《托儿所幼儿园卫生保健工作规范》要求,托幼机构食堂应当按照《食品安全法》《食品安全法实施条例》以及《餐饮服务许可管理办法》《餐饮服务食品安全监督管理办法》《学校食堂与学生集体用餐卫生管理规定》等有关法律法规和规章的要求,取得《餐饮服务许可证》。另外,幼儿园自身还要建立健全各项食品安全管理制度,如膳食会议制度、食品采购制度、食品验收制度、食品留样制度、餐具消毒制度、食堂人员健康体检制度、幼儿餐费专管专用制度、幼儿的作息制度等。

具体幼儿园食品卫生管理实践,对食堂管理一般通俗地按"四不、四隔离、四过关、四定、四勤"提出较为简明、具体的管理要求,即常说的"五四制",其内容主要有:

①由原料到成品实行"四不",即采购员不买腐烂变质的原料,保管验收员不收腐烂变质的原料,加工人员不用腐烂变质的原料,分菜人员不分已腐烂变质的食品。

②成品(食物)存放实行"四隔离"，即生与熟隔离，成品与半成品隔离，食品与杂物、药物隔离，食品与天然冰隔离。

③用(食)具实行"四过关"，即一洗，二刷，三冲，四消毒。

④环境卫生实行"四定"，即定人、定物、定时间、定质量。

⑤个人卫生做到"四勤"，即勤洗手和剪指甲、勤洗澡和理发、勤洗衣服和被褥、勤换工作服。

幼儿园要针对食堂及其工作特点，切实加大指导监督力度，积极引导食堂工作人员，严格遵守食堂管理的各种法规制度，规范操作，确保安全。

4. 科学安排膳食，保证营养平衡

合理的营养是保证幼儿健康成长的重要条件。《托儿所幼儿园卫生保健工作规范》要求，托幼机构应当"根据儿童生理需求，以《中国居民膳食指南》为指导，参考'中国居民膳食营养素参考摄入量 (DRIs)'和各类食物每日参考摄入量，制订儿童膳食计划"。要"根据膳食计划制订食谱"，做到食物品种多样化且合理搭配。在烹调方面，要注意食物色、香、味、形，提高儿童的进食兴趣。同时，幼儿园还要至少每季度进行 1 次膳食调查和营养评估，有条件的幼儿园还要为贫血、营养不良、食物过敏等儿童提供特殊膳食。幼儿园要高度重视幼儿的营养膳食问题，加强管理，精心指导，根据幼儿的年龄特点和季节变化编制合理、多样化的食谱，切实保证幼儿的营养平衡，为幼儿身心健康发展提供科学的膳食保障。

四、幼儿园后勤工作管理应注意的问题

后勤工作因其特殊的地位和特点，考虑服务对象及相关工作内容，总的来说，必须遵循以下基本工作要求。

(一)增强服务意识，树立全局观点

幼儿园后勤工作的主要任务就是做好对幼儿、教师和家长的服务工作，这是做好后勤工作的指导思想。所以，后勤管理人员要胸怀全园，站在服务全体人员，促进整个幼儿园发展的高度，尽职尽责地做好本职工作，为保教工作的健康运行保驾护航。

(二)完善规章制度，明确岗位职责

规章制度是幼儿园做好各项工作的基本规范。幼儿园必须建立健全教职工考勤、

安全保卫、卫生防病、伙食营养、财务财产管理以及物品采购、验收、发放和保管等各种纪律规章，明确后勤主任、炊事员、保健员、财会人员、门卫、水电维修等勤杂人员的岗位职责，合理分工，加强岗位工作考评，奖惩及时兑现，确保各项工作规范有序进行。

(三)健全工作队伍，提高服务效率

根据第二章第二节的幼儿园后勤人员队伍建设的基本要求，幼儿园要建立健全工作队伍，认真组织好后勤人员的继续教育和业务培训工作，全面提升后勤人员素质，努力提高服务效率。

(四)广开经费财源，勤俭节流办园

无论是公立幼儿园还是私立幼儿园，都要广开经费来源渠道，依法依规地争取更多的经费支持，为幼儿园的发展壮大提供有效的物质保障。同时，还要牢固树立勤俭办园的思想，深入调查，合理预算，开源节流，合理支出，努力提高财物经费和资源的利用效率。

案例

总务工作要建设与管理并重[1]

某园是一所部队幼儿园，经费来源较广，园舍建设、设备添置等大型开支均由上级部门拨款供给，因而此园环境优美，物质条件在当地首屈一指，家长们争先恐后地送孩子到此园就读。

有一次，为迎接市一级一类园验收，幼儿园需要进行一定的包装，于是向上级打报告要求拨款，上级马上作了批示，园领导从中花了一万六千余元购置了一张弹簧床和一个海洋球屋。玩具在一放到幼儿园花园时，马上吸引了教师和幼儿。户外活动时，大家都争先恐后地挤到这两件玩具旁。为了幼儿的安全，也为了延长玩具的使用寿命，园长在两件玩具上加了锁，并挂上小木牌，牌上明文规定可开放时间和每次玩的人数，由幼儿园的玩教具管理员每天负责开门、锁门。这样，活动开展井井有条，再也没有出现拥挤现象。但是，由于该园在南方多雨地带，蹦蹦床长时间日晒雨淋，加上管理员只按时开门、锁门，没有及时检查和维修，上面的螺丝一

---

① 张燕、邢利娅主编：《幼儿园管理案例及评析》，59页，北京，北京师范大学出版社，2002。

颗颗掉了下来也没有人拧上去。海洋球屋虽有屋棚，但屋檐太浅，雨水常飘进屋内，又没有人清扫，孩子们一进去玩就弄一身湿，这样，教师也就不愿带孩子去玩了。半年后，弹簧床散了架，变成了一堆废品搁在幼儿园的杂物里，海洋球屋上沾满了水和土，屋门挂着大锁，成了幼儿园的"装饰品"。

想一想

幼儿园购置玩具的目的是什么？该园两件大型玩具变成"装饰品"是哪个部门的责任？

(五)牢固树立安全第一、健康至上的思想

《中小学幼儿园安全管理办法》规定，幼儿园"应当遵守有关安全工作的法律、法规和规章，建立健全校内各项安全管理制度和安全应急机制，及时消除隐患，预防发生事故"。应当建立园内安全工作领导机构，设立保卫机构，配备专职或者兼职安全保卫人员。要加强安全教育，培养幼儿、家长以及全体教职工的安全意识，明确其安全保卫职责，提高自我防护能力。要落实消防安全制度和消防工作责任制，建立安全工作档案。

本节小结

1. 后勤工作是幼儿园整个工作的重要组成部分，具有服务性、广泛性、先行性、政策性等特点，"繁、杂、锁、细、累"。幼儿园不能没有后勤。

2. 做好后勤工作管理，有利于充分发挥幼儿园人、财、物的基础保障作用，确保幼儿园各项工作的顺利进行；有利于充分调动教职工的积极主动性，共同促进幼儿园健康运行；有利于发挥幼儿园在园所、家庭和社区之间的联络纽带作用，调动一切社会力量，协同推进，增强幼儿园的社会影响力，更好地提升社会服务水平。幼儿园后勤工作管理的任务是：更新观念，增强服务意识；精打细算，认真做好财物管理工作；物尽其用，充分发挥设施设备功能；牢固树立安全意识，做好经常性的卫生和安全防范工作。

3. 幼儿园后勤工作管理的内容主要包括：后勤人员管理、档案信息管理、园舍和设备管理、常用的消耗性物品管理、园所卫生和安全工作管理、财务经费的管理、

膳食管理等，每项管理内容因其性质不同，相应的要求也不同。

4. 从总体来看，做好幼儿园后勤工作管理要注意：要增强服务意识，树立全局观点；要完善规章制度，明确岗位职责；要健全工作队伍，提高服务效率；要广开经费财源，勤俭节流办园；还要牢固树立安全第一、健康至上的思想。

思考与练习

1. 幼儿园后勤工作有何特点？在整个幼儿园工作中，后勤工作的地位如何？

2. 幼儿园后勤工作管理的任务有哪些？做好后勤工作管理有何意义？

3. 幼儿园后勤工作管理的内容有哪些？做好后勤工作的总体要求是什么？

第五节　幼儿园家长工作和社区工作管理

一、幼儿园家长、社区工作的概述

(一)幼儿园的家长工作

1. 幼儿园家长工作的意义

家长是孩子的第一任老师，是孩子最早、最直接的影响者，在孩子一生的成长中具有至关重要的作用。《幼儿园教育指导纲要(试行)》指出："家庭是幼儿园重要的合作伙伴"，幼儿园"应本着尊重、平等、合作的原则，争取家长的理解、支持和主动参与，并积极支持、帮助家长提高教育能力"。要有效地提高幼儿园的保教工作质量，促进幼儿健康发展，幼儿园必须主动与家长沟通交流，引导家长转变观念并参与幼儿园的保教工作，努力让家长成为幼儿园工作的积极参与者和忠实的合作伙伴。

2. 幼儿园家长工作的任务

《幼儿园工作规程》第五十二条指出，幼儿园家长工作的任务是："主动与幼儿家庭沟通合作，为家长提供科学育儿宣传指导，帮助家长创设良好的家庭教育环境，共同担负教育幼儿的任务。"

3. 幼儿园家长工作的内容

从家长工作内容来看，幼儿园一方面要向家长宣传幼教方针政策，加强对家长的育儿工作指导；另一方面要争取家长对幼儿园工作的支持与配合，协助幼儿园共同做好对幼儿的保教工作。

4. 幼儿园家长工作的基本途径

幼儿园可以通过家庭访问，成立家长学校，建立家长委员会，设立家长信箱、家长宣传栏，举办家长开放日，开展亲子活动以及通过校讯通、班级网站、QQ 群、微信群、接送的时候口头交流等多种形式与家长建立联系，多措并举，积极引导家长关注孩子，关注幼儿园的工作，让他们真正成为幼儿园保教工作的参与者、组织者和实施者。

（二）幼儿园的社区工作

社区是若干社会群体或社会组织聚集在某一个领域里所形成的一个生活上相互关联的大集体，是社会有机体最基本的内容，也是宏观社会的缩影。概括地说，社区是由在一定区域范围内的人们所结成的文化生活共同体。幼儿园是坐落在社区内的一个教育组织，社区对幼儿和幼儿园具有一定的影响作用。

1. 幼儿园社区工作的意义

《幼儿园教育指导纲要（试行）》指出："幼儿园应与家庭、社区密切合作，与小学相互衔接，综合利用各种教育资源，共同为幼儿的发展创造良好的条件。"社区是幼儿成长的重要环境，其自然环境、人文景观、公共设施、公益活动等都可以成为幼儿学习的内容。幼儿园与社区之间经常性、多样化的交流互动，有利于引导幼儿了解社会，认识社会，增强其社会情感体验，丰富社会生活经验，加速其社会化发展进程。

2. 幼儿园社区工作的任务

依托社区、服务社区是当代学前教育发展的必然趋势，也是幼儿和幼儿园发展的必然要求。幼儿园社区工作的任务主要是，充分利用自然环境和社区的教育资源，扩展幼儿生活和学习的空间，同时为社区的教育、社会发展等提供力所能及的服务。

3. 幼儿园社区工作的内容

幼儿园社区工作的内容与社区工作的任务息息相关，主要包括：①幼儿园利用自身优势主动服务社区；②幼儿园参与社区活动，完成社区交给的工作任务；③幼儿园利用社区有益的教育资源，例如，组织幼儿深入附近商场、公园、博物馆、自然或人文景观地、田园农场等参观访问活动，引导幼儿体验社会生活；或将社区英雄人物、专家名流请进幼儿园，通过讲座、联欢等形式对幼儿进行主题教育；④幼儿园与社区共办、共建联谊交流、文明创建等活动。

4. 幼儿园社区工作的基本途径

幼儿园社区工作的途径总体来说有以下三种：

一是通过对社区资源的利用，促进幼儿和幼儿园的发展。幼儿园对社区资源的利用主要表现有：利用社区的自然景观或田园景色对幼儿进行教育，引导幼儿了解自然常识，培养幼儿热爱家乡的思想感情；利用社区商场、博物馆、公园或纪念地等人文景观对幼儿进行社会组织、思想观念的教育，培养他们积极的道德情感；利用社区资源开展园内讲座、辅导等专项活动，开阔幼儿的眼界，促进幼儿社会化发展进程；利用社区经济财力和人才资源为幼儿园的发展提供经费和师资支持。

二是通过服务社区，发挥幼儿园的功能优势。幼儿园对社区的服务可以分为主动服务和被动服务两个方面。从主动服务来看，幼儿园可以主动走进社区，进行政策方针和社会价值观的宣传，发挥幼儿园对孩子、家长及周边人员的文明辐射作用，提升公民素质；幼儿园还可以主动开放园内的有关功能室、活动场所、阅览室等，为社区居民锻炼身体、业余阅读、开展活动等提供方便。从被动服务来看，幼儿园要接受社区主管部门或其他相关部门的指导，在不影响正常工作的前提下，帮助社区开展文化补习、艺术指导活动，或完成其他临时性、突击性的工作任务。

三是通过园社联动，实现共建共创。幼儿园与社区之间是一种双向互动的关系。两者在幼儿园周边环境治理、服务社区、关心下一代等方面，可开展形式多样的联谊、共建活动，园社联动，共同为当地社会发展贡献各自的优势力量。

二、幼儿园家长工作管理

(一)幼儿园家长工作管理的意义

家长工作是幼儿园整体工作的一个重要组成部分，做好家长工作对于幼儿和幼儿园的发展具有十分重要的意义。

第一，服务家长、指导家长，是幼儿园应尽的职责。

《幼儿园工作规程》第三条指出，幼儿园要"面向幼儿家长提供科学育儿指导"；

第三十条指出，"幼儿园应当充分利用家庭和社区的有利条件，丰富和拓展幼儿园的教育资源"。由此可见，服务指导家长利用家庭的有利条件教育幼儿，既是幼儿园必须完成的工作任务，也是其教育幼儿、提升保教质量的重要途径。相反，忽视家长工作和忽视对家长工作的管理就会在很大程度上影响幼儿园的发展。

第二，做好家长工作管理，可以为幼儿园整个工作的开展提供有效的动力支持。

家长是幼儿教育的重要资源和力量，幼儿园教育教学管理工作的顺利实施、管理成效的取得，必须得到家长的支持与配合。家长对幼儿园的关心和监督同时也是幼儿园提升保教质量，提高管理水平的重要因素和力量源泉。没有家长教育观念的改变，没有家长对幼儿园工作的理解、关心和支持，幼儿园工作就会困难重重。

第三，做好家长工作管理，有利于发挥家长的宣传效应，提高幼儿园社会声誉。

众所周知，办好幼儿园不仅需要安全的设施设备和素质精良的师资队伍，更需要良好的社会声誉。而家长因其不同的人生经历和职业背景，是幼儿园走向社会、获得广泛的理解和支持、树立良好形象、扩大社会影响力的重要中介和桥梁。所以，幼儿园做好家长工作管理，积极引导他们参与幼儿园工作，实际上就为幼儿园自身与家长、社会开通了一条最佳沟通和互动的渠道，为家长了解幼儿园、宣传幼儿园创设了有利条件。常言说：祸从口出。实际上，"福"也可从口来，家长对幼儿园的积极宣传，可以在一定程度上帮助幼儿园散播积极的舆论信息，有利于幼儿园树立良好的社会形象。

（二）幼儿园家长工作管理的内容

1. 做好全园性的家长工作

全园性的家长工作是指幼儿园站在整个幼儿园的角度对家长工作的部署和安排。这项工作主要包括对整个幼儿园家长工作的计划安排，做好工作总结，开展形式多样的家园联谊，如庆"三八"、庆"六一""家园亲子运动会""幼儿暑期夏令营"研学参观等活动，营造家园共育的氛围。

2. 做好对班级家长工作的指导

班级家长工作是幼儿园以班为单位进行的家园联系活动。班级家长工作的主体是班级教师。为了保证班级家长工作的正常、有序进行，提高工作成效，幼儿园管理者要加强对班级家长工作的指导，协调班级之间、班级教师与家长之间的关系，处理相关问题，引导班级教师正确处理好班级家长工作与全园家长工作的关系，做到两者互为补充，共同促进。

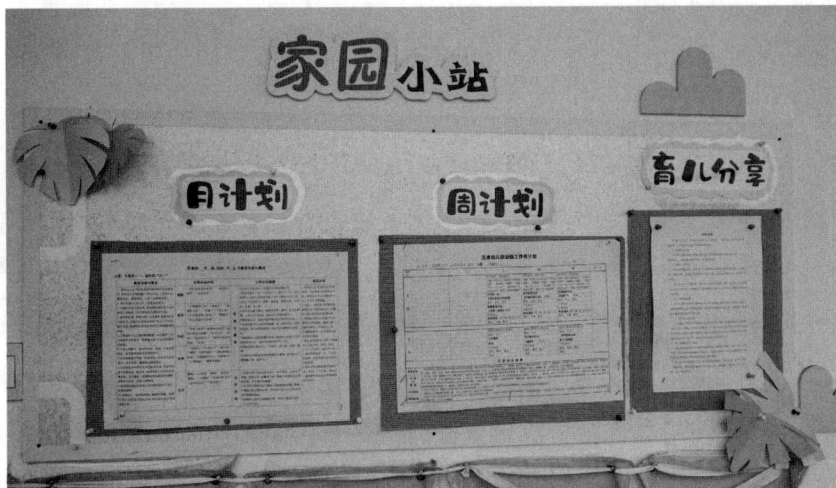

图 3-2　某幼儿园班级"家园小站"

3. 建立健全幼儿园家长工作制度

幼儿园家长工作是幼儿园工作的一个重要组成部分。幼儿园要做好家长工作，协调好家长工作与其他工作的关系，保证全园工作的顺利进行，必须对家长工作进行规范，即建立家长工作制度。幼儿园要建立的家长工作相关制度有：家园联系制度、家长委员会制度、家长学校工作制度、家长开放日制度、家长接待日制度、家长接送制度、伙食管理委员会制度、幼儿入园体检制度、收费公示制度等。

（三）做好家长工作管理应注意的问题

家长工作是幼儿园的一项经常性的工作。要管理好家长工作，提高家园联系的效果，幼儿园必须要注意以下一些问题。

1. 重视家长工作，树立正确的家园共育观

幼儿园管理者要高度重视家长工作的重要性，充分认识到做好家长工作对于帮助家长转变观念，提升育儿水平，形成家园合力，利用家庭教育资源服务幼儿园课程建设，乃至促进教师专业成长的重要现实意义和实践价值。要明确幼儿教育并不是幼儿园自己的事，家园共育才能取得良好的教育效果。为此，幼儿园必须教育全体教职工，首先要尊重家长，尊重家长的人格，维护家长的自尊，在家长面前做到

"多报喜，巧报忧"。其次要注意团结家长，充分挖掘和利用家长的资源优势，共同做好对幼儿的教育工作。最后要向家长学习、吸收和借鉴优秀家长的有效育儿经验，帮助教师提高教育工作水平。

案例

好心惹来的麻烦[①]

一所原部属幼儿园，因生源、经营等问题决定转包给另一机构承办。转包事宜由部委主管领导和承办机构商讨决定，双方签订协议后幼儿园开始改建。承包方投入 40 多万进行全面装修改造，使幼儿园的办园条件发生了巨大变化，无论是室内的设施还是室外的设施，都采用了当前最好的，例如塑胶地毯、大型玩具、感统训练室、木地板等。为此，幼儿园曾在春节期间停园近两个月。但自始至终，幼儿园并没有向家长宣布原部属幼儿园解散、原有幼儿退园的消息，而是对幼儿园转制低调处理。待幼儿园的硬件软件改造基本完成后，幼儿园也正式改名为××实验幼儿园，并向家长宣布，原有部属幼儿园已经倒闭，新园将不承担旧园的任何债务和承诺，并按照新标准收费，原在园幼儿每人每月加收 100 元赞助费，作为享受新设备的补贴；新招收幼儿将每年缴纳赞助费和特长教育费 5000 元。为了照顾原有幼儿，将实行"新人新办法，老人老办法"，不向原有幼儿加收 5000 元赞助费。本部属单位新旧幼儿所有新加费用均减半，作为对该部委投入的回报。

园方认为自己的做法可以算是仁尽义至，但是仍有部分家长有怨言，甚至抵制缴费。他们认为幼儿园悄悄改制，没有征得家长意见，原有的合同就被该部委单方面撕毁，侵犯了他们的利益，而且既然新人新办法，老人老办法，就不该加收 100 元，为此一些家长上告到上级相关部门。但幼儿园认为在没有关门解散时幼儿园和该部委对孩子负责、对家长负责，而现在的幼儿园和原部委只是租用场地的关系，没有任何其他隶属关系，因此没有义务为原部委履行合同，因此坚持现行办法。为此，双方僵持了近一个半月，虽然大多数家长陆陆续续地交了费，但仍有几位家长不停地和幼儿园周旋，甚至在幼儿园吵闹，造成了很不好的影响。幼儿园承办者认为当初如果彻底停办，勒令所有幼儿回家，就不会有今天的困难局面，认为自己是

---

① 张燕、邢利娅主编：《幼儿园管理案例及评析》，15 页，北京，北京师范大学出版社，2002。

好心办了坏事，好心惹麻烦。

> 👥 **想一想**
>
> 幼儿园的改制需要不需要家长知晓？上述幼儿园为什么会"好心惹麻烦"？

2. 加强幼儿园家长工作的计划性和制度建设

和幼儿园其他工作一样，家长工作也要有计划地进行。幼儿园要将家长工作纳入全园工作计划，把家长工作列入重要议事日程，并指导各班级在保教工作计划中重点设计和安排家长工作。同时还要做到及时反馈，针对家长的意见和建议，以及家长工作实施中存在的问题，及时调整家长工作计划。幼儿园还要加强家长工作的制度建设，用制度规范家长工作，以保证家长工作的正常性、科学性和高效性，避免盲目性的或形式主义的家长工作行为。

3. 优化家长教育资源，提高家长工作成效

家长教育资源的形式是多样的，它可以是孩子的所有家庭成员，可以是家长组织，如家长委员会、伙食管理委员会等，也可以是与家长相关的社会组织，如家长所在的单位，家长所熟悉的其他社会团体等。此外，幼儿园对家庭教育资源开发利用的形式也是多种多样的，如家长进园入班举办讲座、协助组织活动，家长参与幼儿园的计划、决策和进行对教师工作的考核评价，家长或有关单位为幼儿园工作提供活动场所、物质支持或其他便利等。幼儿园应充分了解家长的资源优势，并进行整合优化，采取多样化方式，既用好在园家长资源，又用好已经毕业和即将入园的家长资源，最大限度地发挥家长的资源优势，努力提高家长的工作成效。

4. 加强对教师的培训指导，提高家长工作水平

教师是家长工作的直接实践者。教师对家长以及对家长工作的态度、水平和方法在一定程度上影响着家长工作的成效，可以说，能否做好家长工作，教师是关键。为此，幼儿园必须加强对教师的培训指导，通过理论学习、学术研讨和经验交流等形式，一方面，教育广大教师充分认识家长工作的重要性，切实重视家长工作；另一方面，提高教师家教指导的理论水平，积累工作经验，创新工作方法，提高家长工作水平。

5. 充分发挥家长委员会的作用

家长委员会是由家长代表组成的家园共育组织。《幼儿园工作规程》第五十四条规定"幼儿园应当成立家长委员会",并明确提出了家长委员会的任务是:"对幼儿园重要决策和事关幼儿切身利益的事项提出意见和建议;发挥家长的专业和资源优势,支持幼儿园保育教育工作;帮助家长了解幼儿园工作计划和要求,协助幼儿园开展家庭教育指导和交流。"幼儿园要充分利用家长委员会这一组织优势,充分发挥它在参与幼儿园管理、协调家园关系等方面的作用,并为其充分发挥作用搭建更多、更好的活动平台,携手并进,共同促进幼儿园的健康发展。

三、幼儿园做好社区工作应注意的问题

(一)加强与社区的联系

《幼儿园工作规程》第五十五条指出:"幼儿园应当加强与社区的联系与合作,面向社区宣传科学育儿知识,开展灵活多样的公益性早期教育服务,争取社区对幼儿园的多方面支持。"幼儿园不是一座"孤岛",要重视社区在幼儿教育和幼儿园发展中的重要作用,积极主动地与社区联系,利用社区资源,争取社区支持,同时积极做好社区服务工作,最大限度地实现两者之间的合作、交流与共享。幼儿园与社区合作的方式主要有:①通过社区教育委员会开展幼儿园与社区的合作;②与社区内相关组织机构建立联系,如妇幼保健组织、卫生部门、财政部门、公安部门、交通部门、物价管理部门、民政部门、文化广播部门、工厂企业,以及小区街道(村组)等;③通过社区内的家庭组织,推动幼儿园与社区的合作。

(二)充分挖掘利用社区资源,实现幼儿园、家庭、社会教育一体化

社区资源可以分为自然资源和人文社会资源两大类。从对幼儿的教育影响来看,这些资源内容丰富,形式多样,有的甚至"免费供应",如《中华人民共和国未成年人保护法》第三十条规定:"爱国主义教育基地、图书馆、青少年宫、儿童活动中心应当对未成年人免费开放;博物馆、纪念馆、科技馆、展览馆、美术馆、文化馆以及影剧院、体育场馆、动物园、公园等场所,应当按照有关规定对未成年人免费或者优惠开放。"幼儿园应深入社区广泛调查,多方了解和挖掘社区内一切可以利用的教育资源,根据幼儿园工作和幼儿发展需要,"走出来"或"请进去",有针对性地分享利用。

（三）丰富社区服务形式

一是主动走进社区，服务社区发展。幼儿园与社区之间的关系是双向的，除了分享利用社区资源外，幼儿园还要主动服务社区，利用园内的现有条件，为社区"两个文明"建设提供力所能及的服务。例如，参与社区的文明创建，帮助社区举办文化宣传和艺术辅导，开展拥军优属、敬老助残活动等。

二是加大向社区开放的程度。幼儿园要树立"开门办园"的思想，充分发挥自身的功能和条件优势，面向社区开放体育活动场地、阅览室、相关专用教室，出借艺术活动器材，提供师资服务等，与社区共享教育资源，提高资源的利用率。

本节小结

1. 家长是孩子的第一任老师，是孩子最早、最直接的影响者，在孩子一生的成长中具有至关重要的作用。幼儿园家长工作的任务是："主动与幼儿家庭沟通合作，为家长提供科学育儿宣传指导，帮助家长创设良好的家庭教育环境，共同担负教育幼儿的任务。"幼儿园家长工作的内容是：加强对家长的育儿工作指导，争取家长对幼儿园工作的支持与配合，协助幼儿园共同做好对幼儿的保教工作。

幼儿园可以通过多种形式与家长建立联系。

2. 幼儿园家长工作管理的内容主要包括做好全园性的家长工作、指导班级教师做好家长工作和建立健全幼儿园家长工作制度三个方面。做好家长工作管理应注意的问题是：①重视家长工作，树立正确的家园共育观；②加强幼儿园家长工作的计划性和制度建设；③优化家长教育资源，提高家长工作成效；④加强对教师的培训指导，提高家长工作水平；⑤充分发挥家长委员会的作用。

3. 社区是由在一定区域范围内的人们结成的文化生活共同体，对幼儿和幼儿园具有一定的影响作用。幼儿园社区工作的任务主要是，充分利用自然环境和社区的教育资源，扩展幼儿生活和学习的空间，同时为社区的教育、社会发展等提供力所能及的服务。幼儿园社区工作的内容是，利用自身优势主动服务社区、参与社区活动，利用社区有益的教育资源对幼儿进行主题教育，与社区共办、共建活动等。做好幼儿园的社区工作要注意：加强与社区的联系，充分挖掘利用社区资源，实现幼儿园、家庭、社会教育一体化，丰富社区服务形式。

　　思考与练习

　　1. 简述幼儿园家长工作的意义、任务、内容和基本途径。

　　2. 幼儿园家长工作管理有何意义？包括哪些内容？管理好幼儿园家长工作应注意哪些问题？

　　3. 什么是社区？幼儿园社区工作的任务、内容分别是什么？做好社区工作应注意什么问题？

第六节　幼儿园规章制度建设 /////////////////////////////

　　制度是要求大家共同遵守的办事规程或行动准则，也指在一定历史条件下形成的法令、礼俗等规范。常言道：国有国法，家有家规。实际上，任何单位或部门都必须有自己的法律框架下的纪律或规章。幼儿园作为一种教育组织，同样也要依法办园，依规管人管事。

　　一般情况下，人们常把规章制度分成四大类，即行政法规、章程、制度、公约。其中：①行政法规包括条例、规定、办法、细则等；②章程是指政府部门、社会团体、企事业单位用于说明该组织的宗旨、性质、组织原则、机构设置、职责规范等具有准则性和约束性的文件；③制度包括规则、规程、守则、须知，以及制度本身等；④公约是指某一群体或社团通过协商制定要求全体成员共同遵守的准则。这里讨论的规章制度建设主要是指幼儿园内部用以规范教职工工作和日常行为的准则。

一、幼儿园规章制度建设的作用

　　毛泽东曾说："加强纪律性，革命无不胜。"一曲《三大纪律，八项注意》，唱出了中国共产党对军队的纪律要求，为良好军民关系的建立奠定了坚实的基础。那么，在幼儿园管理中，纪律的作用如何？有没有严格的规章制度？对幼儿园的发展有何影响呢？

（一）保障作用

　　幼儿园规章制度是幼儿园工作开展的基本要求，也是对教职工处理好同事关系、师幼关系，进行组织活动的基本规范。幼儿园建立健全规章制度可以使教职工待人处事有规可循，有章可依，可以最大限度地保障幼儿园各项工作的顺利进行。莱蒙特说："世界上的一切都必须按照一定的规矩秩序各就各位。"可见，世界上一切都应有规矩，失去了规矩，就很难保证社会组织正常运行，很难保证个人的正常发展。

(二) 制约作用

常言说：没有规矩不成方圆。邓小平也曾说："制度好可以使坏人无法任意横行，制度不好可以使好人无法充分做好事，甚至会走向反面。"由此可见，制度对人的行为具有约束作用。建立健全幼儿园规章制度，有利于加强教职工的组织纪律，可以有效地抑制其不良思想动机，约束其违纪违规行为的产生，从而使教职工能凝心聚力，心往一处想，劲往一处使，以高尚的思想行为共同推进幼儿园各项工作的顺利开展。

(三) 导向作用

制度是一种行为准则。沃夫拿格说：在人类中，秩序起着支配作用。幼儿园规章制度是教职工工作和日常行为的规范标准，对全体人员的思想和行为起着引导和指向的作用，可以使教职工明确哪些是该做的，哪些是不该做的。塞·斯迈尔斯说："每件东西都有自己的位置，每件东西都应在自己的位置上。"幼儿园有了健全的规章制度，可以使全体教职工的思想行为都集中到幼儿园的发展目标上，心无旁骛地完成幼儿园的目标任务。

(四) 调控作用

从理论上说，制度能在一定程度上协调和平衡人们之间的各种利益关系，把人们的利益和矛盾冲突控制在一定范围内，并能够整合因利益分化而出现的各种组织力量，防止和减少各种组织力量的内耗，形成促进组织发展的"合力"。说得通俗一点，幼儿园的规章制度就是幼儿园内部用于"调节利益分配"、控制"矛盾冲突"的"游戏规则"，要对教职工既成行为和既得利益进行调整，即对符合规范的行为予以支持和奖励，让违反制度规范的行为付出代价。所以说，幼儿园的规章制度对教职工的思想行为具有调控作用。

当然，制度的作用是多方面的，除了上述四方面的作用之外，幼儿园的规章制度，对于幼儿来说还有发展保障作用，对于教职工来说还有激励或惩戒作用，对于幼儿园来说还有整合作用及经济效益作用，等等。

二、幼儿园规章制度建设的内容

根据幼儿园的性质和工作任务的要求，幼儿园规章制度建设的内容应包括不同类型。从性质来看，幼儿园有党群工作制度和行政工作制度；从范围来看，有全园性的制度和部门性的制度；从个体工作来看，有岗位职责和具体工作规范；从工作事务来看，有保教工作制度、后勤工作制度，等等。以下择其主要内容逐一介绍。

（一）幼儿园的岗位责任制

岗位责任制是指根据工作岗位的性质和业务特点，明确规定其职责、权限，并按照规定的岗位绩效标准进行考核及奖惩而建立起来的制度。实行岗位责任制，有助于部门工作的科学化、制度化。岗位责任制的目的是以任务定岗位，以岗位定人员，责任落实到人，各司其职，从而达到事事有人负责的目标，改变有人没事干、有事没人干的局面，避免不公平现象的发生。

幼儿园岗位责任制是规章制度的核心。建立健全幼儿园岗位责任制的中心工作就是确立各个人员岗位的职责。所谓岗位职责是指，某一岗位需要完成的工作内容及应当承担的责任范围。根据幼儿园的部门职能及人员构成，其所涉及的岗位职责有多种不同的表现形式，从工作层面来看：

①决策管理层的人员岗位职责，主要包括园长和副园长的岗位职责、支部书记和副书记的岗位职责、工会主席的岗位职责等。

②执行管理层面的人员岗位职责，主要包括保教主任的岗位职责、总务主任的岗位职责、教研室主任的岗位职责、办公室主任的岗位职责等。

③具体工作层面的人员岗位职责，主要包括教师的岗位职责、保育员的岗位职责、卫生保健人员的岗位职责、财务人员的岗位职责、膳食人员的岗位职责、门卫的岗位职责、勤杂维修人员的岗位职责等。

制定岗位职责的目的是使相关人员明确并认真履行自己的职责要求和工作任务，所以确定幼儿园的人员岗位职责，必须根据岗位任务要求进行合理有效的分工，准确界定各类人员的职责范围，避免出现工作的交叉扯皮。一般来说，一份完整的岗位职责应该包括如下内容：部门名称、部门性质、工作任务、工作内容、工作方法和工作质量要求等。具体内容请看本教材"第二章第三节幼儿园中层管理人员队伍建设"。

（二）幼儿园的具体管理制度

幼儿园管理制度多种多样，以下从管理、工作、会议和学习等方面分别介绍。

1. 幼儿园管理制度

从全园管理的角度看，幼儿园的制度主要有：教职工考勤制度、值班制度、办公制度、安全管理制度、教职工代表大会制度、家园联系制度、考核和奖惩制度等。

图 3-3　某幼儿园门卫管理制度

2. 幼儿园工作制度

从具体工作来看，幼儿园的制度主要有：

①保教和卫生保健工作方面的备课制度、教研活动制度、常规检查制度、保教质量评价制度、生活作息制度、健康检查制度、卫生防疫制度、班级家长工作制度、晨检制度、接送制度、幼儿成长记录制度等。

延伸阅读

某幼儿园教科研工作制度①

第一，每学期根据本园实际情况确定教研工作重点，制订教科研工作计划和研

————————————

① 刘艳珍、马鹰主编：《幼儿园组织与管理》，50 页，北京，北京师范大学出版社，2010。引文有改动。

究专题，教师要根据本班实际和幼儿发展水平，选好研究课题，期末进行专题总结。

第二，班级及年级组教师的教研活动以解决日常教学中存在的问题为重点，并重视教研活动的资料收集。

第三，每学期组织教师互相观摩各班的半日活动、环境布置等，并做好记录和评价。

第四，积极认真参加教研活动，做到不迟到、不早退，无特殊情况不请假，做好各种教研材料的准备工作，讨论发言积极，以提高教研质量。

第五，每次教研活动要做好书面记录，记录要规范，要有时间、有地点、有议程。

第六，保教人员积极参加搜集、整理编写教育教学资料，按规定写教学笔记、业务资料、学习总结、论文等工作，提高理论水平。

第七，园长定期或不定期抽查教师的教育计划，检查一日活动的各环节，及时与教师交换意见。

第八，每学期教师要根据本班特点和幼儿实际水平，确定个人研究专题，并积极开展教育实践，期末撰写论文或经验总结，积极向市、区幼儿教育编辑部投稿。

第九，各教科研课题组人员要按总课题组的计划和要求撰写专题课题计划，认真踏实开展教科研活动，做好课题小结或总结，撰写课题研究报告。

第十，根据教师教科研活动参与情况和研究质量与效果，对所有教科研工作做出评估和奖惩，把教科研纳入对教师的管理和评价工作中。

第十一，每学期结束，教研组和课题组把本学期在活动中产生的各类资料汇编成册存档。

②后勤总务方面的财务管理制度、伙食管理制度、消毒制度、卫生检查制度、水电维修制度、物品采购制度、物品保管领用制度等。

3. 幼儿园会议制度

幼儿园的会议主要有全园性会议、园务会、支部大会、教职工代表大会、家长委员会、家长会、伙食管理委员会、卫生健康委员会、教学研讨会等。

4. 幼儿园学习制度

幼儿园的学习制度主要有政治学习制度、业务学习制度、"中心组"学习制度、学历进修学习制度、继续教育学习制度、教研组学习制度等。

三、幼儿园规章制度建设的原则

规章制度是用来规范人的思想行为的,制度本身是否科学合理直接关系到教职工的工作情绪,影响其工作动力,甚至关系到幼儿园的内部稳定,所以,制定幼儿园规章制度必须慎重行事,要遵循规章制度制定的基本要求,总的来说,制定幼儿园规章制度的基本原则有以下五点。

(一)科学性原则

制定幼儿园规章制度,一要符合国家的方针政策及地方政府制度规章,如《劳动法》《教师法》《幼儿园工作规程》《教师职业道德规范》等,要在法律框架下规范教职工的思想行为;二要内容全面,符合幼儿园的性质、任务及教育教学规律,如晨检接送、卫生防疫、健康检查、成长记录等;三要做到程序规范,要按照一定的程序自上而下、自下而上地集中思想,征求意见。只有这样,幼儿园才能保证规章制度的客观性、科学性,尽可能地做到公平合理。

(二)可行性原则

制定幼儿园规章制度,首先要考虑幼儿园的实际情况,例如,在考虑幼儿园的地理位置对教职工上下班时间的影响上,制定切实可行的作息时间和考勤制度;在幼儿园现有设施设备条件下,制定适宜的保教质量评价制度;在教职工现有水平的基础上,提出对教师重视利用信息化的手段要求等。若忽视了这些实实在在的制约因素,制定出来的规章制度,标准太高,就无法实现;而过于理想化的要求会挫伤教职工的工作积极性。相反,如果标准太低,教职工轻而易举就可以做到,也不利于最大限度地挖掘教职工的潜力,实现管理效能的最大化。所以,幼儿园的规章制度一定要标准适中,切合实际。

(三)操作性原则

制度是规范教职工思想行为的标准,教师职工要落实到行动上才能发挥其导向和规范作用,所以,规章制度的表述要尽可能地准确具体,清楚详尽,或在基本制度框架下制定出实施细则。这样一来,一方面可以让教职工明确什么样的事,该做到什么程度,什么样的行为不该有;另一方面也便于幼儿园的检查记录和评价指导。

幼儿园在管理实践中，经常发现一些规章制度的表述过于笼统，例如，"遵守纪律，热爱幼儿园"，作为一种制度要求就不具体，缺乏操作性和明确的指向性。

(四) 系统性原则

上文提到，幼儿园规章制度涉及多个部门、众多领域，既有党务的制度，又有行政的制度；既有保教的要求，又有总务工作的实施规范。所以，在制定幼儿园规章制度时，管理者首先要考虑制度的全面性，要站在整个幼儿园的角度通盘考虑，要形成一个全园的制度框架，在此基础上完善制度结构体系。同时还要考虑每一项制度的完整性，确保每项制度全面完整，真正形成一个纵向到底，横向到边，中间充实完善的制度体系。当然，在这一前提下，还要保证每项制度之间互为补充，防止出现制度之间的冲突交叉。

(五) 民主性原则

制定幼儿园规章制度不能靠园长一个人拍脑袋，也不是园领导几个人说了算，要按一定的程序多方征求意见。首先，在程序上，要按"确定目的范围—广泛动员、征求意见—拟定草案—分析讨论—公布试行初稿"这样一个基本流程操作，保证制度的制定过程民主。其次，在表现形式上，幼儿园要调动全体教职工积极参与制度的制定，特别是园务委员会、教职工代表大会等民主形式，真正做到广开言路、集思广益。当然，民主征求意见并不是教职工说什么就是什么，教职工怎么说就怎么做，而是要在广泛征求意见的基础上集中决策，也就是常说的，在民主基础上集中，在集中指导下民主。

除此之外，制定幼儿园规章制度还要遵循诸如目的性原则、简明性原则、规范性原则、稳定性原则等，在此不再展开介绍。

四、幼儿园规章制度的执行与完善

执行是规章制度产生效力的关键环节，再好的规章制度若没有执行也只能像一副挂在墙上的画一样是个摆设。所以，规章制度一旦制定就要确定生效时间，并根据执行情况，在执行过程中不断修订完善。

(一) 广泛宣传，让规章制度深入人心

规章制度制定之后，幼儿园要做广泛的宣传工作，通过宣传让每一个人知晓制

度要求，充分了解制度的精神实质和自己行为所指，明确执纪或违纪的后果，以增强遵守制度的自觉性和准确性。幼儿园中宣传推介规章制度的形式很多，可以以文件的形式下发，可以张贴，可以通过广播、微信、QQ 群通知，可以开会传达解释，也可以通过学习讨论加深印象，但是，最好的办法就是让教职工参与制度的制定，让教职工全面了解制度的制定过程，使其既是制度的参与者和制定者，又是制度的宣传者和忠实执行者，达到一种"我参与，我知晓，我践行"的制度建设效应。

案例

从穿高跟鞋上班看幼儿园制度管理[①]

又是做操时间，园长巡班时发现中一班的明老师还是穿着高跟鞋带操，不免有些气恼：已经说过她三次了！园长欲上前立即制止她这种行为，转念一想，还是等她做操出现闪失或活动不方便时再指出其错误，针对性会更强。然而整个带操过程，明老师做得极自然、顺畅，穿着高跟鞋的她跑、跳、转的动作也很到位，仿佛脚下只是一双平底鞋。但幼儿园已有制度明确规定：教职工带班时间不准穿高跟鞋。为了保持制度的严肃性，园长当面与她说明其行为已违反幼儿园规章制度，要按规定接受一定的惩罚。不料明老师嘴巴一撇："罚就罚呗，我懒得换鞋。"

事后，园务委员会找她做思想工作，她还振振有词，说："我穿高跟鞋带班已相当习惯，从来没有发生过踩小孩或扭脚等事；况且从树立幼儿园教师美丽形象上考虑，我这么矮，穿起高跟鞋才显出气质和风度……"明老师私下还与其他同事说："我就是不想听她们领导的话，她们上班可以穿高跟鞋，我们穿却挨罚，这不明摆着是领导整职工吗?"一时间，这事在园里议论纷纷，给幼儿园的制度管理带来了诸多障碍。

> **👥 想一想**
>
> 请你分析一下明老师的制度观和执行制度观。

(二)令行禁止，刚柔并济

制度是规范行为的准则，一旦实施之后就要令行禁止，只有这样才能保证制度

---

① 张燕、邢利娅主编：《幼儿园管理案例及评析》，97 页，北京，北京师范大学出版社，2002。

的严肃性，取得良好的执纪效能。但是，在执纪过程中，教职工的心理和行为表现是复杂的，违纪的原因也是具体、多样的。因此，在执纪过程中，幼儿园一方面要严肃纪律要求，及时兑现承诺；另一方面又要设身处地地站在教职工的角度去思考问题，要做深入调查，分析违纪原因，并对违纪受罚人员给予针对性的说服教育和人性化关怀，刚柔并济，做到"制度无情人有情"。

（三）以身作则，正人先正己

《周书·苏绰传》中有句话："凡人君之身者，乃百姓之表，一国之的也。表不正，不可求影直；的不明，不可责射中。"这句话告诉我们：要求别人做某事，自己要先做好。幼儿园规章制度是全园教职工都必须执行的行为规范，包括园长和其他所有领导都要不折不扣地执行。不仅如此，作为领导还要时时处处严格要求自己，以身作则，做执行制度的表率，这样才能正己正人，才能保证制度的严肃性，也才能增强处理问题的说服力和感召力。正如孔子所说："其身正，不令而行，其身不正，虽令不行。"

（四）及时调整，修订完善

由于受思想观念、理论水平、参与程度范围以及管理实践经验等限制，规章制度的制定很难保证完满无缺，所以，很多规章制度发布以后，一般都有一个试行阶段。因为，在执行过程中，往往出现一些新情况、新问题，针对这些情况和问题，幼儿园管理者要及时收集信息，在多方听取意见的基础上，采取适当形式对制度进行补充完善。即使是成型的制度规章，随着时代的发展，也会遇到一些新问题、新现象，也要根据现实情况对其进行修订。幼儿园规章制度也一样，也要在执行过程中针对存在的问题不断地修改、完善，尽可能地使其符合客观要求。

除上述几点之外，幼儿园规章制度的执行要做到前后一贯，避免前紧后松，还要加强检查督导，对教职工执行制度的情况进行考核评价，奖优罚劣，奖勤罚懒，以充分发挥规章制度的导向和激励作用。

本节小结

1. 制度是要求大家共同遵守的办事规程或行动准则，也指在一定历史条件下形成的法令、礼俗等规范。规章制度具有保障、制约、导向、调控、整合和激励、惩戒作用。

2. 幼儿园规章制度建设的内容，从性质来看，有党群工作制度和行政工作制度；从范围来看，有全园性的制度和部门性的制度；从个体工作来看，有岗位职责和具体工作规范；从工作事务来看，有保教工作制度、后勤工作制度等。

3. 制定幼儿园规章制度要遵循的基本原则有：科学性原则、可行性原则、操作性原则、系统性原则、民主性原则、目的性原则、简明性原则、规范性原则、稳定性原则等。

4. 执行幼儿园规章制度必须要广泛宣传，让规章制度深入人心；要令行禁止，刚柔并济；幼儿园领导要以身作则，率先垂范；要做到前后一贯，避免前紧后松；要加强检查督导，对教职工执行制度的情况进行考核评价，奖优罚劣，奖勤罚懒，以充分发挥规章制度的导向和激励作用；还要及时调整，修订完善。

思考与练习

1. 什么是制度？制度有何作用？

2. 制定幼儿园规章制度应遵循哪些原则？

3. 分析案例[①]，然后回答问题。

某单位所属幼儿园的陈老师，平时不能很好地遵守劳动纪律，经常迟到、早退、串班、聊天等，年底考核时，园长按规定从其年终奖中扣发150元作为处罚，并奖给出满勤、工作认真的李老师，以奖优罚劣、奖勤罚懒的方式调动职工积极性。

陈老师感到心理很不平衡，认为幼儿园工作量大，放松一下没什么了不起，况且也没出现什么意外情况，要求园长退还扣发的奖金。园长拒绝了陈老师的要求。陈老师很愤怒，于是对园长进行人身攻击，并让家里人和她一起到园里大吵大闹，看到园长没有让步的意思，又找到主管幼儿园的上级领导哭闹，歪曲事实。

而此领导在没有调查清楚的情况下，轻率地表态，认为批评一下就可以，让园长把扣发的奖金还给陈老师。

但该园长并不盲从上级领导，而是写材料呈报上级，讲明情况。上级领导对此很重视，经反复调查研究，做出决定：

---

① 程凤春主编：《幼儿园管理的50个典型案例》，76页，上海，华东师范大学出版社，2011。

①给陈老师记处分一次，扣发奖金不必退还。

②表扬了该园园长对工作认真负责、把制定的政策贯彻执行到底的做法。

问题：

(1)如何看待该园长和主管领导的做法？

(2)如果你是该园园长，你会如何处理这件事？如果你是主管部门领导，你会如何对待这件事？

第七节 幼儿园教科研工作管理 ////////////

教育科研能力是教师应该具备的一项基本工作能力。加强对教师教学科研能力的培养，努力提升教师的研究意识和教研水平，是幼儿园管理的一项重要工作内容。

一、幼儿园教科研工作管理的意义

根据《幼儿园教师专业标准(试行)》中基本理念的要求，幼儿园教师要"研究幼儿，遵循幼儿成长规律，提升保教工作专业化水平；坚持实践、反思、再实践、再反思，不断提高专业能力"。管理好幼儿园科研工作，对促进幼儿教师的专业发展和幼儿健康成长，提高幼儿园的保教工作质量具有十分重要的意义。

(一)加强幼儿园教科研工作管理是促进幼儿健康成长的客观要求

爱尔维修说："即使是普通的孩子，只要教育得法，也会成为不平凡的人。"幼教实践证明，只有善于思考的教师才能培养出善于思考的幼儿。所以，幼儿园只有加强对教科研工作的管理，才能有效地引导广大教师研究幼儿的心理发展规律，通过探索积极有效的教育方法，去挖掘幼儿的潜能，促进他们的心智发展，否则，传统、笨拙的方法不仅很难起到最佳的教育成效，有时甚至会阻碍幼儿的发展。

(二)加强幼儿园教科研工作管理是加速教师专业成长的有效动力

教师的专业成长需要一定的理论基础和技能支撑，更需要不断地实践探索、总结反思。加强幼儿园教科研工作管理，积极引导教师参与形式多样的教科研活动，如读书活动、上公开课、参与评课、开展课题研究、园外学术组织交流、课例研讨、教学反思、撰写论文、参加名师工作室培训等，可以有效地引导教师反思自己的工作，思考解决实际问题的办法，增强对教育现象和实际问题的研究意识，提高他们分析和解决实际问题的能力，积极总结经验，创新工作方法，促使他们在探索中发展，在研究中进步，加速其专业成长的步伐。

我们分析、考察一些幼教名师或专家教授的成长经历，不难发现，他们的共同特点，就是勤于实践，善于探索，是研究丰富了他们的职业内涵，是研究改变了他们的工作方式，是研究优化了他们的生命状态，同样还是研究使他们走上了幼教事业的高峰。

(三)加强教科研管理是提升幼儿园保教质量的重要举措

幼儿园保教工作质量的提升是一项系统工程，涉及幼儿园工作的方方面面：如何发挥各方面因素的积极作用，实现整体效果的优化；如何做到保中有教，教中有保，两者合理渗透；如何指导幼儿处理好同伴关系；如何有效做好家园联系工作；如何做好幼儿一日活动的设计与指导，等等。做好诸如此类的工作，不能光靠苦干、蛮干，要靠科学，需要有科学的态度、科学的精神和科学的方法，需要园长带领教师一起去研究、去探讨，以寻求最佳途径和最有效的方法。只有通过深入研究，精心探索，幼儿园才能引导教师树立正确的教育观、教师观和儿童观，才能促使他们创新工作方法，形成特色，提高工作水平，从而促进保教质量的提升。

当今时代，新课程改革又对幼儿园提出了新的、更高的要求。教师不能仅仅扮演知识传授者的角色，还要围绕素质教育这一时代主题，站在提升整个保教质量的角度，努力使自己成为研究者，成为教育科研的主力军，要通过教育科研促进自身的专业成长，通过提升各自的工作水平，促进幼儿园保教质量的整体提升。可以说，加强教科研工作管理，既是促进教师专业成长的动力，也是提升幼儿园保教质量的重要举措。

二、幼儿园教科研工作管理的内容

幼儿园教科研工作管理的内容主要包括以下几个方面。

(一)组建园内教研组织机构

2018 年 11 月，《中共中央 国务院关于学前教育深化改革规范发展的若干意见》

提出，要完善学前教育教研体系，"健全各级学前教育教研机构，充实教研队伍，落实教研指导责任区制度，加强园本教研、区域教研，及时解决幼儿园教师在教育实践过程中的困惑和问题"。就目前来看，多数幼儿园都是由保教处或分管保教工作的副园长或园长直接指导教研组或年级组开展教研活动，只有少部分幼儿园设立教研室这一级组织。为了加强对幼儿园教科研工作的管理，幼儿园应单独设立教研室负责日常教研活动的安排和指导，教研室下按不同领域或年级设教研组或年级组负责进行具体的教研活动。这样，有专门人员组织和负责，有利于加强指导，保证教研活动的正常有序进行。

(二)培养教师的教研意识，提升教研能力

《幼儿园教师专业标准(试行)》在对幼儿园教师专业能力的反思与发展的领域要求，幼儿园教师要"主动收集分析相关信息，不断进行反思，改进保教工作"，要"制定专业发展规划，积极参加专业培训，不断提高自身专业素质"。目前，幼儿园教师教研方面存在的普遍问题是，许多教师不重视教研工作，认为教幼儿很容易，不需要进行过于深入的调查研究；有的教师为了评职称，不得不写论文，或做课题，纯粹是一种被动行为。还有一种现象就是，有的教师虽然想做研究，但是，不知道从何下手。种种现象，客观上要求幼儿园领导要重视对教师教研意识的培养，通过教育引导或开展活动，使广大教师树立正确的教研观，并主动自觉地开展教研活动。同时还要加强对教师教研能力的指导，通过专家讲座、组织参加教研实践锻炼等形式，指导教师了解教研活动的内容，掌握研究的方法，提高他们发现问题、分析问题和解决问题的能力。

(三)健全园内教科研制度

《幼儿园工作规程》第五十九条指出："幼儿园应当建立教研制度，研究解决保教工作中的实际问题。"开展园内教科研活动必须有健全的制度保障，要通过制度去规范教师的教研活动行为，用制度去激励教师积极参与教研活动的积极主动性，否则，教研活动就会失去应有的动力支持，教师很随意，教研活动就凌乱无序。幼儿园要建立的教科研制度一般包括：集体备课制度、教研组活动制度、公开课制度、示范课制度、考评课制度、评教制度、教科研成果奖励制度、参加教研会议制度、外出考察交流制度、课题申报制度、"传帮带"制度、参加竞赛活动制度，以及教研室和

教研组的工作职责等。

(四)指导开展教科研活动

幼儿园教科研工作管理最常规的工作还是指导开展教科研活动。教科研活动是幼儿园教科研工作的根本出发点，也是实施幼儿园教科研工作的重要落脚点。幼儿园必须根据本园实际，指导教师有计划地开展形式多样的教科研活动。幼儿园要指导教师开展教科研活动，首先要根据幼儿园和教师的实际情况制订好切实可行的活动计划；其次要指导教师做好教科研活动总结，引导教师不断反思，总结经验，吸取教训；最后要保证教科研活动形式的多样性。幼儿园经常开展的教研活动一般有集体备课、听评课、演讲比赛、基本功大赛、教学比武、论文比赛、课题申报、考察交流、专家讲座、参加学术论坛、教研沙龙、编写园本教材等。

三、幼儿园教科研工作管理的原则

在幼儿园工作中，无论是开展教科研活动还是对教科研工作的管理，都要注意一些基本的工作要求。

(一)思想性原则

思想是行动的先导，有了思想才能产生行为动机。幼儿园的教科研也一样。教师对教科研的认识、态度直接关系到参与教科研活动的积极主动性。在教科研工作管理中，管理者的首要任务就是提高教师对教科研的认识，注意引导教师明确研究的动机，充分认识开展教研活动在教师解决身边的实际问题、促进幼儿的学习与发展，以及提升自身专业化水平中的现实意义，摒弃功利性、依赖性的教研思想，增强教研工作的使命感和自觉性。

(二)现实性原则

所谓现实性原则主要是指，幼儿园管理者在引导教师开展教科研活动时，要注意两个现实。第一，幼儿园管理者要注重引导教师从自身工作实际出发去考虑选课题、做研究。教师教科研的根本目的不是像专家学者那样去研究探讨深奥的理论问题，而是通过研究去解决自己工作中遇到的实际问题。这些问题可以是对某一节成功课例的分析总结，可以是对自己某一工作失误的反思，可以是对本班幼儿课堂行为的观察分析，也可以是对自己成长轨迹的梳理，等等。解决这些实实在在的问题，对于教师来说才是最有价值的研究。就像《幼儿园教师专业标准(试行)》对教师提出的教研要求那样,"坚持实践、反思、再实践、再反思,不断提高专业能力"。第二,要立足本园搞研究。立足本园搞研究包含两层意思:其一,教师在立足本职工作搞好研究之外,还可以站在全园的高度去确定研究课题,开展研究;其二,每个幼儿园的办园条件都不一样,教师在研究过程中,不管是选题,还是确定研究方法,都要从幼儿园的实际出发,例如,幼儿园现有的设备、经费支持、人手和时间的投入等,这些都是开展教研活动时必须面对的非常现实的问题,好高骛远、不切实际的研究多半会半途而废。

(三)常态化原则

不论是幼儿园对教科研的管理还是教师自己做研究,都要持之以恒。幼儿园要制订学期、学年教科研工作计划,甚至中长期教研工作规划,明确每阶段的研究任务,然后具体指导,分步实施。在教研工作开展和实施过程中,幼儿园领导要做好跟踪检查指导,发现问题及时解决,同时还要做好教科研工作总结,做到有始有终。除此之外,幼儿园还要指导教师对自己的工作进行反思研讨并做到常态化,使他们成为改进工作的积极反思者。

(四)激励原则

教科研是一项艰苦细致的工作,需要投入较多的时间和精力。要使教师坚持不懈地致力于这项工作,幼儿园必须采取多种激励措施,激发他们持续参与教科研工作的积极性、主动性。建立幼儿园教科研激励机制,首先,管理者要支持教师的教科研工作,一方面要及时肯定教师的劳动价值,激发他们的教研热情;另一方面还要在研究经费上给予保证,在考察调研机会和时间方面提供方便。其次,管理者要建立幼儿园教科研奖励制度,对教师的教科研成果在物质和精神上给予一定的奖励。

四、幼儿园教科研工作管理的方法

做好幼儿园教科研工作管理,除了要遵循上述基本要求之外,还要讲究工作方法。就目前来看,介绍幼儿园开展教科研活动方法的材料很多,但是从管理层面研究教科研工作管理的方法却很少,下面结合幼儿园教科研工作的现状介绍几种方法,仅供参考。

（一）榜样示范法

榜样示范法适用于很多工作，针对幼儿园的教科研来说，园长、分管教科研工作的副园长及教研、保教管理人员，首先要做一名积极的研究者。俗话说："榜样的力量是无穷的。"领导们率先垂范，可以起到积极的示范作用，使广大教师以他们为榜样，效仿他们，向他们学习，进而产生积极的研究行动。此外，从内行领导的角度看，人常说："外行领导不了内行。"如果领导不带头搞教研或缺乏教研能力，不仅自身没有说服教师积极参与教研的底气，还会因此影响自身指导教研活动的信服力和感召力。所以，幼儿园领导要自觉学习教科研知识，积极参加各种形式的教研实践活动，不断提升自己的教研水平，以一个内行甚至专家的身份去指导和管理幼儿园的教科研工作。

（二）培训指导法

对于幼儿园教师来说，他们很少接受专门的教科研学习训练，缺乏教科研的知识，有时也想做一点研究，但是心有余而力不足。所以，幼儿园要加大对教师教科研知识的培训力度，可以通过行之有效的方式，引导教师学习论文的撰写方法，掌握选题，以及开展课题研究的方法、步骤。幼儿园内教师接受教科研培训的途径有很多，例如，可以"走出去"，到优秀的兄弟幼儿园学习或参加学术研讨活动，抑或举办专门的暑期教师教科研培训班；可以将专家学者"请进来"举办教科研知识讲座；可以采取"点面结合"的形式，以园内部分骨干教师为重点，抓重点课题，对他们重点扶持，重点帮助，使他们得到较快较好的发展，然后带动其他教师一起成长；还可以引导教师将教科研渗透到常规的教育教学活动中，在"教"中"研"，在"研"中"教"。除此之外，幼儿园还要注重发挥教研组主阵地的作用，指导教研组有计划地开展组内研讨和帮教互助活动，将教科研与幼儿园教学常规管理结合起来。

（三）气氛营造法

幼儿园教研活动的氛围，直接关系到教师参与教研活动的责任感、使命感和成就感，影响着教研活动的动力和活动成效。所以，在日常管理中，幼儿园要高度重视激发广大教师参与教研活动的热情，切实引导教师人人参与，互助互学，团结协作，共同寻求教研兴园的有效途径，弘扬正能量，要克服"文人相轻"的问题，避免把教研反思活动变成检讨活动，努力营造一个安全的、信任的氛围。营造园内良好教研氛围的具体形式有很多，常见的有：①仪式启动法，即在一些大规模的教研活动开始前，举办一个较为隆重的开幕式，渲染气氛，扩大宣传影响面和知晓面；②表彰渲染法，即教师取得的教研成果，如课题结题、竞赛获奖等，采取开表彰会、发文通告、群发告知、通报表扬等形式，肯定教师的劳动成果，增强教师参与教研的成功感、获得感和荣誉感；③活动营造法，即开展形式多样的园内外教科研活动，积极引导教师置身教研活动的情境之中，身临其境，在具体实践中体验教研的乐趣，在交流研讨中互相学习，共同进步。

延伸阅读

搭建平台　提升教师专业自主能力①
——自助式教研制度的创意设计

一、设计背景

在参与"二期课改"、实施新课程的过程中，我们同样面临着"教师观念与课改观念不断发生碰撞"的现象。教研组也面临着"课改的关键是教材还是教师？是教材迎合教师，还是教师适应教材"的困惑。在这个过程中，我们意识到，虽然教师一直秉承"自主"的理念，但是在新课改背景下，如何在继承"自主"传统的基础上，有所突破，有所创新，进而更好地提升教师的专业自主能力呢？为此，我们提出了"构建自助式教研制度，提升教师专业自主能力"的研究。在此项研究及设计中，我们试图通过对教师学习、研讨的场所——教研组的研究，激励教师在群体智慧的碰撞下，群策群力，共同构建，提升教师专业自主能力，加强教研组建设。

二、设计目标

1. 探索有效促进教师专业发展的自助式教研制度，探索有效提升教师专业能力的策略与方式方法。

2. 提高教师全面、正确地了解孩子发展的能力，提高教师有效地选择、组织教育内容的能力，提高教师领导、组织以及不断地进行专业化学习等专业自主能力，使教师真正成为自我成长的主人。

---

① 何幼华主编：《幼儿园管理创意设计》，268—275页，上海，华东师范大学出版社，2006。引用时有改动，后同。

三、设计创意

1. 在继承"自主"传统的基础上，挖掘"网络式培养"等教师专业发展途径的潜在价值，鼓励教师不仅会教学，而且更要会反思；不仅要了解理论，而且更要学会运用理论并具有自身特色，力求使每位教师都拥有专业自主权。

2. 重新审视教师的专业素质、教师专业自主能力，力求做到园所教师不仅具备教师的专业素质，更要具有良好的教育教学实践能力、实践反思能力，鼓励教师在实践中展示自己的聪明才智，在实践中不断提升自我。

3. 突破以往教研组制度的局限与弊端，大胆创新，探索轮流主持制、故事分享制、深度会谈等活动方式，着力构建自助式教研制度，让教师在教研组这个平台上，通过交流、分享等产生智慧的碰撞，在潜移默化中不断提升自我。

四、探索要点

根据研究的主要内容，我们首先对教师的专业自主能力进行了界定。所谓教师专业自主能力，即教师运用专业知识，独立进行学习、反省、质疑、判断、选择、组织、实践、决策和评价的能力。教师只有提高专业自主能力，才能真正发挥专业自主权。教师专业自主能力包括：

①自我管理能力，即对课程进行自主选择、实施、开发的能力，根据幼儿的兴趣、发展状况对教材进行自主选择、组合的能力，观察、分析、研读"孩子"的能力，支持、推动孩子的能力，对孩子学习中生成的问题进行价值判断的能力，自我不断进行专业化学习的能力，独立领导、组织园本研修的能力，积极寻求与不同专业伙伴进行合作的能力。

②自我调控能力，即将外在的影响转化为自身专业发展过程中的动力的能力，不断寻求自我发展机会的能力。

③自我检查、验证能力，即对自我进行客观评价的能力，不断反省的能力。

为了真正提升教师的专业自主能力，在实施过程中，我们重点对"自助式教研制度及其构建"进行了研究。自助式教研制度包括：

1. 菜单式项目选择制。每个学期初由教研组长根据园计划、教研组计划提出本学期教研组活动框架以及大致专题，由教研组成员根据需要和自身特点进行修改，提出具体的研究小专题，以表格形式再现给教研组成员，成员不仅可以根据自身的专业特长、兴趣来选择现有专题，也可以增加其他专题，然后根据自身特长进行"认领"。将最感兴趣的问题进行分类、筛选,在给予教师尝试研究的最大空间的同时,给予他们选择的空间,最终形成人人有研究专题,个个参与研究的氛围,使每位教师都拥有自己所长的专题研究。

2. 轮流主持制。教研组成员根据自选的专题轮流主持教研活动。具体活动内容、方式由这一轮"组长"决定,教研组组长辅助,教研组成员互相支持、参与,力争圆满完成。教研活动轮流主持制使青年教师从以往教研组活动的"旁观者"转变为"参与者""领导者",教师也不得不对研究专题进行思考,主动收集资料,构建活动过程,整理主持思路……教师的专业自主意识加强。

···········

3. 对话式教研制。对话内容包括疑问、困惑、感想等。教师根据需要在全园范围内自由选择谈话对象,可以是师—师、师—园(长)的现场对话,也可以是师—幼回忆式对话。通过对话,我们对幼儿的解读、对教育智慧的应用等重新审视与判断,形成自由对话、集体教研的氛围,从而提高教师研读幼儿的能力。

···········

4. 故事分享制。讲幼儿的案例,分析幼儿的行为,形成教师多个回应策略,故事采集由教师在办公室内讲述和教师实地采集相结合。

···········

5. 深度会谈制。"深度"不是一般的"讨论",要去除表面化和形式化的弊端,"会谈"不是仅仅关注解决问题的办法,更要关注教师解决问题的思维过程。

深度会谈的内容是会谈参与者共同希望解决的问题,也就是他们共同的"愿景",不局限于单纯的教学技能。

深度会谈的过程是,选择同一个"菜单项目"的教师自由组合,教师们将对这个问题的看法、假设提出来,会谈伙伴一起求证、分析,既不是强迫推销自己的看法,也不是贬低自己。在这个过程中,教师们一方面不要轻易地放弃自己的观点,另一方面也不允许强迫别人接受自己的观点。会谈的重点不是在讨论,而是在不同意见中观察产生差异的思维过程,提升组织成员的凝聚力,共同解决问题。

深度会谈的组织者不是领导或权威,而是当教师在会谈中出现强迫他人接受自己观点时或会谈偏题时将会谈引入正轨,充当的是辅导员的角色。

···········

6. 网络式培养制。挖掘每个教师身上的"能"，以此为结点不断发散，每位教师不仅是网络的培养对象，也是网络的建设者。

我园为充分发挥特级教师和系统名师的带教作用，以"名师工作室""名师工作坊"为载体形成了研究—培训一体化的机制……对青年教师建立了能者为师的多向带教。

…………

（四）奖惩激励法

要有效激发教师参与教科研的积极主动性，真正把教科研工作落到实处，幼儿园还必须建立教科研成果奖励制度，形成行之有效的教科研奖惩机制。相反，如果幼儿园失去对教师教科研行为的强化，或者只有口头上的重视，没有实实在在的奖惩举措，长此以往，教师就会失去持续的研究动力。当然，实施奖惩激励，幼儿园管理者也要注意一些问题。首先，要建立教科研奖惩制度。幼儿园要根据本园实际，制定切实可行的教科研奖惩制度，通过制度给教师定教研任务，施研究压力，规范教研行为，激励教师积极教研，同时使奖惩有据可依。其次，扩大受奖面。要本着"东方不亮西方亮"的观念，在设奖面上要尽量宽一点，通过开展丰富的教研活动，使大部分教师在教研活动中都有获得感和成就感。幼儿园可以设立的教科研奖励有优秀备课奖、优质课件奖、教学能手奖、优秀论文奖、课题成果奖、基本功特长奖、指导奖等，也可以授予"学科带头人""骨干教师""金话筒"等荣誉称号，还可以对教师代表幼儿园或指导幼儿参加主管部门的比赛，根据获奖级别、等次给予适当的奖励。最后，要奖惩结合，奖励为主。对教师教研活动成效突出的要给予奖励，对没有成效或拒不参加教研活动的要给予适当的惩罚，这样才能形成奖勤罚懒、奖优罚劣的激励效应。但是，建立奖惩机制的最终目的是激发教师的教研热情，而不是打压或挫伤教师教研的积极性，所以，在实际工作中，幼儿园还要做到有奖有罚，奖励为主。

（五）"搭台唱戏"法

当今时代，信息化、网络化手段已经普遍使用于工作和社会生活中。在这一时代背景下，幼儿园教科研工作也要顺势而为，充分利用现代信息技术手段，不断提升教研水平。幼儿园管理者必须充分认识到信息化手段的潜在优势，抓住机遇，努力促成教师教研手段的现代化。具体来说，就是要给教师的教研工作提供尽可能的平台支持，例如，搭建幼儿园网络平台，在网络技术上做到园内"班班通""全覆盖"，在教学手段上为教师配备笔记本电脑或平板电脑，抑或较高性能手机终端，等等。积极引导教师通过开辟个人空间、微博、公众号、工作坊专栏等形式进行广泛的网上交流研讨活动。

本节小结

1. 教育科研是幼儿园管理的一项重要工作内容。加强幼儿园教科研工作管理，对促进幼儿健康成长、加速教师专业进程、提升幼儿园保教质量具有十分重要的意义。

2. 幼儿园教科研工作管理的内容主要包括组建园内教研组织机构，培养教师的教研意识，提升教研能力，健全园内教科研制度，指导开展教科研活动等。

3. 幼儿园教科研工作管理应遵循思想性、现实性、常态化和激励性等基本原则。管理的方法主要有榜样示范法、培训指导法、气氛营造法、奖惩激励法、"搭台唱戏"法等。

思考与练习

1. 幼儿园教科研工作管理有何意义？管理的内容包括哪些？

2. 你认为幼儿园教科研工作管理应遵循哪些基本原则？管理幼儿园教科研的有效方法有哪些？

CHAPTER 4

第四章
幼儿园时间、
空间和信息的
管理

管理小故事

王阳明的"日课表"①

王阳明在教育上的主要活动，在于兴建书院和学校以为讲学之所。

他为学生制定了日课表，作为学习和检查的依据。他订定每日功课分为五节：一、考德；二、背书诵书；三、习礼或课艺；四、读书讲书；五、歌诗。他的教学方法是根据不同的课目采取不同的方法。"考德"一课，是在每日清晨以谈话的方式进行的，是要学生把隔日的言语行动，逐一加以检查，有无过失，做到每个人以实对，有则改之，无则加勉。"歌诗"则采取观摩竞赛等方法，每日轮值一班歌诗，其余则静听，每五日各班互唱于本学舍，每遇初一、十五则合唱于书院。"习礼"也是每日轮值一班，其余旁观，每十日及每遇初一、十五，各班互习和合习。至于"读书"则"不在徒多，但贵在精熟"。

他的日课表和不同的教学方法，在当时说起来，都有积极的进步意义。他在家乡浙江余姚讲学时，环坐听讲的经常有三百余人之多，可以说是非常兴盛。

【分析】王阳明是中国著名的思想家、教育家。他的

---

① 文启煌编：《中国教育家的故事》，171页，北京，人民教育出版社，1985。引用时有改动，后同。

"日课表"内容虽然带有明显的时代色彩，但是却可以清楚地看出他对学生一日生活、学习活动的周密安排，实际上也是对学生一日活动的时间统筹。今天，我们管理幼儿园，同样也要重视对时间这一要素的管理，做到精心策划，合理统筹，科学地管好、用好时间，发挥时间效益，提高工作和学习效率。

🔗 **本章学习导图**

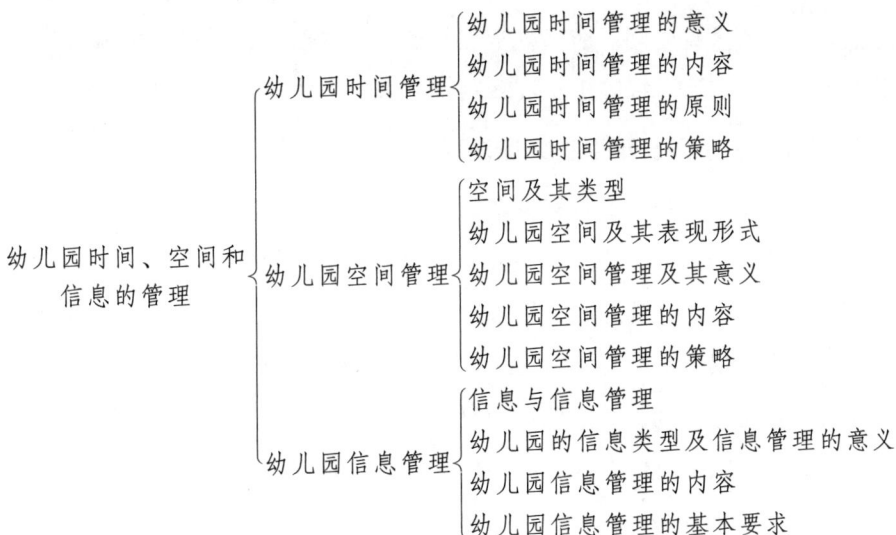

幼儿园时间、空间和信息的管理
- 幼儿园时间管理
  - 幼儿园时间管理的意义
  - 幼儿园时间管理的内容
  - 幼儿园时间管理的原则
  - 幼儿园时间管理的策略
- 幼儿园空间管理
  - 空间及其类型
  - 幼儿园空间及其表现形式
  - 幼儿园空间管理及其意义
  - 幼儿园空间管理的内容
  - 幼儿园空间管理的策略
- 幼儿园信息管理
  - 信息与信息管理
  - 幼儿园的信息类型及信息管理的意义
  - 幼儿园信息管理的内容
  - 幼儿园信息管理的基本要求

第一节　幼儿园时间管理

时间是一种尺度，是物质运动、变化的持续性、顺序性的表现。时间管理，是指在日常事务中有目标地运用工作技巧，合理有效地利用可以支配的时间，从而在单位时间内进行更多的有效活动。

幼儿园的时间管理是指，在幼儿园工作情境中，各岗位的工作人员主动地运用科学的原则和方法对有限的时间资源进行有效的计划、分配、使用、控制、反馈，以减少不必要的精力付出，提高工作效率。

一、幼儿园时间管理的意义

(一)管好时间是提高办园效益的有效保证

马克思说:"一切经济最后都归结为时间经济。"幼儿园的工作内容琐细,而且涉及保教、后勤诸多部门,将这些工作有效地统筹起来,形成最佳的时间组合,不仅关系到各部门的工作效率,还关系到整个幼儿园的运行成本。培根有句名言:合理安排时间,就等于节约时间。所以,管理好幼儿园的时间,就可以在短时间内取得较多的工作成绩,有利于提高工作效率,节约办园成本,形成良好的办园效益。

(二)管好时间有利于园长集中精力谋发展

有人说:园长宁可花一些时间去做计划管理,而不是把时间花在因不做计划管理而导致的危机处理上。对于园长来说,时间是最珍贵的资源,时间管理既是一种综合管理,又是一种自我管理。不管是综合管理还是自我管理,对园长的要求是有效率地工作,而不仅仅是勤奋。园长如能根据自身和幼儿园工作实际制订出阶段性、区分轻重缓急的工作计划,并按规定的时间要求逐一完成,同时敢于放权,学会自我分配时间,就可以腾出更多的时间去抓大事,谋发展。否则,缺乏高效的时间运筹管理方法,被琐事缠身或分身无术,园长就会失去谋划幼儿园发展大计的时间、精力。

(三)管好时间有利于教师轻松获得专业成长

幼儿园教师的工作忙碌而琐碎,如果缺乏时间管理意识和管理能力,容易导致教师长时间的身心疲惫,久而久之,不仅影响教师的工作效率,还容易引发教师的职业倦怠。教师如果能科学地管理时间,合理地支配和利用时间,不仅有利于各项工作的有序开展,还可以增加教师自己可支配的个人时间,将更多时间用于专业阅读、思考和交流等,能在有限的时间内取得最大的工作价值,在省时高效地工作、避免职业倦怠的同时,轻松地获得专业成长。

(四)管好时间有利于促进幼儿的健康发展

《幼儿园工作规程》第十八条规定:"幼儿园应当制定合理的幼儿一日生活作息制度",并做到动静交替,同时要求每天户外活动时间不得少于 2 小时。根据这一要求,幼儿园要制定科学的生活作息制度,对幼儿的早操、进餐、午睡、吃饭、喝水、户外活动等进行合理的安排，动静结合，形成良好的生活节律，不仅可以满足幼儿活动、游戏和交往的有效需求，还可以保护幼儿的神经系统，形成幼儿良好的生活作息习惯，促进其身心健康发展。

二、幼儿园时间管理的内容

有人将时间管理分成三部分：一是创造时间，做到学会分权、放权，以享受他人的时间，有效地利用零星时间，改善流程以提高工作效率；二是利用时间；三是科学安排好每一天，充分利用好办事效率最高的黄金时间，例如，10:00，15:00，21:00 前后。

具体到幼儿园，时间管理的内容表现是多方面的、多层次的，既包括全园的时间管理，又包括园长和教师，以及幼儿个人的时间管理，既包括保教时间管理，又包括后勤时间管理；既要有幼儿一日生活作息时间管理，还要有幼儿活动的零星工作管理；此外，还有课堂时间管理、课余时间管理、会议时间管理等。以下就幼儿园工作相关的主要内容做简单介绍。

(一)做好幼儿园的计划和发展规划

幼儿园计划管理实际上就是幼儿园为实现工作目标而在时间上对工作内容进行的统筹安排。从时间管理的角度来说，制定幼儿园计划和发展规划都要明确时间的阶段性安排，或列出时间进度表，以明确每一项工作的实施步骤或完成的时间节点，让执行者掌握进度，便于检查指导和总结评价。

(二)制定科学的幼儿一日作息时间表

幼儿一日活动是指幼儿每天从早晨入园到下午离园的全部活动。这些活动总体来看可以分成生活活动、游戏活动、学习活动、户外体育活动四大类。每项活动都是幼儿发展所必需的，都应具有教育性。科学合理地安排幼儿的一日活动必须要注意以下问题。

第一，要符合幼儿的年龄特点，突出安全第一的思想。从幼儿园一日作息时间可以看出，不同年龄段幼儿的教学活动的时间安排不一样，中大班一般为 25～30 分钟，小班则在 15～20 分钟。另外，所有活动在实施过程中都要确保安全，注意维护幼儿身体和心理健康。

第二，要体现一日生活的整体性，适时进行教育渗透。一日生活的各项活动要充满生机和活力，有利于增强幼儿的快乐体验。

第三，时间安排要合理，既要考虑活动的稳定性，又要有灵活性，既要有利于形成幼儿的秩序感，又要满足幼儿活动的需要。

第四，活动内容的安排既要具体，便于操作指导，又要动静交替，保持幼儿活动的兴趣。

第五，幼儿一日生活作息时间安排，还要考虑地域和季节的差异，要有所区别，灵活调整。

(三)做好集中整块时间和零散碎片时间管理

所谓整块时间是指相对较长而又较完整的一段时间，例如，幼儿园的各种会议、庆祝活动、参观考察活动等。碎片时间是指那些闲散、零碎，容易被忽略，稍不注意就会轻易流失的时间，例如，幼儿如厕排队等候的时间、离园等待的时间、集中入场途中的时间等。对于整体时间，幼儿园在组织活动时，要根据参加活动的不同对象及不同内容做合理安排，比如开会，从时间管理的角度看，就要注意：第一，要建立会议制度，届时准时执行；第二，时间不要太长，过长容易引起参会人员的倦怠情绪；第三，尽量不要占用周末教职工休息的时间开会，以免引起不满情绪。再如上课不要拖堂，大型专题活动要组织严密，做到过程紧凑，有始有终等。对于零散的碎片时间，幼儿园管理者一要重视时间对活动效率的可能影响；二要根据具体情况，在确保安全的情况下能压缩时间尽量压缩，当然也要避免盲目贪多求快，因小失大。

(四)培养教师的时间管理能力

时间管理理论认为，组织中个人的时间实际上可以分为四部分，即被组织占用的部分，被领导或下属占用的部分，被外界因素占用的部分，自己可支配的部分。根据这一理论，幼儿园教师的时间同样也包括这四部分。如何指导教师对这四部分时间进行优化组合，突出发挥某一两部分时间的使用价值，这就要求加强教师对时间管理能力的培养。培养幼儿园教师的时间管理能力，应重点从以下几个方面着手。

第一，教师的时间规划和分配能力。这一能力是指教师具有明确的自身和幼儿园发展目标，并根据目标制订个人工作和学习计划，合理地安排工作任务，合理分配时间的能力。其中的管理要求有，诸如教师要有效地制订计划，要列出问题清单，要为每项工作任务设定截止日期，以及要坚持"要事优先"等。

第二，教师的时间使用和控制能力。这一能力是指教师遵守计划、杜绝外部干扰、克服不良习惯、善于最大化地利用时间的能力。其中包含对教师的核心要求有：要做到既遵守计划又可根据实际情况灵活调整，要对外部干扰"说不"，要做到合理授权或请求他人帮助，以及要有善用时间的技巧等。

第三，教师的时间反馈与评价能力。这一能力是指教师有意识地对自己的时间管理行为进行分析、反思、总结和提升的能力。例如，教师每天下班后对当日完成的工作情况进行自我检查并做出评价，要经常对自己的时间管理情况进行分析和必要的调整等。

（五）做好园长自身的时间管理

园长的时间管理是指园长自身采取科学有效的策略，合理地规划自己的时间，以充分利用有限的时间资源，提高工作效率。园长的时间管理既是一种对有限时间运用的综合管理，又是一种自我管理，但是，不管哪种形式的管理都需要一定的管理能力，例如，缜密的规划、有效决策、合理授权、简化园内行政事务流程细节等。从具体的幼儿园管理实践来看，园长加强自我时间管理需要重点注意的问题有五点：

第一，要避免过多的会议，提高会议效率。

第二，减少过多的书面行政工作、无关电话，以及网络娱乐活动的干扰。

第三，建立突发事件应急处理预案，形成有效的问题处理机制，尽可能减少处理突发事件的时间。

第四，慎重对待上级主管部门的任务安排，在不影响工作的前提下，要有拒绝上级领导的勇气和能力。

第五，合理授权或寻求他人帮助。合理授权是一种管理艺术。园长通过合理授权，不仅能带给下属一种信任感，为其提供实践锻炼的机会，还能有效地节省不必要的时间和精力，腾出时间考虑重点问题。另外，园长也不是完人，也有解决不了的问题，这时就没有必要再去苦思冥想，浪费时间，可以寻求其他有经验或具备相关能力的人帮助解决。

三、幼儿园时间管理的原则

幼儿园时间管理既要考虑一般时间管理要求，又要考虑幼儿园本身的特点，遵循基本的原则要求。

(一)积极主动原则

人们常说：时间不等人。你不主动计划，利用时间，时间就会与你擦肩而过。幼儿园管理中的时间要提前考虑，周密谋划，主动而为，否则就会造成时间的浪费或错失良机。特别是园长，作为幼儿园的最高领导，园内所有人员、业务都与他有直接或间接的关联；在园外，主管部门的会议，配合社区活动，以及家长对其子女教育的关切咨询等都直接关涉园长。这种特殊地位决定了他自己可分配、可掌握的时间很少。园长如果不能主动规划自己的时间，就有可能被动地受制于人，无暇考虑如何有效管理和谋划幼儿园长远发展的大计，导致自己的工作处于忙乱、无序之中，疲于应付，日积月累，就会失去耐心和高昂的工作热情，进而产生职业倦怠，影响整个幼儿园的发展进程。所以，园长必须牢固树立时间管理意识，给自己一定的时间去思考何时做何事，如何把自己的时间分配、使用的主动权牢牢地掌握在自己手中，只有这样，园长才能保证在正确的时机，带领正确的人，从事正确的工作，最终获得工作上的高效率和家庭、人际关系上的新平衡。

(二)要事第一原则

幼儿园事务繁多，但是也有轻重缓急。有效的时间管理是掌握重点事物的管理，是把最重要的事放在第一位。在日常管理中，一旦确定了重点工作，园长就要实时把握这些重点，一定不要让其受情绪、感觉或冲动的影响而被忽略。具体来说，这要求园长要对工作项目有所取舍，不要将时间浪费在对目标无帮助的事项上，要知道急迫的事并不都是同等重要的事，要做到能授权与他人的工作就不要独揽，要摒弃什么事都办但什么事都浅尝辄止的习惯。只有这样，园长才能避免整天像陀螺一样，不停地在琐事的旋涡中打转，才能真正实现对工作的重点抓、抓重点。

(三)效益为重原则

所谓时间效益就是时间付出与成果收获的比例。时间的价值取决于利用。同样的一刻钟，利用了就有价值，浪费了就分文不值。但是，同样是利用时间，也有多少、快慢之讲究。对于幼儿园管理者来说，管理时间有两个问题需要引起重视。第一，并不是投入的时间越多，工作效益就越高。有的园长常常满足于将自己的工作时间排得满满的，一刻也不停歇，以为充分利用了时间就是时间效益观念强，实际上恰恰相反，管理者应检视自己所花费的工作时间是否完成了最重要的任务，完成的成果又如何，要知道卓有成效的时间才是最有价值的时间。第二，"快"不一定是最好的。人们常说，"忙中出错"，"忙中出乱"。忙好像充分地利用了时间，但有时忙无目标，不但不利于提高工作效率，甚至会相反，影响工作的顺利进行。

(四)"三赢"原则

幼儿园的发展靠园长和教职工通过有效利用时间而共同努力才能获得，没有全体人员的有效付出，幼儿园很难得到有效的发展。但是，包括园长在内的所有人员都不可能全身心地服务幼儿园，他们在发挥各自有效作用的同时，还要照顾自己的家庭，还有各自的业余生活。所以，从时间管理的角度看，理想的结果应该是幼儿园、园长和教职工三方共赢，相反，单为哪一方奉献都不现实。除了幼儿园通过园长和教职工的付出要获得效益之外，园长和教职工也都应各自成为一方赢家。因为工作并不等于生活。园长和教职工都是人，都有获得事业成功与生活幸福的需要，也就是说，他们亲近的夫妻关系、和睦的亲子关系、密切的朋友圈，还有各自的身体与心理健康，都需要列入每周甚至每天的计划中，应该说，生活中所有幸福的来源都需要用时间去保证，用心去经营。工作、身体、社会关系、人生意义一旦失衡，生活会开始向一边倾斜，就会影响人的精神和工作状态。所以，园长和教职工要做到工作和私人生活两兼顾，幼儿园、园长和教职工在时间管理上要做到统筹协调，各得其所，实现"三赢"。

除了上述几条主要原则之外，幼儿园的时间管理还要坚持平衡性原则、主体性原则、创新原则和从实际出发的原则等。

四、幼儿园时间管理的策略

幼儿园的时间管理，除了上述提到的合理放权、提高会议质量之外，还可以考虑以下策略来提高管理效益。

(一)建立目标计划统筹体系

在幼儿园的日常管理中，管理者要加强工作的计划性，通过计划确定完成任务的时间节点和质量标准。管理者在制订幼儿园时间管理计划时要注意三点。①细化标准。要将幼儿园总体目标进行各部门、各岗位层层分解细化，做到可视、可查、可评，易于操作。②小步骤实施。完成计划目标的步子不宜贪多求大，要指出完成某项任务的具体时间节点，小步骤实施。③流程化解决问题。常规的较为复杂的事务，最好能设计固定的操作流程，指导教职工按先后顺序，逐项落实。例如，幼儿进餐，就可以制定这样一个进餐流程，让教师和保育员按要求操作：洗手—穿进餐围兜—餐前教育—分餐送餐—餐中巡察—餐后卫生指导(擦嘴、漱口)—区域活动(提前结束用餐的幼儿)—回收餐具—外出散步。

(二)清单式管理

清单式管理类似上述的工作流程化，是指针对某种管理活动，建立台账，对要做的事情或不准做的事情一一罗列出来，系统筹划，列出目标节点、任务节点、时间节点、责任人员，形成一个清晰明确的任务清单，然后，要求工作人员按照清单所列项目进行操作。采取清单式管理，可使幼儿园各项工作指标化、路径清晰化、责任明确化、考核简单化。幼儿园实施清单式管理要注意的问题是：①以目标清单引领工作部署，使工作目标更加明晰具体；②以执行清单强化目标的落实，以便集中精力解决重点问题；③以专题清单破题解难，使教职工养成安排工作不说难、立即干、做细节、有回音的良好工作作风；④以责任清单约束慢作为，倒逼教职工爱岗敬业、勇于担当、勤勉工作；⑤以底线清单防止乱作为，警醒教职工讲原则、守规矩，知"底线"；⑥以日志清单有序提效，使教职工履行承诺，提高执行力。

(三)学会专注

有人说，梦想、专注、团队、行动、信念是成功的五大力量。其中的专注就是集中精力做事。做好幼儿园的时间管理，要求园长、教职工，甚至幼儿都要有专注意识，集中精力做重点工作，心不在焉、三心二意的人，干事都不会取得应有的成效。在具体的管理实践中，幼儿园管理者除了自己要专注于工作，注意提升工作效率之外，还要教育指导教职工学会专注，引导他们"在该干什么的时候就干什么"，既不要只顾追求表面上的高效率，不断地盲目加速，而忘记了自己的生活与工作的重心，也不要思想漂浮，心神无主，不要"人在园中心在家"或者上课活动时开小差。要引导教师时刻谨记自己的目标与方向，牢固掌握工作生活的主动权，提高创造性，为自己赢得更多的时间，让生活与工作赢得平衡。

（四）接受不完美

人们常说：人生不如意十之八九。凡事十全十美最好，但现实生活中十全十美的事却很少。幼儿园管理也一样，不可能所有人、所有事都十全十美。在具体管理中，幼儿园管理者不要臆想，也不要要求教职工一下子就把所有事都做完，而且做得最好；不要过于追求所谓完美主义，要知道人无完人，每个人都有自己的缺点和不足，要着重引导教职工尽心尽力，做好当下，要学会接受自己的不完美，容忍教职工的不完美。

（五）简化工作

时间资源是有限的，是不以人的意志为转移的。圣贤不能让手中的良辰逗留，权威无从喝令眼下的光阴缓行。充分利用有限的时间资源，对于管理者来说，有一种较好的对策就是将工作简单化。特别是在生活节奏日益加快的当今社会，在忙碌的工作生活中，简化工作，可以为自己和单位争取更多的时间。那么，在幼儿园管理中如何简化工作呢？第一，抓大事，放小事。幼儿园管理者要集中精力思考工作上的大事，要掌握幼儿园的发展方向，不要让微不足道的小事烦心，不要为细枝末节的琐事操心。第二，抓正事，放杂事。幼儿园管理者应抓紧正事，将主要精力和时间集中于处理核心问题，而与正事无关的杂事，可交由下属处理，或是尽量避免，以简化工作内容。第三，抓要事，放闲事。要懂得重要又紧急的事情应该在第一时间完成；没有时间压力的闲事，则利用工作空档，简单处理即可。

延伸阅读

时间管理的 36 条经验[①]

1. 对于很棘手的任务，先从一小部分入手，立即处理。

2. 考虑一天的日程安排，采取相应的工作方法。

3. 工作日化整为零，每段 30 分钟。

4. 随时做日程记录，但凭记忆不太可靠。

5. 化长远规划为一周、一日的行动计划。

6. 几项任务难分先后顺序，另辟蹊径寻找第二方案。

---

① 赵凡宇、赵彦锋编著：《管理越简单越好大全集》，377—378 页，北京，企业管理出版社，2010。引用时有改动，后同。

7. 协调你与上级在工作安排的先后顺序上存在的差异。

8. 及时发现与同事在工作安排先后上的矛盾。

9. 每天给自己留段安静的时间。

10. 记录你的体力、脑力出现高峰的时间，了解它们能持续多久。

11. 留些精力给家庭生活和工作之后的消遣。

12. 用彩色笔标出不同任务的重要性。

13. 委托该委托的工作，无论那是你喜欢还是不喜欢的工作。

14. 千万不要把写的材料往后拖，这样会越积越多。

15. 要保证你每天至少办一件令你愉快的事。

16. 晚上的最后一件事，是读你喜欢的作者的文章。

17. 使用电子记事簿列出自己的弱点，然后计划逐一加以克服。

18. 将写字桌上没用的东西清理走，只把现在的工作留在手边。

19. 文件里的特别关键处要做标记以加快重读时的速度。

20. 办公室里放一架钟，你和客人都能看到。

21. 每隔几个月重新检查档案系统。

22. 定期查阅你的存盘，把不再需要的文件丢掉。

23. 只把将来要参考的重要文件存盘。

24. 如果有人跟你走进办公室，你不要坐下来。

25. 如果门开着，你的座位不要放在别人的视野中。

26. 把你认为不需要的信息都扔掉。

27. 停止订阅你不在阅读的杂志。

28. 写字桌上只留最重要的读物。

29. 在打断别人之前，要想到他的时间同你的时间同样宝贵。

30. 其他的选择行不通时，才考虑召开会议。

31. 打电话时要避免精力分散，集中精力听对方在说些什么。

32. 告诉别人什么时候可以给你打电话。

33. 不在上班时间做私事。

34. 快速阅读报纸的标题。

35. 把重要的参考材料与其他文件分开。

36. 只有当你有不止一个疑难问题需要讨论时，才去请教你的同事。

本节小结

1. 幼儿园的时间管理是指，在幼儿园工作情境中，各岗位的工作人员主动地运用科学的原则和方法对有限的时间资源进行有效的计划、分配、使用、控制、反馈，以减少不必要的精力付出，提高工作效率。加强幼儿园时间管理是提高办园效益的有效保证，既有利于园长集中精力谋发展，又有利于教师轻松获得专业成长，从而促进幼儿的健康发展。

2. 幼儿园时间管理的内容表现是多方面的、多层次的，既包括全园的时间管理，又包括园长和教师、幼儿个人的时间管理；既包括保教时间管理，又包括后勤时间管理；既要有幼儿一日生活作息的时间管理，又要有幼儿活动的零星工作管理；此外，还有课堂时间管理、课余时间管理、会议时间管理等。

3. 幼儿园时间管理要遵循的原则有积极主动原则、要事第一原则、效益为重原则、"三赢"原则、平衡性原则、主体性原则、创新原则和从实际出发原则等。

4. 幼儿园时间管理的策略有合理放权、提高会议质量、建立目标计划统筹体系、清单式管理、学会专注、接受不完美、简化工作等。

思考与练习

1. 幼儿园时间管理的内容有哪些？做好幼儿园时间管理有何意义？

2. 幼儿园时间管理要遵循哪些原则？你认为抓好幼儿园时间管理可以采取哪些策略？

第二节　幼儿园空间管理

《幼儿园工作规程》第三十条指出："幼儿园应当将环境作为重要的教育资源，合理利用室内外环境，创设开放的、多样的区域活动空间，提供适合幼儿年龄特点的丰富的玩具、操作材料和幼儿读物，支持幼儿自主选择和主动学习，激发幼儿学习的兴趣与探究的愿望。"同时，要求幼儿园"应当营造尊重、接纳和关爱的氛围，建立良好的同伴和师生关系"。空间是幼儿所处的情境氛围，对幼儿的发展具有重要的影响作用，幼儿园必须高度重视空间管理。

一、空间及其类型

有关空间的说法有很多，例如，宇宙空间、思想空间、数字空间、物理空间、活动空间、社会空间、国家空间、日常生活空间、城市空间、经济空间、政治空间、公共空间、私人空间、网络空间、扭曲空间等。不同的学科对空间概念的表述在不同时期不一样。

西方学者通常把空间分为三种类型：第一空间是现实中真实存在的空间、地点、场地；第二空间是人们的想象；第三空间则介于这两者之间，介于现实与想象之间的一个极为开放的空间，有人把它解释为人在空间中的感受。现实中，人们一般把空间简单地分为有形的物质空间和无形的精神空间两大类。

二、幼儿园空间及其表现形式

（一）什么是幼儿园空间

幼儿园的空间是指幼儿园各种设施的大小的不同存在状况，以及园内的精神文化、心理情境氛围。有时人们也把幼儿园的空间说成是幼儿园环境，即幼儿园内为促进幼儿身心发展所提供的一切物质条件和精神条件的总和。其中，物质环境主要包括教学设施、生活设施等有形的物质，精神条件主要包括集体氛围、活动气氛、师风园风等文化环境，以及师生关系、教师的教风和人格特征所构成的心理环境。

与幼儿园空间相关的一个概念是常说的幼儿园环境创设。环境创设是指幼儿园根据教育的要求和幼儿身心发展规律，充分挖掘和利用幼儿生活环境中的教育因素，创设幼儿与环境积极作用的活动场景，把环境因素转化为教育因素，促进幼儿身心主动发展。

（二）幼儿园空间的表现形式

幼儿园的空间表现形式多种多样，以下从有形的空间和无形的空间两大方面分别介绍。

1. 有形的空间

有形的空间是指能够看得见的空间。幼儿园内有形的空间主要有四种。

(1)幼儿园建筑基地所处的地域空间

幼儿园的建筑基地空间主要是指幼儿园园舍所处的周围社区情境或村镇情境。《托儿所、幼儿园建筑设计规范》要求，托儿所、幼儿园的园舍基地选择应满足以下要求：①应建设在日照充足、交通方便、场地平整通畅、环境优美、基础设施完善的地段；②不应置于易发生自然地质灾害的地段；③与易发生危险的建筑物、仓库、储罐、可燃物品和材料堆场等之间的距离应符合国家现行有关标准的规定；④不应与大型公共娱乐场所、商场、批发市场等人流密集的场所相毗邻；⑤远离各种污染源；⑥园内不应有高压输电线、燃气、输油管道主干道等穿过。另外规定，托儿所、幼儿园的服务半径宜为 300 米。

(2)幼儿园室外游戏场地

幼儿园室外游戏场地是幼儿集体活动的空间，一般要设置公共游戏场地和各班专用的室外游戏场地。室外共用游戏场地应设置游戏器具、跑道、沙坑、洗手池和贮水深度不超过 0.3m 的戏水池等，规模稍大的幼儿园还要设置室外养殖区、种植区。2019 年修订的《托儿所、幼儿园建筑设计规范》规定：幼儿园应设全园共用活动场地，人均不应小于 $2m^2$，除此之外，幼儿园还要为每班设专用的室外游戏场地，人均不应小于 $2m^2$。

图 4-1　某幼儿园室外游戏场地

（3）绿化空间和杂物院

幼儿园室外除了游戏场地之外，还要对园内环境进行绿化，形成一定的绿化空间。还要设置杂物院，专门收放幼儿园和各班的杂物。

（4）幼儿园各类房舍功能室空间

根据幼儿园工作和幼儿发展的需要，一般情况下，幼儿园还要设置以下房舍或功能室：

①生活用房，主要包括活动室、寝室、厕所、盥洗间、洗浴间、衣帽贮藏室、音体活动室等。其中，幼儿班级活动室内还要设置一些区角空间。

②服务用房，主要包括医务保健室、隔离室、晨检室、保育员值宿室、教职工办公室、会议室、多媒体教室、档案资料室、值班室及教职工厕所、浴室、车棚等。

图 4-2　某幼儿园班级活动室

③供应用房，主要包括幼儿厨房、消毒室、烧水间、洗衣房及库房等。

除了上述空间之外，具有楼房建筑的幼儿园还有走道、楼梯间、电梯间、楼顶等空间形式。

2. 无形的空间

幼儿园无形的空间是指看不见抓不着，但是在幼儿园又实实在在地存在的一种精神影响氛围。幼儿园内无形的空间主要有三种。

（1）幼儿园的文化氛围

幼儿园的文化氛围主要指幼儿园内的文化情境，主要包括：

一是精神情境氛围。园内环境绿化、亮化、美化，比如道路平坦整洁，花草树木疏密合理、错落有致，活动室窗明几净、布置典雅，让人赏心悦目；提供充足适宜的室外玩具设施，可使幼儿乐在其中；精心设计园内的标识标牌，充分展现其办园思想和人文特色；让每一面墙都会说话、每一个楼道都充满教育因素等。

二是活动影响氛围。幼儿园每一种活动都是给幼儿创设的一种情境，都会对幼儿的生活、学习及习惯的养成等产生一定的影响。幼儿园的活动多种多样，例如，课堂游戏活动、早操、参观考察、运动比赛、各种庆祝活动等，所有这些活动，都是幼儿全面发展所必不可少的情境氛围。

图 4-3 幼儿园楼梯口

三是园风感染氛围。园风是幼儿园办园思想和培养目标的集中反映。园风具有感染约束、吸引凝聚的效力，优良的园风对于幼儿园的发展及幼儿良好素质的培养具有十分重要的作用。

(2)幼儿园的心理氛围

幼儿园的心理氛围主要指幼儿园内人与人之间的心理关系情境。这种情境主要表现为师幼关系状态、同事关系状态、领导与下属之间的心理关系状态、教师的教风、园内各类人员自身的人格特征等。所有这些关系特征相互影响、相互作用，共同构成了幼儿园的心理氛围。生活、工作和学习状态影响着心理情境，心理情境反过来又影响着工作效率。对于幼儿来说，师幼关系和教师的教风是对其发展有最直接、最大影响的要素。

(3)园所网络空间

网络空间是指以计算机信息技术为基础发展起来的信息联络和存储状态。网络空间既有全球公共网络空间，又有个人私密空间，既是虚拟的又是一种客观存在，同时还具有交互性和实时性。信息化、网络化的网络空间对社会政治、经济、文化，乃至个人的影响已显而易见。作为一种无形的空间，网络空间在幼儿园中主要表现为幼儿园的网站、QQ 和微信群、微博、公众号等。常说网络是一把双刃剑，对于幼儿和幼儿园及教师的发展来说，当今时代已离不开网络，但是，沉迷于这一虚拟空间也会给个体带来无尽的伤害。

三、幼儿园空间管理及其意义

（一）什么是空间管理

通俗地说，空间管理就是对空间进行控制，从而经济又有效地利用空间。但是，由于所站角度不同、管理的空间对象不同，不同的人对空间管理概念的理解和表述也不一样。例如，行政机关的空间管理可定义为，为了节省空间成本，有效地利用空间，缩短工作流程，迅速处理资料，提供良好的工作环境，并促进人员的沟通与协调而对办公室所做的布置。企业的项目空间管理是针对项目的空间识别、建设、设计、建立所开展的活动。网络空间管理则是指对网络空间的净化，剔除无益或有害信息，扩大有益信息的存储量。

对于幼儿园来说，所谓幼儿园空间管理是指依据幼儿发展的目标要求，挖掘园内一切可能的空间要素，并加以优化，进而经济有效地利用它们促进幼儿的健康成长。

（二）幼儿园空间管理的意义

第一，促进育人情境优化，提高育人质量。

马克思说：人创造了环境，同样环境也创造了人。众所周知，环境建设是幼儿园教育最重要的课程资源。重视幼儿成长和学习环境，积极开发和利用环境因素对幼儿成长、发展的巨大潜力是当今幼儿教育改革的一大趋势。《幼儿园教育指导纲要（试行）》指出："幼儿园应与家庭、社区……综合利用各种教育资源，共同为幼儿的发展创造良好的条件；幼儿园应为幼儿提供健康、丰富的生活和活动环境，满足他们多方面发展的需要，使他们在快乐童年生活中获得有益于身心发展的经验。"加强幼儿园的空间管理，增强全体人员的空间意识，有利于引导教职工重视优化育人环境，积极打造健康的育人空间，提高育人质量。

第二，增强园所魅力，振奋团队斗志。

加强幼儿园空间管理，打造亮丽、优雅的园内物质情境，营造融洽、和谐、平等、健康的人际关系，建立轻松、愉悦的工作氛围，形成团结奋进、担当负责的工作作风，有利于增强幼儿园的内在吸引力，激发教职工的工作热情，使其振奋斗志，团结一致向前看，凝心聚力谋发展。

第三，提升幼儿园品位，树立良好的外在形象。

幼儿园空间管理是一种内功修炼，也是一种品牌塑造。加强幼儿园空间管理，优化园内物质环境，形成良好的园风、教风，建立良好的师幼关系、同伴关系、同事关系，以及领导与下属的关系，打造安全园所、美丽园所、和谐园所、舒心园所、学习园所、魅力园所，有利于为幼儿提供健康的空间，提升幼儿园的发展内涵，提高其品位，树立其良好的外在形象。

四、幼儿园空间管理的内容

（一）做好空间设计，优化空间要素

幼儿园的空间设计包括有形的物质空间设计和无形的精神空间设计两大类。

1. 物质空间设计

幼儿园的物质空间设计包括以下几个层次：

(1)宏观层面的空间设计

宏观层面的空间设计是指幼儿园整体的空间设计，主要包括幼儿园基地选址、建筑、园内绿化、室外场地等。《幼儿园工作规程》第三十五条规定："幼儿园应当有与其规模相适应的户外活动场地，配备必要的游戏和体育活动设施，创造条件开辟沙地、水池、种植园地等，并根据幼儿活动的需要绿化、美化园地。"

图 4-4　幼儿园滑梯游戏组合设施

（2）中观层面的空间设计

中观层面的空间设计主要是指幼儿园的生活用房、办公用房等房舍和各类功能室的设计。《幼儿园工作规程》第三十四条规定："幼儿园应当按照国家的相关规定设活动室、寝室、卫生间、保健室、综合活动室、厨房和办公用房等，并达到相应的建设标准。"同时要求，"有条件的幼儿园应当优先扩大幼儿游戏和活动空间"。

（3）微观层面的空间设计

微观层面的空间设计主要是指幼儿活动室的室内设计，即常说的室内环境创设。幼儿的活动室包括各个班级的活动室和多班公用的活动室。各班活动室的设计要做到全园整体设计和各班自己的个性化设计相结合。

图 4-5　某幼儿园班级"认识昆虫"墙饰

2. 精神空间设计

幼儿园精神空间的设计实际上是指园内精神环境的建设与打造，主要包括园所文化建设、心理氛围的营造，以及网络空间的管控等。《幼儿园教育指导纲要(试行)》指出："环境是重要的教育资源，应通过环境的创设和利用，有效地促进幼儿的发展。"幼儿园要利用好幼儿同伴群体、教师集体这一宝贵资源，教师的态度和管理方式应有助于形成安全、温馨的心理环境；其言行举止应成为幼儿学习的良好榜样。

幼儿园的空间涉及不同层次、诸多方面，幼儿园在设计规划时要统筹考虑，对各种空间要素进行优化组合。

（二）发挥空间效益，营造育人氛围

上文提到，幼儿园的空间要素有很多，每一种要素都是幼儿发展所必需的，而且不同程度地影响着幼儿的发展。如何充分挖掘每一种空间要素的功能价值，提升空间利用效益，是幼儿园空间管理的一项重要内容。但是，从目前来看，许多幼儿园在空间管理上或多或少地存在以下一些问题：

①重视幼儿园物质环境的创设，盲目追求高端大气、漂亮花哨，忽视良好人际关系的打造、高尚师德师风的培养，以及健康园风班风的建设。

②以成人的逻辑挤压幼儿的精神空间，教师经常自觉不自觉地以"成人之心"度"幼儿之腹"，失去了对孩子精神空间的关注与保护，师幼之间交流平台不平等。

③过于强调课堂空间秩序，教师唯我独尊，压抑幼儿自主创新的欲望，贬损幼儿自主创新的潜能，剥夺幼儿自主创新的权利。

④活动空间局限于生活的单元室内，幼儿更多的是被动地接受知识，忽略儿童的自发活动，忽略空间对儿童所具有的探索求知的作用。

除此之外，在空间环境的创设方面，教师动手多，孩子动手少；在存续状态方面，环境设计静止不动的多，活动的、可更换的设计少；在玩教具制作方面，玩具教具、材料设施在市场买得多，自己做得少；成品材料多，半成品材料少；高档次材料多，废旧材料少。

诸如此类的问题，客观上要求幼儿园要牢固树立空间教育意识，把营造育人氛围作为空间管理的重点内容。

（三）健全空间制度体系，加强空间管控

从各种空间的使用规范来看，幼儿园必须建立健全空间制度体系，维护各种空间之间和空间内部的设置、更迭，以及使用秩序。幼儿园需建立的与空间管理相关的制度应包括活动室管理制度、门庭卫生制度、庭院绿化制度、班级环境创建制度、沙池水池使用制度、设施设备管理制度、生活馆管理制度、多功能厅管理制度、楼道安全管理制度、水电安全管理制度、门卫管理制度、教学常规管理制度、教职工日常行为规范等。

从维护幼儿和幼儿园安全角度来看，《幼儿园工作规程》第十三条规定："幼儿园的园舍应当符合国家和地方的建设标准，以及相关安全、卫生等方面的规范"，幼儿

园"不得设置在污染区和危险区，不得使用危房"。同时要求，"幼儿园的设备设施、装修装饰材料、用品用具和玩教具材料等，应当符合国家相关的安全质量标准和环保要求"。此外，玩教具应当具有教育意义并符合安全、卫生要求。因此，幼儿园必须高度重视空间安全问题，加强空间管控，维护幼儿的身心健康。

（四）培养空间建设团队，提高教师的空间素养

《幼儿园教师专业标准》在"专业能力"方面，要求幼儿园教师能够做到"建立良好的师幼关系，帮助幼儿建立良好的同伴关系，让幼儿感到温暖和愉悦"，"建立班级秩序与规则，营造良好的班级氛围，让幼儿感受到安全、舒适"，"创设有助于促进幼儿成长、学习、游戏的教育环境"，"合理利用资源，为幼儿提供和制作适合的玩教具和学习材料，引发和支持幼儿的主动活动"。

作为幼儿园空间建设、使用和管护的主体，幼儿园教师必须要有一定的空间管理和空间育人意识，具备一定的空间设计能力。幼儿园要培养教师的空间素养，首先，要培养教师的空间意识，树立健康的空间观念，重视空间育人价值，充分挖掘空间要素的潜在影响因素，提高空间的使用效能。其次，要培养教师的空间设计能力。要加大对教师的基本功训练和考核力度，提高他们的环境创设能力，要加强对教师活动设计的指导，提高教师对游戏活动空间的设计能力。最后，要加大职业道德培养力度，培养教师团结互助，关爱幼儿的职业情怀，建立良好的同事关系和师幼关系，形成温馨健康的园所心理氛围。

除了上述四个方面之外，网络空间的管理也是当今时代所有幼儿园都必须重视的重要空间管理内容。

五、幼儿园空间管理的策略

第一，空间设计上，先进理念与幼儿园实际相结合，体现适宜性。

空间管理的第一步是空间设计。从理论上说，对幼儿园的空间进行设计要以先进的理念为指导，甚至还要有一定的超前意识，但同时又要结合幼儿园的实际，体现一定的适宜性，设计者除了要考虑幼儿园的面积大小和经费多少之外，还要注意以下几点：

一是环境适宜。幼儿园所处的周围环境如何，是其空间设计首先要考虑的因素，例如，幼儿园所处是南方还是北方，是山区还是平原，气候条件、人文风俗、交通出行等情况。

二是标准适宜。《幼儿园标准化建设基本标准(试行)》对幼儿园的选址与规模、园舍用地面积、园舍建筑绿化、功能用房的类型面积、设施设备配备标准、经费管理等都有明确的规定，是幼儿园空间设计的基本规范和硬性要求，幼儿园的建设都要以此为标准。

三是儿童适宜。幼儿园环境创设必须适应不同年龄幼儿的特点，根据其发展需要来设计，根据他们的感觉、兴趣和能力创设新鲜的、动态的环境。

图 4-6　某幼儿园班级"班级公约"

四是运行适宜。幼儿园的运行和发展必须具备一定的办园条件和健康和谐的园所心理氛围，所以，幼儿园的空间设计必须满足幼儿园基本的运行和发展需要，同时还要注重对人文环境的打造，努力形成健康的园所心理氛围。

五是安全适宜。幼儿园空间设计还要树立安全意识，要考虑防震、防火、防盗、防滑、防拥挤、防坠落、防中毒等安全防范要求，注意营造轻松愉快的园所情境，保证幼儿身心健康。

第二，空间内涵上，物质情境与精神情境统合考虑，重视精神情境的营造。

幼儿园的空间管理，既要注重物质情境的建设，又要注重精神情境的打造，要统筹考虑两方面内容。幼儿园在物质空间建设时要注意人性化，例如，建筑形式力求符合幼儿特点，巧妙地使用多彩颜色，体现童真风格，各房间应满足隔声的要求，楼房不能超过三层等。要注意发挥各个物质空间应有的熏陶作用，每一面墙都会说话，每一间功能室都能让幼儿不虚此行，每一个班级、每个区角都能激发幼儿兴趣，让幼儿流连忘返，每一件玩具设施都能给幼儿带来无尽的快乐。在发挥这些物质情境熏陶作用的同时，还要注重精神情境的营造。要积极开展形式多样的园内外活动，活跃园所氛围，增进相互理解，形成良好的人际关系氛围；要努力打造健康向上的园风，高尚友善的师风，务实创新的教风，约束感染，凝心聚力，共同促进幼儿的健康成长、教师的发展进步和幼儿园的品位提升。就目前幼儿园空间建设和管理的现状看，物质和精神两种情境比较起来，幼儿园应特别注重精神情境的打造。

案例

激励幼儿教师的精神需要①

某园接受了上级行政部门布置的接待专家来园观摩半日活动的任务。按照以往的做法，园长将指定特级教师张××、高级教师王××做准备，大多数教师则采取事不关己、漠不关心的态度，个别教师还会发牢骚"园长眼里没有咱"。

然而该园园长已经认识到了只依靠个别教师"撑门面"是不行的，幼儿园的各项工作要由全体教师积极参与，才能不断开创新局面，全面提高保教质量。园长决定借此机会，在幼儿园开展一次"抢任务"的活动。

园长召开了全体教师会议，进行动员，讲明活动的目的、意义、方法及步骤。她在会议上宣布："抢"到并完成任务者有功，将记录在案，给予一定奖励。然后组织教师进行讨论，在形成共识的情况下开始实施。

很快，就有三分之二以上的教师来教研组自荐参与半日活动计划，经过各教研组和幼儿园的程序评定，推荐两位年轻教师杨××和程××担任这次任务。园长进一步提出要求：全体教师要树立幼儿园工作的整体性观念，支持并协助两位青年教师完成任务。

接待日到来，两位年轻教师组织两个幼儿班的教育活动内容丰富、生动、新颖，使不同能力水平的幼儿均能积极主动参与活动，并在不同程度上得到了发展。专家领导称赞她们"素质高"，"创造性地实现了教育活动的目标"。

园长在总结此项工作时，要求并鼓励全体教师：在今后的各项工作中，要不断更新教育观念，树立"抢任务"光荣感、使命感，练就扎实的业务功底，积极参与竞争，不断创造业绩。

---

① 张燕、邢利娅主编：《幼儿园管理案例及评析》，133页，北京，北京师范大学出版社，2002。

第三，空间打造上，统一要求与自主管理相结合，体现幼儿主体地位。

幼儿园空间的打造与管理要反映园领导的统一意志，既要有统一的要求，符合幼儿的发展规律，又要符合幼儿园建筑设计规范，还要保证安全有序，能够发挥幼儿园整体效益。同时，幼儿园要积极引导教职工、幼儿共同参与管理打造，必要时还可请专家来园指导。因为，幼儿园空间的教育性不仅蕴含在环境之中，而且蕴含在环境创设的过程之中。陈鹤琴先生指出，儿童的思想和双手布置的环境，可使他对环境中的事物更加了解，也更加爱护。环境创设，特别是室内环境创设，应充分让幼儿参与，征求幼儿的意见。宜让幼儿参与设计，提供材料与作品，参与布置，然后利用环境进行幼儿的主动活动。当然，幼儿参与，肯定不如教师做得好，做得快，但就其教育效果来说，幼儿自我打造、自我管理，更能提高幼儿的兴趣和创造性，增强其责任感和成就感，也有助于对幼儿进行爱惜劳动成果的教育。

第四，空间运行上，成人视角与儿童视角相结合，重视儿童感受。

这一点主要是从精神层面的师幼关系的建立和心理情境的打造方面考虑的，要求教师注意转换视角，不能总是站在成人的角度看问题，"自以为是"，要站在幼儿的角度去思考问题、分析问题，能"蹲下来和孩子说话"，"关注孩子的关注"，"惊奇孩子的惊奇"，与孩子之间建立一种融洽、和谐、平等、健康的人际关系。《幼儿园教育指导纲要(试行)》指出："应尊重幼儿的人格和权利，尊重幼儿身心发展的规律和学习特点……保教并重，关注个别差异。"实际上，孩子的很多心理问题是从幼儿时期形成的，如孤独感、自卑感、攻击行为等。教师和蔼可亲的态度和循循善诱的教育方式，团结和谐的同学关系，有助于形成幼儿安全、温馨的心理环境，形成他们健康的人格。尊重幼儿的人格和权利，就是把幼儿当成有思想、有个性的人，而不要把他们当成孩子。幼儿的心理和身体一样相对脆弱，特别需要成人的充分尊重。有时成人的一个眼神、一个动作，可能都会对幼儿的心理产生巨大的影响，所以教师一定要时时提醒自己，不能轻易地批评幼儿，更不能过分地批评幼儿。要根据幼儿身心发展的规律和学习特点，从实际出发，用幼儿能够接受的方式去教育幼儿，教给幼儿能够理解、可以接受的知识，切忌生硬灌输，差强人意。对于一些特殊群体，如少数民族的幼儿、单亲家庭的幼儿、特殊儿童、外来务工子女等，教师更要给予特别的关注和照顾，呵护他们的自尊，让他们一样拥有自信。

第五，空间目标上，安全价值与活动价值兼顾，重视活动价值。

安全问题是社会、家庭普遍关注的问题，也是摆在幼儿园面前的一个现实性问题。幼儿园的空间设计要做到"安全适宜"。事实上，从空间管理要实现的价值目标看，幼儿园要高度重视安全价值，例如，在园舍安全方面，坚决不能有危房，地面要平坦，不能有坑坑洼洼、磕磕绊绊，园内花草既要漂亮，又要无毒、无刺。要注意玩教具安全，杜绝体罚幼儿，等等。但是，重视安全并不是安全唯一，也不能因噎废食。幼儿园更重要的目标是促进幼儿全面健康发展，所以，在重视幼儿安全，牢固树立安全意识的同时，幼儿园要开展形式多样的活动，为幼儿建造操作、想象的空间，使他们获得有益于身心发展的实践经验和生活体验。

第六，空间投入上，经费保证与素质提升综合考虑，重视素质提升。

幼儿园空间建设需要一定的经费投入，经费投入的方向和投入的数量如何，是搞基础建设还是强调内涵修养，或园长自己中饱私囊(主要针对私立幼儿园)，这既是一个经费使用问题，也是一个决策理念问题，事关幼儿园空间建设的成效。《幼儿园工作规程》第四十八条规定："幼儿园的经费应当按照规定的使用范围合理开支，坚持专款专用，不得挪作他用。"同时第四十九条还规定："幼儿园举办者筹措的经费，应当保证保育和教育的需要，有一定比例用于改善办园条件和开展教职工培训。"所以，优化幼儿园空间建设必须以足够的经费投入做保障，而且这种投入还要重点考虑教师的专业发展和幼儿的健康成长，要把"钱花在刀刃上"，着力打造高素质的教师队伍和全面发展的幼儿，绝不能"只进不出"，只搞建设不谋发展，甚至只做表面文章，弄虚作假。当然，空间建设也不提倡越大越好，要尽可能经济实用，要遵循精简高效、重点保障的原则，提倡勤俭节约、废物利用，做到财尽其力，物尽其用。

本节小结

1. 空间是物质存在的一种客观形式。空间的类型很多，幼儿园的空间类型从总体上可以简单地分为有形的空间和无形的空间两大类。

2. 空间管理就是对空间进行控制，从而经济有效地利用空间。加强幼儿园空间管理，有利于优化育人情境，提高育人质量，增强园所魅力，振奋团队斗志，提升幼儿园品位，树立良好的外在形象。

3. 幼儿园空间管理的内容包括做好空间设计，优化空间要素；发挥空间效益，营造育人氛围；健全空间制度体系，加强空间管控；培养空间建设团队，提高教师的空间素养，以及管好用好网络空间等。

4. 做好幼儿园空间管理可以考虑的策略有：①在空间设计上，先进理念与幼儿园实际相结合，体现适宜性；②在空间内涵上，物质情境与精神情境统合考虑，重视精神情境的营造；③在空间打造上，统一要求与自主管理相结合，体现幼儿主体地位；④在空间运行上，成人视角与儿童视角相结合，重视儿童感受；⑤在空间目标上，安全价值与活动价值兼顾，重视活动价值；⑥在空间投入上，经费保证与素质提升综合考虑，重视素质提升。

思考与练习

1. 什么是空间？什么是空间管理？

2. 幼儿园空间有哪些类型？管理好幼儿园空间有何意义？

3. 幼儿园空间管理的内容有哪些？你觉得管理好幼儿园空间可以采取哪些策略？

第三节　幼儿园信息管理

信息是指运动变化的客观事物所蕴含的内容。人通过获得、识别自然界和社会的不同信息来区别不同事物，得以认识和改造世界。信息无处不在，无时不有，信息就在每个人身边。

一、信息与信息管理

（一）信息

信息是客观事物的状态和运动特征的一种普遍形式，对信息的理解因其所站角度不同，所给出的定义也不一样，例如，①信息是创建一切宇宙万物的最基本单位；②在一切通信和控制系统中，信息是一种普遍联系的形式；③信息，指音讯、消息、通信系统传输和处理的对象，泛指人类社会传播的一切内容；④信息是物质运动规律的总和；⑤信息是以文字或声音、图像的形式来表现的，是数据按有意义的关联排列的结果。

一般来说，较为通俗的理解是，信息是指以声音、语言、文字、图像、动画、气味等方式所表示的实际内容。信息是客观事物的一种属性，文字、图形、图像、声音、影视和动画等本身不是信息，它们承载的内容才是信息。

(二)信息管理

信息管理是指对人类社会信息活动的各种相关因素进行科学的计划、组织、控制和协调，以实现信息资源的合理开发与有效利用的过程。

在信息化、网络化高度发达的当今时代，以现代技术手段为依托，信息管理既包括微观层面对信息的组织、检索、加工和服务等，又包括宏观层面对信息机构和信息系统的管理。

信息管理的对象包括信息资源和信息活动两个方面。信息资源，即信息生产者、信息、信息技术构成的有机体。信息活动，即人类社会围绕信息资源的形成、传递和利用而开展的管理与服务活动。

(三)信息管理方式

信息管理方式是指对信息进行管理的方法、手段。传统的信息管理方式主要是手工式的管理，例如，手工制作纸质的个人通讯录，制作书目卡片对图书进行管理，抄录归集档案资料等，这种管理方式效率较低，而且信息储存需要一定的专门实体空间，如图书馆、资料室、档案柜等。当代比较先进而又高效的信息管理方式，一是计算机文件系统管理，即通过计算机系统对文件信息进行分类储存，例如，个人信息资源可以通过建立文件夹的形式，将不同的信息资源分类存放于不同的文件夹中，同时建立子文件夹再分类细化。这是一种较为常见的现代信息管理方式。二是数据库管理方式，即借助数据库管理系统软件把数据集中起来，以一定的组织方式存储在计算机的数据库中，例如，学籍管理、成绩管理、电子查询系统、搜索引擎、论坛管理、大型图书馆、网络数字图书馆等。这是一种容量大、检索快、统计便捷的高效信息管理方式。

二、幼儿园的信息类型及信息管理的意义

（一）幼儿园的信息类型

幼儿园信息主要是指与幼儿园本身及与幼儿教育、教师、幼儿、家长等相关的信息。根据不同的分类标准，幼儿园信息也有不同的表现形式：①从信息存储的状态看，有纸质信息和电子信息；②从信息主体看，有幼儿园的信息、教师的信息、幼儿的信息、家长的信息等；③从档案管理归类看，有各类文件、各类工作计划和总结、各项规章制度、工作检查记录、会议记录、保教人员业务档案、幼儿成长档案等；④从文件层次看，有主管部门文件和幼儿园本身的文件；⑤从资源的表现形式看，有纸质的图书期刊资源信息、幼儿园网站平台信息，以及电子课件、游戏视频等资源库信息；⑥从信息部门归属看，有党务信息、保教信息、总务信息、卫生保健信息等。

（二）幼儿园信息管理的意义

幼儿园信息管理既是一项阶段性的管理，也是一种经常性的管理。信息管理并不是简单的内容归集，管好、用好幼儿园的信息具有十分重要的意义。

一是为领导决策提供依据。幼儿园领导的决策需要信息，要有依据。缺乏充分而有价值的信息，会在一定程度上影响决策的科学性和有效性，事关幼儿园的发展大局。

二是为人员分工提供信息参考。人员分工是园长的一项重要工作。人尽其才，合理分工，需要建立在掌握教职工资历、履历、生活态度、价值观念、工作业绩等信息的基础之上，没有大量的信息考察，园长就有可能用人失察。

三是为幼儿园、教师、幼儿发展留有痕迹。幼儿园要有自己的发展史，教师的工作要有计划、有总结，幼儿园要铭记每一位教师对幼儿园的价值奉献和发展轨迹，幼儿是幼儿园"园友"，其在园学习也要有成长记录。

四是为检查评估提供证据支撑。不论是教师对幼儿的评价，还是幼儿园对教师的评价，抑或是主管部门对幼儿园的评价，都需要借助一定的资料信息，没有充分的资料信息，则很难下客观的结论。

案例

德国足球队与阿根廷足球队的点球大战①

2006 年世界杯 1/4 决赛中，德国队与阿根廷队对决。一张神秘的纸条改变了赛场上的结局。6 月 30 日，人高马大的德国队与技巧娴熟的阿根廷队遭遇。当足球解说员声嘶力竭地讨论着胜负究竟是比心理还是比技术时，德国人在悄悄地演绎着全新点球决战的含义：比情报。

德国队经历了 120 分钟的残酷角逐后终于 1∶1 逼平阿根廷，将对手拖进点球大战。

此时，德国队主教练克林斯曼把一张神秘的纸条送到莱曼的手上，当本方队员罚球的时候，莱曼便从右腿的袜子里拿出这张纸条看看，为自己的下一次扑球做精心准备。

结果出乎预料：德国门将 4 次都扑对了方向并把阿亚拉和坎比亚索的射门拒之门外，最终 4∶2 胜出，以总比分 5∶3 晋级半决赛。

赛后，人们把赞美都献给了莱曼的上帝之手，而不为人知的点球大战真正的英雄却是克林斯曼的情报员齐根塔勒，以及科隆体育学院的专家团。他们认真地收集对手的每一场比赛录像、主要球员的背景信息(包括家庭婚姻)，通过研究对手主力队员的跑动路线，最经常分球给谁，罚任意球、角球和手抛球的方式，传中球的特点等，数据覆盖了球员近年来参加的所有俱乐部和国家队赛事。

在这个基础上，他们与专家一起对这些录像进行技术处理，其中最重要的部分就是对方球员罚点球的特点，找出了罚球队员的习惯动作和门将的扑救方向的关联性，大大提高了德国队扑救点球的成功率。

而到了临场时刻，齐根塔勒会根据对方的情况对数据等进行分析，决定到底给球员看哪些镜头，而提供给门将莱曼的这张小小的纸条上，就写满了阿根廷球员罚点球的特点。

😑 想一想

什么因素成就了德国队与阿根廷队 5∶3 的比赛成绩？

---

① 赵凡禹、赵彦锋编著：《管理越简单越好大全集》，283—284 页，北京，企业管理出版社，2010。

三、幼儿园信息管理的内容

幼儿园事务繁杂琐细，信息资料的收集整理、传输千头万绪，信息管理也涉及不同时期、不同层面、不同主体，但是，总体来看，信息管理的主要内容应包括以下几个方面。

(一)信息管理制度和管理团队建设

1. 信息管理制度建设

信息管理涉及信息的生产、收集、传输、归档存储等多个环节，关系到信息数量、价值质量、传输效率，以及信息安全等诸多问题，必须有一套科学的管理制度对信息活动的相关人员和有关环节进行规范。《幼儿园工作规程》第六十二条规定，幼儿园应当建立业务档案，"应当建立信息管理制度，按照规定采集、更新、报送幼儿园管理信息系统的相关信息，每年向主管教育行政部门报送统计信息"。根据信息管理的特点和幼儿园工作实际，需要建立的信息管理制度有：观察记录制度、材料报送制度、安全保密制度、借阅拷贝制度、机房管理制度、微信或 QQ 群管理制度、信息发布和审核登记制度、信息清除和备份制度、账号使用登记和操作权限管理制度，以及网络信息员、档案资料管理员职责等。

2. 信息管理团队建设

从严格意义上来说，幼儿园每个人都是信息员，都有提供信息、维护信息安全的义务。所以，幼儿园要对全体人员进行信息意识培养，提高他们的整体信息素养。除此之外，幼儿园还要重点加强对档案资料管理员、网络信息员的培养和管理，要通过不同形式的培训学习，不断提高他们的业务水平，增强他们的职业道德素养和信息管理能力。

(二)档案资料室建设

根据《幼儿园标准化建设基本标准(试行)》要求，幼儿园必须建有"图书资料档案室"。虽然目前电子档案已经表现出独特的优势，但是，幼儿园纸质档案室的建设还是必不可少的。幼儿园要根据园所规模和现有条件，建立专门的档案室，并配足配齐相关的设施设备，对不同性质的纸质档案材料进行科学的归档分类，例如，法规文件档案、设施设备档案、规章制度档案、财务管理档案、保教业务档案、卫生保健档案、幼儿成长档案等，并对具体档案进行整理组卷、装订入袋、排架保管。同时，规范借阅程序，提供优质服务，充分发挥档案信息资源的使用效益。

(三)构建网络电子信息系统

信息管理的网络化、电子化势在必行，在幼儿园管理实践中也初具成效，许多幼儿园也已探索出了卓有成效的管理经验。因此，构建网络电子信息系统应当成为当前幼儿园信息管理的当务之急。

1. 搭建网络信息平台

目前，国家正在实施"校校通""班班通""全覆盖"信息化建设工程，积极推进落实"信息化 2.0"建设规划和"智慧校园"建设方案。幼儿园可以借这一政策优势，参照基础教育信息化建设要求，根据园所实际，在政策允许的条件下，搭建本园网络服务平台，或利用手机终端设备，通过建立公众号、微博、幼儿园群、班级群、家长群等形式，构建园内信息管理网络。开展网络视频辅助教学，实施线上安全教育，促进家园互动，展示幼儿园形象。

2. 完善信息网络系统

幼儿园网络平台在搭建的同时，要考虑的另一项重要工作，就是完善园内信息网络系统。根据日常工作和管理需要，幼儿园要建立的网络信息系统应该有：党务管理系统、保教管理系统、总务管理系统、家园联系系统、安全管理系统、园所监控系统、考勤系统、电子办公系统、档案管理系统、财务管理系统等，并根据不同的需要随时调整完善。

3. 建好信息资源库

幼儿园信息资源库是幼儿园日常管理和实施教学活动所需信息资源的总仓库。建好幼儿园信息资源库，有利于幼儿园现有资源的集中存储，同时收集吸纳园外一切可以利用的网络信息资源，实现资源共享共用，对于丰富管理和活动组织的内容、提高工作质量具有十分重要的意义。

幼儿园信息资源库的内容可以包括各种文件资料、教学课件、教案、各种声像资料、计划总结、手工作品、人员信息，等等。

建设幼儿园信息资源库的途径主要有：①园内各种自产信息资源收集汇总，②网络资源改造，③公共资源应用平台链接，④重要资源库购置。

幼儿园应成立信息资源库建设组织机构，分工负责，要加强对信息收集、传输、加工、整理过程的监管和指导，并对信息资源库进行实时更新和完善。

(四)信息安全管理

维护信息安全是幼儿园信息管理的重要工作。幼儿园信息安全主要包括信息内容的健康与安全、信息系统设施安全、计算机病毒的控制与预防、资料室的防火防盗，以及教职工和幼儿的知识产权、个人隐私安全等。

四、幼儿园信息管理的基本要求

幼儿园信息管理除了要成立组织、加强制度建设之外，还要特别注意以下几个方面。

(一)培养信息意识，提升信息素养

信息素养是由信息意识、信息能力和信息道德三方面构成的一种综合性的素质修养。在当今"互联网＋"时代，具备一定的信息技术使用能力，充分认识信息的价值属性，科学地掌控和使用信息，是幼儿园教师必须具备的基本素质。幼儿园要高度重视教师的信息意识培养，积极引导教师参加力所能及的信息技术培训，努力提升信息素养，同时精选优质信息，用好信息技术手段，优化教学过程，增强教学效果，提高育人质量。

(二)构建管理网络，齐抓共管信息

应该说，幼儿园内人人都是信息源，人人也都是信息员。也就是说，幼儿园内从领导到教职工，从幼儿到幼儿家长，每个人都是信息的生产者，同时也都是信息管理员。幼儿园必须将这些信息点、信息管理员联络起来，共同做好信息的收集、传输和存储管理工作，才能保证信息畅通、信源丰富、资源共享。要实现这一要求，幼儿园必须建立园长(书记)统一指挥，保教、总务等职能科室积极配合，资料保管员和网络员专门负责，全体教职工积极参与的园内信息管理网络，分工协调，职责明确，各尽所能，齐心协力地做好网络信息管理工作。

(三)信息收集整理，科学规范

上文提到，信息管理涉及信息的收集、传输和加工整理多个环节。幼儿园要加强对各个环节工作的指导，确保科学规范。例如，在信息收集阶段，各部门、各相

关人员都要自觉把关，确保及时传送足量、有价值的信息，要建立归档收集制度，及时登记并分门别类地入盒、入库，做到有序存放。在保管借阅环节，要做好防盗、防虫、防霉、防水、防病毒侵入等保护工作，确保信息资料的完整性。同时完善借阅、拷贝、送还验收等登记手续，严防资料信息的损坏、遗失。

（四）反应及时，判断准确

当今时代，信息纷繁复杂，瞬息万变，有些信息稍纵即逝，无法追忆。所以，幼儿园管理者要提高信息敏感度，及时发现和收集最新信息，以迅速、有效的手段将有用信息提供给有关部门和人员，使其成为决策、指挥和控制的依据。不仅如此，幼儿园管理者还要指导全体教职工以实事求是的态度收集和整理原始材料，要克服主观随意性，要对原始材料进行认真核实，使其能够准确反映实际情况。如果信息失真，不但不能对管理工作起到指导作用，还会在一定程度上导致管理工作的失误。

（五）维护信息安全

信息安全是幼儿园信息管理的一个严肃问题。为了维护信息安全，幼儿园一方面要加强信息安全教育，使全体教职人员树立信息安全意识；另一方面要重点加强信息安全防范指导，使全体人员从我做起，认真做好信息安全防范工作。具体来说，幼儿园要特别注意：①进行访问控制和信息加密；②做好重要资料备份；③定期进行磁盘、软件杀毒清理；④设置计算机或手机终端使用密码；⑤规范舆情信息发布；⑥尊重知识产权，文明上网。

本节小结

1. 信息是客观事物状态和运动特征的一种普遍形式。信息管理是指对人类社会信息活动的各种相关因素进行科学的计划、组织、控制和协调，以实现信息资源的合理开发与有效利用的过程。信息管理的方式有手工式的管理、计算机文件系统管理、数据库管理等。

2. 根据不同的分类标准，幼儿园信息也有不同的表现形式。管好、用好幼儿园的信息可以为领导决策提供依据，为人员分工提供信息参考，为幼儿园、教师、幼儿发展留有痕迹，还可以为检查评估提供证据支撑。

3. 幼儿园信息管理的内容包括：信息管理制度和管理团队建设、档案资料室建设、构建网络电子信息系统、信息安全管理等。

4. 幼儿园信息管理的基本要求有：①培养信息意识，提升信息素养；②建构管理网络，齐抓共管信息；③信息收集整理，科学规划；④反应及时，判断准确；⑤维护信息安全。

思考与练习

1. 什么是信息？什么是信息管理？信息管理有哪几种方式？

2. 幼儿园信息管理的内容有哪些？你觉得管好、用好幼儿园的信息有何意义？

3. 你认为幼儿园信息管理应注意哪些问题？

CHAPTER 5

第五章
幼儿园课程管
理与特色建设

☕ 管理小故事

膳厅改为食力厅①

1927 年，陶行知在南京北固乡创办了一所晓庄学校。陶先生把学校的膳厅改为食力厅，在于勉励大家要自食其力。人贵自强才能求自立，他曾写了一首自立歌："吃自己的饭，滴自己的汗，自己的事自己干，靠天、靠人、靠祖上，都不是好汉。"并感慨地说："我国目前的教育制度……是教人离开乡村往城里跑，教人吃饭不种稻，穿衣不种棉，教人羡慕虚荣，看不起农民，教人鄙视农村的朴实，向往城市的奢靡，教读书的人变成爱享受，养成少爷小姐的脾气，无异于替社会创造高等游民。"所以他在晓庄梨宫（大礼堂）前面大柱上写着一副对子：

对稻粱粟麦黍稷下功夫，

和马牛羊鸡犬豚做朋友。

【分析】陶行知是中国现代著名的人民教育家、思想家、大众诗人。他倡导生活教育，积极投身教育改革实践，为改革旧教育、创立新教育做出了伟大的贡献。本故事膳厅和大礼堂的改名，是其生活教育思想和乡村教育理念的具体体现，也是其力图创办中国特色乡村教育

---

① 文启煌编：《中国教育家的故事》，69—70 页，北京，人民教育出版社，1985。

的具体实践，反映了陶先生先进的人才观、教育价值观和课程观，对于今天幼儿园课程建设和特色办园仍有积极的指导意义。

📎 本章学习导图

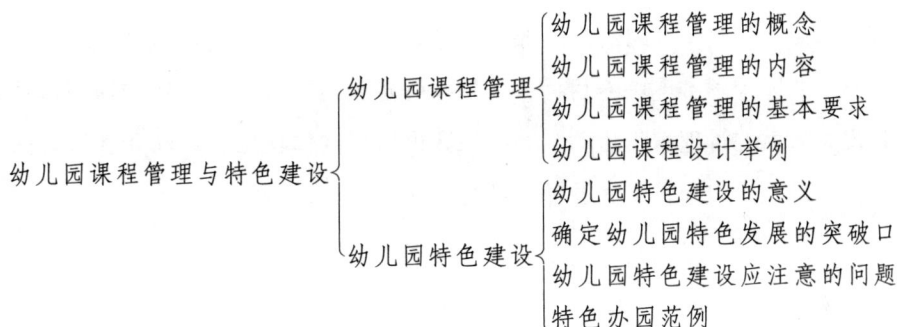

```
                                    ┌ 幼儿园课程管理的概念
                                    │ 幼儿园课程管理的内容
                       幼儿园课程管理 ┤ 幼儿园课程管理的基本要求
                                    │ 幼儿园课程设计举例
幼儿园课程管理与特色建设 ┤
                                    ┌ 幼儿园特色建设的意义
                                    │ 确定幼儿园特色发展的突破口
                       幼儿园特色建设 ┤ 幼儿园特色建设应注意的问题
                                    │ 特色办园范例
```

第一节　幼儿园课程管理 //

幼儿园课程是幼儿园实现育人目标的载体，幼儿在课程实践体验的过程中积累经验、获得发展，课程在幼儿参与实践的过程中得以完善。幼儿园课程质量是衡量一所幼儿园办园水平的重要指标。

一、幼儿园课程管理的概念

（一）幼儿园课程

幼儿园课程是指幼儿所学的领域内容、参与的教育活动及所处的教育环境的总和。有人说，幼儿园的"一日活动皆课程"。《幼儿园教育指导纲要（试行）》从学科领域的角度，对幼儿在园学习提出了纲领性的内容要求，并指出："幼儿园的教育内容是全面的、启蒙性的，可以相对划分为健康、语言、社会、科学、艺术等五个领域，也可作其他不同的划分。各领域的内容相互渗透，从不同的角度促进幼儿情感、态度、能力、知识、技能等方面的发展。"幼儿园应依据"处处有教育、生活即教育"的思想去设计幼儿教育课程，既要重视各个领域的内容，又要开展形式多样的实践活动，同时注重家庭、幼儿园和社会环境的协同影响。

（二）幼儿园课程管理

对于幼儿园的课程管理，我们可以从两个方面去理解：第一，在幼儿园外部，各级教育行政部门对幼儿园课程实施和开发的指导和监督；第二，幼儿园内部的自我课程管理。我们这里说的幼儿园课程管理是指幼儿园内部的自我课程管理。这种管理是指幼儿园为了实现培养目标，开展课程建设与改革活动，完善课程体系，提升课程实施效益的管理实践活动。幼儿园课程管理要体现国家对幼儿教育总的方针要求，认真贯彻落实地方课程思想，积极打造园本特色课程。

二、幼儿园课程管理的内容

（一）成立组织，打造课程建设团队

幼儿园课程管理是一项庞大的工程，必须调动一切可以利用的积极因素，有组织地进行。

1. 成立课程管理组织

幼儿园课程管理组织机构应包括园长室、保教处（包括教研室）、年级组或教研组、班级。各级组织按管理的权限范围承担不同的职责。园长室和保教部门的管理，主要是对课程的理念、课程的架构、课程实施人员的配备、课程实施成效的评价进行管理。年级组、教研组或学科组的管理，主要是对课程计划的制订与实施、指导，课程实施效果的评价进行管理。班级管理，主要是对具体课程的实施过程进行管理，一般包括制订一周的活动计划，负责一日活动的组织、具体课程资源的挖掘与利用、家园联系工作等。在此基础上，教师还要根据班级的工作计划和一日常规，管理好自己的课程实施行为。

2. 打造课程建设团队

根据幼儿园课程组织层次，相应的课程建设团队应该包括园长、业务园长、保教主任、教研室主任、保健主任、年级组长或教研组长、教师等。

园长全面负责掌舵、调控，是幼儿园课程领导的第一责任人，需要具有引领、决策课程的能力。

业务园长负责指导学习板块、游戏板块，做好学习板块的组织与实施，负责保教秩序、课程建设常规的落实，是幼儿园课程领导的直接责任人，需要具有管理课程和评价课程的能力。

保教主任负责指导拓展型课程的研发，保证拓展型课程与基础型课程的有机整合。

保健主任负责指导幼儿生活与运动健康的组织与实施。

年级组长或教研组长负责把握年级组课程实施的容量与质量，负有全园全程质量管理责任，年级组长或教研组长应当具有计划设计、过程管理及实践活动评价的能力。

学科(或领域)组长负责指导本学科(或领域)教材的特质分析和有效教学的组织与实施。

(二)构建幼儿园课程管理体系

从大的方面来看，幼儿园课程应包括国家课程，如《幼儿园工作规程》《幼儿园教育指导纲要(试行)》和《3～6岁儿童学习与发展指南》，地方课程(各省计划开设的具有地方特点的课程)和园本课程。

从幼儿园内部的课程建设来看，园本课程管理体系应该包括两部分内容：

1. 纵向的课程体系

(1)园级层面的课程管理

确立幼儿园课程发展远景目标和各年龄阶段的学期目标，形成以"主题活动"为统领，以教学活动为支撑，以体育活动为保证，区域活动拓展，自主游戏丰富，环境资源渗透，保育工作兼顾，家长工作配合的课程框架及组织形式。

(2)年级组层面的课程方案及管理活动

幼儿园根据总的课程规划，结合大、中、小班幼儿年龄特点制订相应的课程方案，并以年级组为单位指导实施。

(3)班级层面的课程实施活动

班级教师结合班内幼儿发展的实际情况，制订班级活动计划。班级活动计划主要包括学年计划、学期计划、月计划、周计划、单元主题教育计划、一日活动计划、一次活动计划等。

2. 横向的课程体系

主要表现为环境课程、活动课程，以及领域课程相关的健康、语言、科学、社会和艺术五大领域课程等。

幼儿园要按照上述课程体系特点及相关要求,建立完整的课程体系结构,优化育人环境,精选育人主题,科学组织育人活动,全面提升育人质量。

(三)建立幼儿园课程管理制度

幼儿园课程管理与之前两章所述的人与事的管理一样,都需要制度保驾护航。幼儿园只有建立健全课程管理制度,才能保证幼儿园课程的根本服务方向,才能使国家课程、地方课程思想得以有效地贯彻落实,才能提高课程实施与改革的有效性。相反,缺乏制度保障,幼儿园很难形成有效的课程体系,贻误幼儿园的发展进程,甚至贻害幼儿的身心健康。除了国家有关幼儿园课程的制度规章之外,幼儿园自身要建立的课程管理制度主要有:各职能部门的课程管理制度、幼儿园卫生保健制度、幼儿园安全管理制度、幼儿园一日作息时间制度、幼儿园环境创设制度、家园联系制度、研学考察制度、课程开发制度、备课制度、课题研究及奖励制度、发展评价制度等。

(四)指导幼儿园课程实施

课程实施过程是幼儿园课程计划方案转化成幼儿素质的关键环节。幼儿园首先要加强对不同层面的课程计划的方案制订的指导,确保不同层次的计划方案的科学性、针对性和可操作性。其次,要加强对课程实施过程的检查指导,引导教师积极合理地开发和利用环境资源,认真落实一日生活中各环节的要求,认真调查研究,发现问题,及时调整完善。最后,要做好课程实施效果的总结,对照反思,修正错误,提炼工作经验,努力提高课程建设水平。

(五)实施幼儿园课程评价

《幼儿园教育指导纲要(试行)》指出:"教育评价是幼儿园教育工作的重要组成部分,是了解教育的适宜性、有效性,调整和改进工作,促进每一个幼儿发展,提高教育质量的必要手段。"作为幼儿园课程管理的反馈审视环节,幼儿园的课程评价机制包括:

①幼儿园课程质量自评机制,即从全园层面反思评判课程规划方案的实施效果。

②帮助和指导教师实施课程评价。评价的过程是教师运用专业知识审视教育实践,发现、分析、研究、解决问题的过程,也是其自我成长的重要途径。

③幼儿发展评价，即课程实施对幼儿身心发展的支持效果的评定。

④各类活动评价，即幼儿园开展的日常活动质量效果的评定。

三、幼儿园课程管理的基本要求

（一）认真贯彻国家课程指导思想，积极落实地方课程

《幼儿园工作规程》《幼儿园教育指导纲要(试行)》和《3～6岁儿童学习与发展指南》等文件法规，是国家教育方针政策的具体体现，也是幼儿园课程建设的根本指导思想，特别是《幼儿园教育指导纲要(试行)》，是幼儿园的课程标准，所以幼儿园必须遵照执行。地方课程是在国家课程的思想指导下，各省(自治区、直辖市)根据当地的社会政治、经济和文化特点开设的具有地方特点的课程，幼儿园要按教育主管部门的要求，结合幼儿园实际来实施。

（二）从实际出发，积极推进园本课程改革

《幼儿园教育指导纲要(试行)》指出，教师要根据要求，"从本地、本园的条件出发，结合本班幼儿的实际情况，制订切实可行的工作计划并灵活地执行"。同时要求，教育活动目标要以"《幼儿园工作规程》和本《纲要》所提出的各领域目标为指导，结合本班幼儿的发展水平、经验和需要来确定"，做到"既符合幼儿的现实需要，又有利于其长远发展"，"既贴近幼儿的生活来选择幼儿感兴趣的事物和问题，又有助于拓展幼儿的经验和视野"。因此，幼儿园的课程管理必须从幼儿园的实际出发去构建课程体系，选择课程内容，落实目标任务。基于这一点，幼儿园在实施课程、进行课程建设和改革时，必须坚持以下指导思想：

①以先进理念为指导，适度超前，但不能脱离幼儿园现有条件，切忌不切实际地盲目跟风。

②注重目标导向，突出根基性。要以幼儿教育的培养目标为指导，重点培养幼儿的获取新知识、分析解决问题，以及交流与合作的能力，锻炼幼儿健壮的体魄，培育幼儿良好的心理素质、情感态度和价值观等身心发展所必需的根基性素质，切忌空谈理论，好高骛远。

③要坚持环境课程与一日活动相结合，与家庭、社区密切配合，选择并设计能够满足幼儿生活经验、兴趣和需要的课程内容，形成合理的课程结构，切忌顾此失

彼，"孤军作战"。

④要加强实践环节，突出园本特色。要根据幼儿和幼儿园实际开展具有本园特点、灵活多样的活动，突出园本特色，切忌公式化、模式化地发展。

⑤要注重幼小衔接，保持课程的相对稳定。课程改革要立足幼儿的现实发展，着眼于幼小衔接，循序渐进地进行，并留有一定的弹性空间，切忌跨越环节，急于求成。

(三)加大课程监督力度，提高课程实施成效

幼儿园课程实施的过程是对话、交流与知识建构的活动过程，是心与心沟通的过程，也是课程目标达成的关键环节。提高课程实施成效，必须加强过程监督。幼儿园要建立课程实施的审议制度，经常性地从班级、班际、园级等层面对幼儿园课程的实施过程及相关情境进行深入考察、讨论和分析，综合考察幼儿学习方式的有效性及课务安排的合理性，同时，建立科学有效的促进幼儿全面发展、教师专业化成长、课程不断完善的科学评价体系，积极引导课程管理人员、教师、幼儿及其家长参与幼儿园的课程评价工作，形成有效的课程评价机制。

(四)加强课程队伍建设，提升课程实施团队素质

幼儿园课程实施及其改革建设的关键取决于课程实施团队的素质，高素质的建设队伍是高质量落实课程目标，提高课程管理成效的根本保障。幼儿园应高度重视教师的在岗培训、学历进修学习，以教科研探讨为突破点，全面更新教师的教育教学观念。要坚持"走出去、请进来"的学习方式，采取以会代训、竞赛、观摩等多种形式，积极组织教师进行业务理论的知识学习，开展岗位练兵活动，帮助教师树立正确的教育观、儿童观和课程观，积极打造理念先进、素质精良、勇于创新的课程实施团队，确保课程改革各项任务的顺利实施。

四、幼儿园课程设计举例

上海闸北区芷江中路幼儿园课程建设的创意设计①

一、寻找适合孩子的教育——探索性主题活动开发与实施设计

1. 设计背景

①传统教育行为的"三多三少"：教师预设的活动多，幼儿生成的活动少；教师

---

① 何幼华主编：《幼儿园管理创意设计》，179—186、203—212 页，上海，华东师范大学出版社，2006。

干涉多，幼儿自主探索少；规定表达方式多，幼儿自我表达少。

②能否做到课程追随孩子，而非追赶孩子？

2. 设计目的

开发探索性主题活动，培养幼儿的好奇心、自主性、探究意识、开放思维，让幼儿自主探索、自由表达。

3. 操作要点

(1)探索性主题活动的环境创设

①从较多关注装饰性环境到更关注有挑战性的环境。

②从较多关注规定性环境到更关注有弹性的环境。

③从较多关注高结构材料提供到更关注低结构材料提供。

④从较多关注园内环境到更关注园内外环境。

(2)探索性主题活动的材料投放

①创设材料超市——多样、可取、可用、可变。

②参与材料收集，积极与材料互动。

③让幼儿自主、自助选择重组材料。

(3)探索性主题活动的展开

① 幼儿自己查找材料，自己探索发现，自由表达分享。

② 教师记录、解读孩子的言行——提问支持尝试，材料推动探索。

③ 分析案例，讲孩子的故事，建立孩子成长档案。

4. 设计创意

①突破僵化的课程结构：分科、封闭、预设规定、只重结果，创立自主、整合、开放、游戏化的活动样式。

②关注幼儿的经验与兴趣，生成活动与教师预设目标平衡，合作学习，共同构建，在经验基础上创造。

③体现"四个放大"：目标放大——不追求预设目标的达成；内容放大——跟随兴趣、跨越园门；途径放大——开辟幼儿园、家庭、社会多元途径；环境功能放大——活动中创建小社会氛围。

二、由管到导——支持性班级课程管理设计

1. 支持性班级课程管理操作要点

(1)三个转化

①从管(知识为本、章为本、权为本、重计划)到导(理念:幼儿为本。研究:教师为本。课程开发:园为本)。

②从细化的课程安排到弹性课程安排。

③从行政监督、检查到教师自我调控。

(2)支持性班级课程管理的"四个放权"

①一日活动安排的实施权——不断接纳幼儿的新目标。

②课程内容的选择权——跟着幼儿分析,走在幼儿前面去预设。

③适度计划记录权——新教师、有经验的教师、优秀教师要求不同。

④教研组自主管理权——参与研讨,轮流组织。

(3)支持班级课程管理的"四个制度"

①网络式教师培养机制——能者为师的多向带教:每个人都是带教者和被带者、"名师工作室(坊)"。

②讲故事式的培训制度——形成教师多个回应策略:讲幼儿故事,分析幼儿行为。

③对话式的教研制度——师师、师长、师幼对话。

④多样式的科研平台——人人有课题,班班有专题:现场式、会议式、休闲式。

2. 设计背景

①新课改背景:课程发展与实施多元化、自主性;教师要为幼儿提供自主选择的操作平台;从分科教学向学科整合转化;教师与幼儿在共同学习中共同成长。

②原有班级课程管理模式成了障碍:行政命令代替班级课程管理,班级课程管理范围狭窄,班级课程管理制度"刚性有余,柔性不足"。

3. 设计目的

寻找适合幼儿的教育,形成自主性"探索—表达"的教育特色。

4. 支持班级课程管理的创意设计

①班级课程管理趋向开放性——指向幼儿兴趣、经验、能力提高,适时适度支持推动幼儿发展。

②改变管理方式——变命令式控制为超常规管理，变集权为分权，权利重心下移。

③重新定位——从管理、控制、评判到支持、服务、保障。

本节小结

1. 幼儿园课程是指幼儿所学的内容、参与的教育活动及所处的教育环境的总和。幼儿园课程管理是指幼儿园为了实现培养目标，开展课程建设与改革活动，完善课程体系，提升课程实施效益的管理实践活动。幼儿园课程管理要体现国家对幼儿教育总的方针要求，认真贯彻落实地方课程思想，积极打造园本特色课程。

2. 幼儿园课程管理的内容主要包括：成立组织，打造课程建设团队；构建幼儿园课程管理体系；建立幼儿园课程管理制度；指导幼儿园课程实施；实施幼儿园课程评价等。

3. 幼儿园课程管理的基本要求主要有：认真贯彻国家课程指导思想，积极落实地方课程；从实际出发，积极推进园本课程改革；加大课程监督力度，提高课程实施成效；加强课程队伍建设，提升课程实施的团队素质等。

思考与练习

1. 什么是幼儿园课程管理？幼儿园课程管理的内容包括哪些？

2. 你认为幼儿园课程管理应注意哪些问题？

第二节　幼儿园特色建设

做人要有个性，创办企业要有品牌。幼儿园的发展也一样，也要别具一格，办出自己的特色。那么，何谓办园特色？所谓办园特色就是指幼儿园在长期发展过程中形成的、稳定持久的独特风格。幼儿园特色可以是多姿多彩的，但其建设却非一朝一夕之事，需要理念引领，科学规划，创新提炼，长期积累，要像园丁一样，辛勤培育，特色之花才能盛开，才能收获特色之果。

一、幼儿园特色建设的意义

幼儿园的某种或几种优势可以成为特色，同时，这种特有的品质、风格又会反过来成为一种优势促进幼儿园的发展，所以，形成办园特色对幼儿园的发展具有特殊重要的意义。

第一，增添幼儿园的生机和活力。

特色幼儿园往往因其独特的风格而彰显出其生机和活力，例如，别具一格的班级环境创设，温馨典雅的园内环境，知晓礼仪的幼儿行为，丰富多彩的园内活动等，都会因其有与众不同的表现而展现出其特有的品质风格，形成特有的生机和活力。

第二，增强幼儿园的知名度，扩大影响。

提高幼儿园的知名度是很多园长耗精竭虑的问题。因为知名度对于一个幼儿园来说，就是品牌，就是形象。幼儿园有了好的知名度，有利于获取家长的积极认可与支持，有利于树立良好的社会形象，从而提升幼儿园的品位，促进其高水平发展。提升幼儿园知名度的途径有很多，其中最为重要的一条就是办出自己的特色。

第三，充分利用幼儿园现有条件，人尽其才，物尽其用。

每个幼儿园都有与众不同的优势，例如，有的幼儿园物质条件较好，有的幼儿园拥有良好的家长资源优势，有的幼儿园具有深厚的文化底蕴，有的幼儿园拥有一支高水平的师资队伍。在地域分布上，有的幼儿园在城市，有的幼儿园在农村，有的幼儿园在山区，有的幼儿园在海岸。幼儿园充分地开发、利用各自的优势，有利于挖掘各园自身的潜力，做到人尽其才，物尽其用，既提高了效益，又形成了特色。

第四，全面发展，培养个性，促进幼儿整体素质的提高。

《幼儿园工作规程》第二十五条规定，幼儿园"德、智、体、美等方面的教育应当互相渗透，有机结合"，"遵循幼儿身心发展规律，符合幼儿年龄特点，注重个体差异，因人施教，引导幼儿个性健康发展"。幼儿园特色建设是促进幼儿整体素质提升的有效手段。为了促进幼儿全面发展，发展其特长，幼儿园必须综合组织健康、语言、社会、科学、艺术各领域的教育内容，充分发挥各种教育手段的独特优势，开展丰富多彩的教育活动，为幼儿提供活动和表现能力的机会与条件。

二、确定幼儿园特色发展的突破口

中国教育学会原常务副会长郭永福在谈到特色学校建设时曾说，学校特色的表现是多姿多彩的，但最终都要表现在独特的育人环境、育人方式和育才质量上。学校的物质建设、制度建设、文化建设，学校的教育、教学、管理都可以办出自己的特色，但最重要、最核心的还是文化建设，尤其是学校长期形成的核心价值取向和办学思想。在它的引领之下，学校在某一方面或某几方面有特别出色之处。

从幼儿园特色发展来看，可以作为特色发展的着眼点、立足点有很多，各个幼儿园可以根据自身实际情况，确定一个或几个方面的独特优势，从而进行特色建设。一般说来，幼儿园可以考虑选择以下因素作为突破口，寻求办园特色。

（一）国家的政策法令和上级的指示精神

①国家有关学前教育的政策法令有很多要求，有的虽然带有一定的指令性和规范性，但是，幼儿园可以结合本园实际，使政策要求园本化，办出自己的特色，例如，《幼儿园工作规程》第二十五条提出，幼儿园应"创设与教育相适应的良好环境，为幼儿提供活动和表现能力的机会与条件"。第二十六条提出，幼儿园要"注重幼儿的直接感知、实际操作和亲身体验，保证幼儿愉快的、有益的自由活动"。第二十八条指出："教育活动的过程应注重支持幼儿的主动探索、操作实践、合作交流和表达表现，不应片面追求活动结果。"第三十条指出，幼儿园应"充分利用家庭和社区的有利条件，丰富和拓展幼儿园的教育资源"。另外，《幼儿园教育指导纲要(试行)》也要求幼儿园"教育活动的组织形式应根据需要合理安排，因时、因地、因内容、因材料灵活地运用"。"教师应成为幼儿学习活动的支持者、合作者、引导者。"

②幼儿园的上级主管部门，有时根据当地社会经济、文化和教育发展的实际，也会对幼儿园工作做出指示，提出要求，例如，园舍建设、安全工作、卫生防疫工作等，幼儿园也可以根据本园实际在贯彻相关要求中形成自己的特色。

（二）家长要求和家长资源

幼儿园要按照教育方针政策的要求开展教育教学活动，不能一味地跟着家长转，让家长牵着鼻子走，例如，小学化的急功近利思想等。但是，对于家长的一些合理要求或实际困难，幼儿园应该认真考虑，也可结合本园实际，办出相应的特色，如亲子活动、特长教育、接送卡制度、班内实时监控、延时托管等。

在家长资源利用方面，幼儿园可以请家长"进课堂"，建立"妈妈故事团""爸爸讲学团""乐智创意团"等家长社团，开展"家长志愿者"活动等。

（三）幼教理论与改革动态

经典的幼教理论和现当代幼教改革实践中探索出的新理念，例如"多元智能理论""瑞吉欧幼教理念""皮亚杰的儿童发展阶段理论""蒙氏教育""体智能教育""创新教育""挫折教育""科技教育"，以及当代中外幼教改革新动态等，都可以结合本园实际有针对性地引入，并开展有效的实践探索，形成发展特色。

（四）利用本园教师的特点和优势

每个幼儿园教师的数量、学历、专业特长等都存在一定的差异，幼儿园可根据实际情况，充分挖掘教师的潜在优势，实施师资特色建设，如"双语教学"，开办不同类型的"特长班"，实施"轮班制"，建立教师"岗位聘任制"、教师培养的"轮训制"等。

（五）本园实际困难与社区资源情况

幼儿园的发展不可能一帆风顺，很多幼儿园都会面临这样那样的困难。但是，有时候困难也能变好事，幼儿园可以根据面临的困难，想方设法自力更生，挖掘潜能，办出自己的特色。例如，师资不足、生源紧缺的偏僻幼儿园可以尝试"混龄教育"，农村幼儿园可以从农村实际出发，就地取材，形成乡土特色。

案例

农村幼儿园如何办出特色[①]

某农村幼儿园，依靠县乡的大力支持，购买了大量高档玩教具、大型户外活动器械，对幼儿园进行了豪华装修。园长自豪地说：我们要把幼儿园办成和城里的幼儿园一样的高档，城里有什么我们的孩子也要有什么。但这所幼儿园的托保费仅为60元/月（2002年前收费标准，不含伙食费），在园幼儿的托保收入仅够支付在岗教师的工资，幼儿园的其他消费完全依赖县乡拨款。

> **😀 想一想**
>
> 如何看待上述幼儿园园长的办园理念？你觉得农村幼儿园课程建设可以散发出哪些"农"味？

---

① 张燕、邢利娅主编：《幼儿园管理案例及评析》，76页，北京，北京师范大学出版社，2002。

三、幼儿园特色建设应注意的问题

特色办园涉及幼儿园的发展全局，幼儿园进行特色建设，应对发展方向、办园目标、发展战略等问题进行全面、系统的谋划，通过制定科学、合理的特色创建方案，调动一切可能的积极因素，全力推进，才能保证幼儿园特色的形成。

（一）要以保教目标为基础，不能喧宾夺主

幼儿园特色办园的根本目的应该是发挥园本优势，挖掘内部潜力，树立幼儿园良好的外在形象，有效地促进幼儿的健康发展，不能为了特色而特色，更不能因为追求特色，而忽视了促进幼儿发展这一根本的保教目标，舍弃这一根本目标，盲目追求所谓的特色，就是做表面文章，就是喧宾夺主，舍本逐末。

（二）要保持持久的生命力，不能昙花一现

幼儿园的特色不是一时一事的瞬间表现，而应该是稳定的独特风格，特色建设的成果应该有持久的生命力。任何昙花一现之事，只能称作幼儿园的作为，不能称其为特色。要形成持久、具有生命力的特色，要求幼儿园，首先，要构建自己的特色理念，用先进的理论指导特色建设实践；其次，要坚持"科研先导"的原则，以"科研兴园"为指导思想，审慎地分析研究幼儿园的历史、现状和特色办园对策，监控特色幼儿园创建过程，努力形成有生命力的建设成果；最后，与园所文化建设紧密结合，创新发展。要在现代教育发展共性与幼儿园个性之间寻找结合点，找到幼儿园特色建设的立足点，在原有建设成果的基础上，积极改革创新，形成幼儿园共同的价值观。

（三）要培养特色教师队伍，不能"无师自通"

特色教师队伍是幼儿园特色建设的中坚力量，是特色办园的前提。正像皮亚杰所说："如果得不到足够数量合格的教师，任何最使人钦佩的改革也势必要在实践中失败。"幼儿园一方面要挖掘和总结蕴藏在教师中的已有经验，结合园本实际进行特色建设实践；另一方面还要注重特色教师队伍建设，要围绕特色建设，制订培养教师计划，搭建教师的专业发展平台，努力提升教师素质，为特色建设提供尽可能的师资保障。否则，忽视教师群体的力量，任何特色建设都只能是一句空话。

（四）要立足本园创新发展，不能盲目照搬

幼儿园的发展可以借鉴他园经验，特色办园也可以学习他园先进的理念。但是，对待他园经验或先进的理念，必须批判地吸收，不能盲目照搬照套。要从本园实际出发，找出本园优势，根据客观形势和公众的需求，确定自己的突破口和抓手。否则，移花接木，终究只会徒有虚名，难以解决自身实际问题，甚至贻误幼儿园的发展。

（五）要办出自己的真正特色，不能哗众取宠

特色办园不是为了追求一时的轰动效应，要确有其实，真有其名。要在自己对理念深刻理解、整体把握的基础上进行，要真正明确特色对幼儿园、对幼儿发展的现实价值，切忌以哗众取宠的浮夸之举去迎合公众，博取社会的信赖和支持。

四、特色办园范例

建立错位发展机制——激励教师专业成长①

教师是园所发展的动力，幼儿园的可持续发展有赖于教师积极性、主动性与创造性的充分发挥，而为教师营造这样一个发展的空间，采取有效的激励措施促进教师的专业化成长，是幼儿园人力资源管理和开发所面临的重要命题。针对目前教师队伍的现状，我园尝试建立错位发展的激励机制，意在通过对不同层次、不同特长教师发展价值的认定，使更多的教师在体验成功中获得激励，不断提升自己的专业水平，从而打造一支拥有健康人格、善于合作、敢于创新、具备可持续发展能力的师资队伍。

一、满足个体需要，鼓励多元发展

奥尔德弗认为，人有三种核心需要，即生存的需要、相互关系的需要和成长发展的需要。人在同一时间可能有不止一种需要在起作用，一个人在他的生存和需要尚未得到完全满足的情况下，还会追求成长发展的需要，这三种需要可以同时起作用。这一理论为幼儿园激励机制的内涵提供了理论依据，启发我们改变传统的以纵向层次排列来评估教师实绩的激励方式，根据不同发展层次的教师的不同需要，建立以横向价值排列来认可教师不同智能特点的新型激励方式，尽可能让每一位教师

---

① 孙建颖：《建立错位发展机制——激励教师专业成长》，载《上海托幼》，2005(4)。

都能愉快地做自己喜欢的工作，让教师在满足需要的过程中，体验成功，获得发展。

此外，加德纳的多元智能发展理论则进一步强调人的发展是多元的，每个人都有自己的发展优势。他认为，智力的本质是人的实践能力和创造能力，并将其置于一定的文化环境中。他把智力的结构看作是多维的和开放的，把智力看作是有待于由环境和教育激活及培养的潜能。这一理论为幼儿园师资队伍建设提供了新的视角，启发我们在师资队伍的管理中思考应如何去激活教师的多元智力，提升教师的多种智能，充分发挥教师的专业个性。

在此基础上，我们提出了"错位竞争"的理念，力图在教师的专业发展中，创设"你走东我奔西，你上山我下海"的良性竞争环境，从而促进教师队伍专业化水平的全面提高。

二、鼓励错位发展，激励教师成长

我园教师错位发展激励机制，是根据教师专业成长的轨迹而设置，以坐标来展开。纵向坐标分为四个平台，即基础性发展平台、个性化发展平台、综合性发展平台和挑战性发展平台，意在引导教师一步一个台阶走向成熟，逐渐成为一名具有研究能力的教师。横向坐标是一个个多元开放的激励点，教师可以根据个体的不同智能亮点确定发展目标，管理者也可以借此提出对不同教师的激励要求。

⋯⋯⋯⋯⋯

(一)错位发展激励机制的运作

1. 基础性发展平台

(1)认可激励下的亮点加分制

在进行月工作规范考评时，将考评内容分为基础部分和加分部分，对接受计划外任务、取得成绩等工作亮点实施加分，加分幅度根据对加分内容范围、级别的描述性评价而定。

(2)信任激励下的常规免检制

在进行月工作规范考评时，对基础部分学期累计抽查成绩优秀的项目，在下一学期享受月工作规范免检，考评成绩视作优秀，享受月 A 级奖励工资。

(3)机会激励下的推荐展示制

对于在月工作考评、随堂半日活动考评、自报特色考评中突现出来的"亮点"，根据它的价值，分别向市、区和本园推荐公开展示，每一次展示享受"亮点加分"。

（4）环境激励下的人才交流

幼儿园在保证 60％ 的教师队伍基本稳定的基础上，为 40％ 的因性格、兴趣、能力等因素希望寻找新的发展环境的教师，根据个人意愿，提供合理的人才流动机会。

2．个性化发展平台

（1）权力激励下的项目组长制

将幼儿园每学年必需的保教常规活动（如春秋游、运动会、故事表演等）及保教研究课题进行立项，教师可以根据自己的优势和兴趣，自主申报项目，并与园方签订项目责任书。

（2）兴趣激励下的承担兼职制

根据部分教师的特长，将事务管理岗位中的部分内容分离出来，因人设岗，提倡兼职，并享受兼职津贴。

（3）优势激励下的特色教师聘任制

在自报特色考评获得推荐展示的基础上，鼓励教师根据自己的专业特长，申报本园特色教师。由园评审小组对申报者经过资料评审、公示和专题答辩，进行资格认定，半数以上通过后由园务委员会聘任，并承担指导带教、公开展示任务，享受幼儿园特色教师津贴。

3．综合性发展平台

（1）成功激励下的年终考核

每学期对教师的工作和专业成长情况进行综合考评，考评项目所占分值的比重：月工作规范占 20％，半日活动占 20％，幼儿发展占 25％，保教研究占 20％，家长工作占 10％，园风园规占 5％。对综合考评成绩名列前茅的教师，上报教育主管单位，并享受 3％ 的工资晋升待遇。

（2）价值激励下的指导带教制

对于享受免检的教师、项目组长、幼儿园特色教师、考核优秀的教师，经带教者和被带教者的双向选择，他们可以承担本园业务带教工作，享受带教津贴。

4．挑战性发展平台

（1）发展激励下的人才输出

对于综合考评连续优秀或已形成鲜明教学特色的教师，幼儿园将根据个人意愿和特长，提拔或推荐到新的岗位或姐妹幼儿园，满足他们挑战自我、追求新的发展空间的愿望。

∙∙∙∙∙∙∙∙∙∙∙

（二）错位发展激励机制的实施效果和思考

通过对教师现状的分析，教师群体中获得激励的比重从33%（6人次）上升至144%（26人次）；通过对每学年在兼职、项目组长、特色教师申报等项目实施情况的分析，激励机制在教师之间形成了错位竞争的格局，通过激励不断填补了幼儿园在管理上、能力上、水平层次上的空白点，逐步形成团队在能力结构上的优势互补。两年来，我园先后获得"区三八红旗集体""巾帼文明岗""先进教工之家""学习型团队"等荣誉称号，幼儿园教师队伍的团队合力得到发挥。

随着教育改革的不断深入，在以人为本理念的引领下，幼儿园管理要服务于幼儿园自主发展，其满足社会需要的功能不断得到增强。拓展平台内容，完善平台建设将成为我们今后实践和研究的重点。为了避免教师出现安于现状和不思进取的状态，幼儿园将搭建各类专业展示的舞台，进一步鼓励和激励教师挑战自我，积极努力打造一支人格健康、善于合作、敢于创新、具有可持续发展能力的现代化教师队伍。

本节小结

1. 幼儿园特色建设有利于增添幼儿园的生机和活力；增强幼儿园的知名度，扩大影响；充分利用幼儿园现有条件，人尽其才，物尽其用；全面发展，开发特长，促进幼儿整体素质的提高。

2. 可以作为幼儿园特色发展的着眼点、立足点有很多，重点可以从以下几个方面为突破口：①国家的政策法令和上级的指示精神；②家长要求和家长资源；③幼教理论与改革动态；④利用本园教师的特点和优势；⑤本园实际困难与社区资源情况。

3. 幼儿园特色建设应注意"五要五不能"，即要以保教目标为基础，不能喧宾夺主；要保持持久的生命力，不能昙花一现；要培养特色教师队伍，不能"无师自通"；要立足本园创新发展，不能盲目照搬；要办出自己的真正特色，不能哗众取宠。

思考与练习

　　1. 你认为幼儿园特色建设有何意义？

　　2. 你认为幼儿园特色发展的突破口有哪些？

　　3. 你认为特色办园应注意哪些问题？

　　4. 调查一所特色幼儿园，分析其办园理念及具体措施。

CHAPTER 6

第六章
幼儿园发展与
评价

管理小故事

谁是斯巴达克斯 [①]

有一部取材于罗马奴隶斗争的电影，名叫《斯巴达克斯》。叙述的是斯巴达克斯在公元前 71 年领导一群奴隶起义，他们两度击败罗马大军，但是在克拉斯将军长期包围攻击之后，最终还是被征服了。在电影中，克拉斯告诉几千名斯巴达克斯部队的生还者说："你们曾经是奴隶，将来还是奴隶。但是罗马军队慈悲为怀，只要你们把斯巴达克斯交给我，就不会受到钉死在十字架上的刑罚。"

在一段长时间的沉默之后，斯巴达克斯站起来说："我是斯巴达克斯。"然后他身旁的人也站起来说："我才是斯巴达克斯。"下一个人站起来也说："不，我才是斯巴达克斯。"在一分钟之内，被俘虏军队里的每一个人都站了起来。

【分析】这个故事的真实性无须考究，重要的是它给我们带来的启示。这个故事的关键情节在于，每一个站起来的人都选择受死，但这个部队所忠于的，不是斯巴达克斯个人，而是由斯巴达克斯所激发的"共同愿景"，即有朝一日可成为自由之身。这个愿景是如此让人难以

---

① 李津编著：《世界成功管理经典智慧全集》，129 页，北京，地震出版社，2008。

抗拒，以至于没有人愿意放弃它。

优秀的管理者常把愿景转化为员工个人的努力方向。而愿景一旦被转化为个人的努力方向，就会对员工产生长久的激励，使其积极努力，激发出无限的创造力。

🔗 本章学习导图

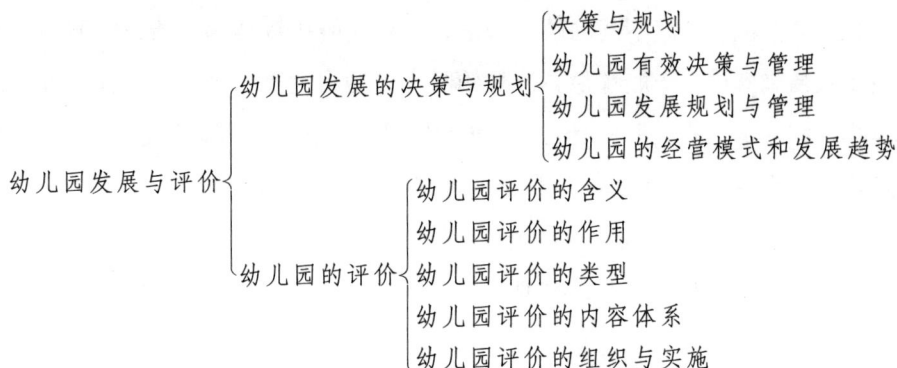

管理不只是一种随心所欲的活动，还是一个组织进行有目的、有思考、有策划、有设计的活动过程。管理者最重要的责任是通过决策决定组织未来应该走向哪里以及如何到达那里。

第一节　幼儿园发展的决策与规划

一、决策与规划

（一）决策

决策是人们在政治、经济、技术和日常生活中普遍存在的一种行为，是管理中经常发生的一种活动。什么是决策？对此概念的理解众说不一，根据美国著名管理学家斯蒂芬·P.罗宾斯的理解，决策是管理工作的实质。诺贝尔奖得主赫伯特·西蒙则认为，管理就是决策。《现代汉语词典》(第 7 版)对决策的解释是，决策、策略或办法。说得通俗一点，决策就是对管理工作带有全局性的、整体性的思考和策划。

科学决策是现代管理的核心，也是取得管理工作成功的关键。

（二）规划

规划是指个人或组织制订的比较全面、长远的发展计划，是对未来整体性、长期性、基本性问题的思考，是关于组织未来发展的行动方案。规划的类型多种多样，例如，国家的"十三五规划"、教育事业发展规划、园林规划、职业规划等。规划与计划是相互联系但又内涵不同的两个概念。计划一般指做某件事情之前所拟定的内容、步骤及措施安排，一般来说，计划的时间较短，侧重于执行与操作层面。而规划则是指组织或个人的长远发展战略，属于指导性层面。计划是规划的延伸与展开，"规划"里包含着若干个"计划"。规划是组织发展的宗旨和目标，具有全局性和战略性。

决策与规划是相互联系的，决策是对发展的全局性策划，规划则是决策的有效载体，是决策的具体化。

二、幼儿园有效决策与管理

（一）传统的幼儿园决策管理存在的问题

中国学校管理带有一定的行政化倾向，幼儿园管理也一样受其影响。所以，在传统的幼儿园决策管理中往往存在主观随意、被动无序的问题，具体表现在以下方面。

1. 以行政命令代替决策

在传统的幼儿园管理中，幼儿园的外部管理更多地受制于主管部门的行政命令，内部管理则受制于园长的个人指令。在这种往往带有很大主观随意性的指挥领导下，幼儿园相对于主管部门是被动的，教职工相对于园长也是被动的。

2. 园内管理无序、无决策

传统的幼儿园管理缺乏团队精神的塑造和良好心理情境的打造，教职工同事之间、教职工与领导之间、教师与家长之间、教师与幼儿之间缺乏应有的沟通与理解，园内人际关系常常呈无序状态。另外，管理中还经常存在岗位职责不明确，工作关系无序的问题。

3. 决策的浪漫化、急躁化

在幼儿园决策中，受决策者的理想色彩和不切实际的主观意愿的影响，做出的决策往往会出现浪漫化现象。同时，决策者还经常出现急功近利的急躁化现象。

(二)幼儿园有效决策的影响因素

1. 外部环境

环境是决策方案产生的载体，也是决策方案得以实现的保障。影响幼儿园有效决策的环境因素包括国家和地方政治、经济和文化发展状况，社区情境，教育的方针政策及发展趋势，社会公众的需求，家长的心理期待，主管部门的指导要求等。

2. 幼儿园园内组织文化

幼儿园园内组织机构、发展历史、园所情境氛围等都在一定程度上影响着决策的内容和决策的科学性。建立一种有利于变化与发展的幼儿园组织文化是有效实施新决策所不可缺少的工作内容。

3. 幼儿园管理的决策者

决策者本身也是影响决策的一个重要因素，例如，决策者的文化水平、性格爱好、管理风格、管理能力、心理素质，以及担当作为意识等。另外，在决策方式上，决策者是独断专行，还是民主集中，也会在一定程度上影响决策的有效性。

4. 决策时间

任何决策都是对时间进行有效的分配。所以，决策者不单纯对要做的事进行部署，还要为做事选择适当的时机，要明确在什么时间做什么事情。

(三)幼儿园有效决策应注意的问题

一是从实际出发，忌只顾眼前，不思长远。幼儿园管理者在决策时首先要考虑本园的实际情况，例如经费问题、师资问题、家长配合问题、社区环境问题等，这是决策的根本出发点。但是，决策也不能单顾眼前，要保持决策的长效性，还必须审时度势，展望未来，具有前瞻意识。

二是把握流程，忌浪漫无序，草率行事。决策的一般流程是：发展问题—确立目标—拟订方案—比较选择—实施方案—监控评价。这一流程虽然不是固定的程式，但是，在具体决策时，幼儿园也要考虑决策过程相关环节的先后顺序，绝不能感情用事，想到哪做到哪。

三是民主集中，忌一厢情愿，独断专行。民主决策已是当代管理普遍认同的一种决策形式。民主决策，一方面有利于提高管理的认同度，另一方面可以有效避免拍脑袋决策的局限性。所以，不论是从管理理论，还是从幼儿园管理实践看，任何独断专行、一厢情愿的决策都与当代社会的民主进程格格不入。

四是"见解为先"，忌议而不决，决而不断。一位好的决策者应先有自己的见解，而不是从收集事实开始；应以互相冲突的意见为基础，而不是从"众口一词"中得来。即便"公说公有理，婆说婆有理"，最后也要形成决议，不能议而不决，决而不断。

五是坚持"正确"原则，忌面面俱到，普适众意。有句广告词说得好，"没有最好，只有更好"。决策中最重要、最困难的地方并不在于做决策本身，而是要确保所做出的决策能真正解决问题。决策的出发点应是"什么是对的"。所以，决策应选择"正确"的方案，而不是选择最能被大家接受的方案。

六是指导认同，忌大而化之，决而不行。决策还需要进行有效的沟通，让别人接受你的决策，如果教职工不接受园领导的决策，那么再好的决策也是无效的。所以，在决策前后，包括在决策过程中，园领导要通过多种形式引导教职工认同并积极贯彻落实幼儿园的决策。像制定规章制度一样，园领导可以引导教职工广泛参与，也可以对决策的重要性进行宣传教育，还可以分部门学习、领会精神后再贯彻落实等，绝不能大而化之、一说了之，或决而不行。

七是结果检验，忌有头无尾，不求实效。决策之后，园领导不仅要将决议付诸行动，还要对决策落实的过程和结果进行检验，发现问题，及时调整，做到有始有终，切忌"会上说说，墙上挂挂"，有头无尾，不求实效。

延伸阅读

决策管理的 31 条经验①

1. 下决策之前必须小心审视每一个方案。

2. 如果发现以前的决策仍旧有效，可以好好利用。

3. 做长期决策时同时将短期选择铭记于心。

---

① 赵凡宇、赵彦锋编著：《管理越简单越好大全集》，382—383 页，北京，企业管理出版社，2010。

4. 改变那些不再适用的决策。

5. 问一下自己，你的决策可能会发生什么错误。

6. 做决策时要考虑所有可能的结果。

7. 可以沿用有效的前例，但若已失败，则应避免使用。

8. 了解决策背后的策略。

9. 衡量决策对所有部属的影响。

10. 永远不要在强大的压力下做决定。

11. 不要拖延一个重要的决策，而应迅速地下决定。

12. 如果在你决策时遇到困难，试着改变一下观点。

13. 要明了谁会受到决策影响。

14. 避免因为有人在等待这个决定，而草率地做出重要决策。

15. 作决策时，尽量让你所需要的人都参与。

16. 如果你已经要求大家提意见，就要准备接受他们的意见。

17. 尽可能从不同角度考虑决策。

18. 如果决策无法发挥作用，则需要重新审查。

19. 激发想法时不要太有章法，但进一步发展这些想法就要有系统。

20. 以赞美而不是责难鼓励大家说出新的想法。

21. 在脑力激荡的过程中，要将一切情绪置于一旁。

22. 要设定取得信息的时间表。

23. 指派最聪明的人去收集信息。

24. 不要把资料源遗失，也许以后还会用到。

25. 定期研究市场，对结果采取行动。

26. 随时注意对手的举动。

27. 了解游戏规则，将它变成你的优势。

28. 将你决策之前所有恐惧写在纸上，然后将其丢进垃圾桶。

29. 预测前要质疑每一个假设，然后再检查一次。

30. 将你所做的交易列出一张清单。

31. 做好准备以应对意外事件的发生。

三、幼儿园发展规划与管理

（一）幼儿园发展规划及其意义

幼儿园发展规划是指幼儿园根据国家有关学前教育的方针政策制订的幼儿园全面、长远的部署和安排，是幼儿园未来整体性、基本性问题的行动方案，时间一般为 3～5 年。

幼儿园发展规划是幼儿园决策的具体化，制定并落实幼儿园发展规划对幼儿园的发展具有十分重要的意义。首先，有利于幼儿园摸清家底，前瞻未来，明确幼儿园的发展方向。制定幼儿园发展规划必须明确幼儿园本身的历史和现状，明确幼儿园的发展目标，厘清发展思路，预测几年后的发展结果。这一环节实际上就是幼儿园自身摸清家底，并在此基础上树立长远发展目标的过程。其次，有利于确立幼儿园的行动纲领，给教职工树立一个发展愿景。幼儿园发展规划是给教职工就全园或幼儿园的某一方面明确一个发展的愿景，有利于统一教职工的思想和努力方向，把全体人员的力量聚集到愿景的实现上，让大家心往一处想，劲往一处使，齐心协力促成目标的达成。最后，有利于促进办园质量和幼儿园管理工作水平的提升，保障幼儿园的生存与发展。幼儿园工作规划给幼儿园的发展列出一张日程表，幼儿园教职工围绕这一日程表再去细化工作，分步实施，反馈评价，一方面，可以在规划实施、检查指导、反馈评价中不断提升幼儿园管理者的管理水平；另一方面，可以通过分步落实工作部署，促进目标的达成，从而提升办园质量，在更大程度上促进幼儿园的进一步发展。

（二）幼儿园规划的基本类型

幼儿园发展规划根据不同的划分标准可以有不同的类型。

①从规划的范围来看，幼儿园的发展规划可以分为国家或地方教育主管部门有关幼儿园发展布局的规划、幼儿园内的整体发展规划及相关部门的发展规划。

②从时间来看，有长期发展规划(10 年以上)、中期发展规划(3～5 年)和短期发展规划(1～2 年)。

③从规划的性质来看，有园本课程建设规划、教科研工作规划、师资队伍建设规划等。

④从教师发展角度来看，有幼儿园全体教师的发展规划和教师个人的发展规划。

(三)幼儿园规划的基本内容结构

幼儿园发展规划的拟定要符合基本规范，从发展规划的内容构成来看，一般包括以下几个方面。

1. 规划主题

主题部分应明确幼儿园名称(单位)、规划领域界定，例如，某幼儿园园本课程建设规划。规划主题必须明确，主题越明确，对幼儿园发展目标的实现行为越清晰。

2. 时间界定

幼儿园的发展规划一般为3～5年，如果是长期发展规划则要在10年以上。规划就是时间的有效分配，所以，管理者在拟定规划时必须将时间范围界定清楚。一般情况是规划的时间写法要单列一行，写在标题下面的括号内，例如，"(2020～2025)"。

3. 幼儿园现状分析

这部分一般包括学前教育发展的形势背景，幼儿园的历史和办园传统，幼儿园现有发展条件和特色优势，幼儿园发展面临的问题及其原因分析。

4. 办园理念和指导思想

这部分一般可以套用一些说法，如以党的教育方针政策、国内外先进的学前教育理论、《幼儿园工作规程》及《幼儿园教育指导纲要(试行)》等为指导，坚持以"幼儿为本"的教育思想和"保教并重"的幼教发展理念，全面贯彻落实"××省学前教育三年行动计划方案"，全面实施幼儿素质教育，为培养全面发展的幼儿做出积极的贡献，等等。

5. 发展目标及其定位

发展目标是规划的核心。幼儿园的发展目标是指幼儿园在规划时间内的总体目标、阶段性目标或某一领域的目标。对幼儿园发展的定位要从幼儿园的实际出发，从幼儿的培养目标和幼儿园的发展目标两方面考虑，充分考虑目标的可行性、可操作性、可测性和可评性。

6. 发展思路

在幼儿园规划目标确定之后，就要明确其实施路径和具体步骤，即发展思路。

这一部分要说明在规定时间段内的重点工作及要达到的阶段性目标。

7. 措施保障

为保证规划目标的有效实现，幼儿园必须借助一定的措施和必要的保障。一般来说，规划的措施保障主要包括组织保障、队伍保障、条件保障和制度保障四个方面。其中，组织保障主要指成立相关领导组织，形成有效的运行机制。队伍保障主要指组建规划相关的教师队伍或调动规划实施相关人员的积极主动性，或加强计划相关的工作人员的教育培训等。条件保障主要指园内外相关的设施设备保障及经费的投入等。制度保障主要指为保证规划的贯彻落实而制定的相关管理规定、激励机制和监控评价系统等。

(四)制定和实施幼儿园发展规划应注意的问题

1. 主题明确定位清楚，避免模棱两可

上文提到，要制定幼儿园发展规划，首先主题的表述要明确，界定清楚是全园的发展规划，还是某一方面的具体工作规划。另外，目标定位要说清楚幼儿园的发展目标和幼儿的成长目标，同时还要从幼儿园的实际出发，定位不能太高也不能太低。一定要避免主题表述不明确，目标定位思路不清晰的问题。

2. 内容实在系统客观，避免空喊口号

幼儿园发展规划从结构上看涉及上述七个方面，从幼儿园的发展来看，涉及幼儿及幼儿园的过去、现在和将来；从具体工作看，该规划涉及幼儿园工作的方方面面；从参与人员看，规划涉及园内的领导、教职工，以及园外的家长和社区领导，等等。应该说，规划是一项系统工程，关系到幼儿园的发展方向和发展未来，所以，内容一定要实实在在，全面、系统、客观地提出幼儿园发展的总体目标和分解目标，以及相应的措施要求，既不能写成工作汇报，也不能像写论文似的只有抽象的概念，空喊口号。

3. 语言表达简练明确，避免拖泥带水

规划要抓住重点问题，以通俗易懂的语言简练、明确地表述出来，让人看了之后一目了然。此外，为了增强表述的直观性，还可以借助于数字、图片、表格等形式，介绍基本情况，提出目标要求。但是，一定要注意避免拖泥带水，避免繁复啰唆。

4. 审慎操作程序规范，避免流程混乱

一项科学完整的规划，从动议到实施要经过若干个环节，比如制定规划，首先，要明确规划的任务，进行深入的调查研究，收集相关的信息资料。其次，要确定规划主题和整体结构框架，拟定规划草案并修改形成规划方案。最后，组织专家论证和主管部门审批。接下来就是组织实施。在实施环节还要检查、反馈方案，把握进程，了解落实成效。所以，规划的制定不是突发奇想、一蹴而就的简单工作，必须依程序审慎操作，避免流程上无序混乱。

5. 协调关系整合资源，避免各自为政

幼儿园发展规划的实施涉及幼儿园的各项工作、各类资源，要保证规划目标的达成，幼儿园管理者必须做好耐心细致的协调工作，动员园内外一切可以利用的积极因素，整合相关资源，聚焦目标愿景，群策群力，否则，人心涣散，各自为政，规划目标则难以实现。

四、幼儿园的经营模式和发展趋势

（一）当代幼儿园的经营模式

1. 公立园与普惠园

我国最早的官办学前教育机构是清政府 1903 年在湖北武昌创立的"蒙养院"，当时与蒙养院并存的还有一些教会创办的私立幼儿园。也就是说，幼儿园教育在中国正式出现的时候就有公立和民办两种形式。新中国成立以后，尽管幼儿教育没有得到应有的发展和重视，但是，其主要办学还是以公立为主。改革开放以后，民办幼儿园渐渐兴起，到目前为止，已经形成了公立幼儿园和私立幼儿园各占半壁江山的局面。

①公立幼儿园。众所周知，公立幼儿园是目前普遍存在的由政府投入创建经营、政府管理的幼儿园。

②普惠制幼儿园。普惠园是近年来国家为了解决"入园难、入园贵"问题，对民办园进行的一种改制形式，是一种带有公益性的幼儿园。它由政府出资补助，由政府制定收费标准，取消入园费、赞助费等收费项目，以均衡教育资源。

📚 延伸阅读

"公建民营零租金"幼儿园 ①

长期以来，由于缺少政策的"惠顾"，合肥民办学前教育呈现两极分化的趋势，其中不少民办幼儿园的生存状况并不乐观。与此同时，幼儿园"入园难、入园贵"的问题也很突出。数量有限的公办园把不少孩子挡在了门外，民办园成了公办教育不可或缺的重要补充。如何实现公办园与民办园的共存共赢，发挥好学前教育的积极作用？合肥市探索"公建民营零租金"的模式发展学前教育，向社会公开招标，吸引社会力量举办幼儿园。

2012年8月，合肥市教育局出台了《合肥市公建民营普惠性幼儿园举办者招标投标管理办法》，对公建幼儿园实行"管办分离"管理模式。公建幼儿园可以引进民间资本办园，由教育主管部门面向社会公开招标，择优确定办园者，但必须办成普惠性民办幼儿园。合肥市规定，单位投标人应当具备法人资格，具有学前教育办学经验，注册资金不少于人民币100万元，近3年内无违法违规记录，没有未参加年检和年检不合格的情况。个人投标人应当具有为办园提供必要经费的经济能力，品行良好，无违法犯罪记录。从事学前教育工作3年以上，年龄不超过65周岁。

对于办园后的监管，合肥市规定，如果举办者信守承办合同，取得良好社会信誉，承办合同期满后如教育主管部门继续通过招标程序确定举办者，在同等条件下优先确定为中标人。但如果举办者不履行招标文件和承办合同，由教育主管部门责令改正，情节严重的，教育主管部门有权解除合同，收回幼儿园的国有资产。因举办者或幼儿园使用管理不善，或者擅自拆除、改建园舍，设施造成损失的，由举办者负责赔偿。祥园幼儿园采取"公建民营零租金"办园模式，政府将幼儿园建好后交给中标者管理经营，仅"零租金"一项，祥园幼儿园一年就能减少至少50万元的办园成本。同时，基于普惠性幼儿园的扶持政策，祥园幼儿园还能享受公共财政每年每生700元的补助。因此，在这里入园的幼儿，一学期只交1330元，而周边一些民办园一学期要收3000多元保教费。

---

① 张学军：《合肥探索"公建民营零租金"模式发展学前教育》，载《教育导刊（下半月）》，2013(4)。

2. 营利性幼儿园和非营利性幼儿园

2017年开始，中国将民办幼儿园分为营利性幼儿园和非营利性幼儿园两大类，重新登记，分类管理。选择登记为非营利性幼儿园的，修改幼儿园章程，履行新的办园手续，继续办学。选择登记为营利性幼儿园的，在依法依规进行财务清算、财产权属确认、缴纳相关税费等程序后，办理新的办学许可证，重新登记，继续办学。国家只是在税费优惠、用地、收费等方面，将对非营利性和营利性民办幼儿园实行差别化扶持政策。

(1)营利性幼儿园

所谓营利性幼儿园是指幼儿园举办者可以拿走办园收益，并按举办者的意图或《中华人民共和国公司法》的相关规定处理。根据《中华人民共和国民办教育促进法》第三十八条规定："营利性民办学校的收费标准，实行市场调节，由学校自主决定。"

(2)非营利性幼儿园

所谓非营利性幼儿园是指，幼儿园办园收益只能用于再办园，不能收归他用。《中华人民共和国民办教育促进法》第三十八条规定："非营利性民办学校收费的具体办法，由省、自治区、直辖市人民政府制定。"

3. 加盟连锁幼儿园

连锁经营是指通过资源的优化配置，市场主体自动将流通过程中的要素进行统一分配管理，达到降低成本、规范化管理的目的。类似于企业连锁经营的模式，连锁经营幼儿园是指由三个以上幼儿园组成，在外部条件宽松、内部资金充足、人才培养需求、品牌差异显著、文化提升的条件下，形成的一种连锁发展的形式。连锁经营幼儿园一般要有统一的管理制度、统一的公共关系、统一的园所文化、统一的实践培训和统一的收费标准。连锁经营的幼儿园的基本特征是科学化、专业化、简约化、集中化、规范化、标准化。其发展优势是具有采购、仓储、配送、品牌宣传和公关的规模优势，以及开发研究和教育培训的优势。加盟连锁幼儿园发展到一定的规模就形成了某种意义上的幼教集团。

4. 一站式全龄幼教

全龄观是一种代际间共同生活的、自然的、常态的发展理念。这里所说的全龄单指0~6岁幼儿。从幼儿园的发展来看，目前已经出现由单纯的3~6岁适龄幼儿向0～6岁的幼儿全年龄段转变，即将以前传统的托儿所和幼儿园两个阶段的教育合二为一，形成了一站式的全龄幼教或混龄班教育形式。

5. 幼教集团和"社区＋"幼儿园

(1)幼儿园集团化

幼儿园集团化是指几个幼儿园联合在一起抱团发展。集团的形式除了上述私立幼儿园之间的连锁加盟形式之外，还可以是政府或政府委托幼教师资培养学校将某一辖区内的公立园组团发展，也可以是某一两个优质公立园牵头，辐射、引领农村园、新建园或普惠性民办园共同发展。其具体操作办法主要是，通过先进的理念、优质的资源、创新的方法和研究成果分享，推动集团内各园规范的办园行为，提高管理水平和队伍素质，促进集团内幼儿教育健康、均衡、优质发展。

(2)"社区＋"幼儿园

"社区＋"幼儿园是指以社区教育实践基地为平台，把社区中的各项资源与幼儿园教育进行有效整合和有机联系，从而建立起幼儿园与社区深度互动的教育生态。"社区＋"幼儿园的发展模式可以为幼儿提供更为适宜的发展环境，在一定程度上促进幼儿园的内涵发展与社区的文化建设。这一发展模式的内容主要集中在幼儿园课程改革、师资队伍建设，以及园所管理等方面，它突破了传统幼儿园与社区合作的单一性和机械性，通过两者的积极互动来实现全社会参与幼儿教育的目的。

(二)未来幼儿园的发展趋势

随着社会的发展，社会公众对幼儿教育的质量要求越来越高，新技术手段也将推动幼儿园本身不断变革。因此，幼儿园也必将随着形势的发展，在经营模式、内涵提升、师资形象塑造等方面适时而动，顺势而为。有人认为，未来幼儿园将呈现七大发展趋势：①急需大量的高素质幼师；②拒绝同质，特色发展是灵魂；③整合发展是必经之路；④学前教育＋互联网思维很重要；⑤优质资源获取成本降低；⑥幼教弱化雇用，合伙人模式兴起；⑦品牌意识很重要。

🎯 本节小结

1. 决策就是对管理工作带有全局性的、整体性的思考和策划。科学决策是现代管理的核心，也是取得管理工作成功的关键。规划是组织发展的宗旨和目标，具有全局性和战略性。决策与规划是相互联系的，决策是对发展的全局性策划，规划则是决策的有效载体，是决策的具体化。

2. 幼儿园有效决策的影响因素主要有外部环境、幼儿园园内组织文化、幼儿园管理的决策者和决策时间等。传统的幼儿园决策管理中往往存在主观随意、被动无序问题。

3. 幼儿园有效决策应注意的问题主要有：①从实际出发，忌只顾眼前，不思长远；②把握流程，忌浪漫无序，草率行事；③民主集中，忌一厢情愿，独断专行；④"见解为先"，忌议而不决，决而不断；⑤坚持"正确"原则，忌面面俱到，普适众意；⑥指导认同，忌大而化之，决而不行；⑦结果检验，忌有头无尾，不求实效。

4. 幼儿园发展规划是指幼儿园根据国家有关学前教育的方针政策制定的幼儿园全面、长远的部署和安排，是幼儿园未来整体性、基本性问题的行动方案。制定并落实幼儿园发展规划不仅有利于幼儿园摸清家底，前瞻未来，明确幼儿园的发展方向；有利于确立幼儿园的行动纲领，给教职工树立一个发展愿景；还有利于促进办园质量和幼儿园管理工作水平的提升，保障幼儿园的生存与发展。

5. 幼儿园发展规划根据不同的划分标准可以有不同的类型。从发展规划的基本内容构成看，一般包括规划主题、时间界定、幼儿园现状分析、办园理念和指导思想、发展目标及其定位、发展思路和措施保障。

6. 制定和实施幼儿园发展规划应注意：主题明确定位清楚，避免模棱两可；内容实在系统客观，避免空喊口号；语言表达简练明确，避免拖泥带水；审慎操作程序规范，避免流程混乱；协调关系整合资源，避免各自为政。

7. 当代幼儿园有多种经营模式，未来幼儿园也将随着社会的变革而呈现明显的时代发展趋势。

思考与练习

1. 影响幼儿园决策的因素有哪些？你认为做好幼儿园决策应注意哪些问题？

2. 你认为未来幼儿园的发展趋势如何？

第二节　幼儿园的评价 //

幼儿园的发展水平和保教质量一直都是政府和教育主管部门重点关注的重要工作。2018 年 11 月，《中共中央 国务院关于学前教育深化改革规范发展的若干意见》指出："国家制定幼儿园保教质量评估指南，各省(自治区、直辖市)完善幼儿园质量评估标准，健全分级分类评估体系，建立一支立足实践、熟悉业务的专业化质量评估队伍，将各类幼儿园全部纳入质量评估范畴，定期向社会公布评估结果。"幼儿园在发展过程中，不仅要接受政府和教育主管部门的评价，还要做好园内自我评价。

一、幼儿园评价的含义

评价是指评价者根据评价标准对评价对象的各个方面进行量化和非量化的测量过程，最终得出一个可靠的并且合乎逻辑的结论。评估通常是对某一事物的价值或状态进行定性、定量的分析说明和评价的过程。评价与评估既有区别也有联系。

幼儿园评价是指依据一定的标准对幼儿园发展状况或某类人员的发展水平、程度做出的价值评判。幼儿园评价可以是主管部门对幼儿园整体发展状况及其相关要素的评价，如省级一类幼儿园评估、幼儿园保教质量评价、幼儿园安全工作评价等。就幼儿园内部来说，幼儿园发展评价还可以是幼儿园的自我发展评价，如园内保教质量评价、后勤膳食管理评价、教师专业发展评价、幼儿成长的评价等。

二、幼儿园评价的作用

教育评价是幼儿园教育工作的重要组成部分，《幼儿园教育指导纲要(试行)》指出，幼儿园评价"是了解教育的适宜性、有效性，调整和改进工作，促进每一个幼儿发展，提高教育质量的必要手段"。幼儿园评价的作用主要表现在以下几个方面。

(一)了解幼儿园情况，找出发展差距

幼儿园评价的出发点是了解情况，解决问题。评价的实施，有利于主管部门和幼儿园了解幼儿整体素质的状况、教师专业发展水平、现有办园条件，以及相关工作的推进成效，找出幼儿园发展过程中存在的不合理因素，发现问题和漏洞，以便

及时调整改进，推动各项工作再上新台阶。

(二)引导工作方向，明确发展目标

不论是主管部门对幼儿园的评价，还是幼儿园自身内部的工作推进、教师专业发展或幼儿发展评价，都要依据一定的标准进行评判。这种评判标准既是衡量指标，也是发展要求和努力方向。所以，评价可以有效引导幼儿园对照标准制定发展措施，或对照标准找差距，调整改进工作，从而保证幼儿园培养目标的有效达成。

(三)激发动力，提高工作成效

评价催生行动，评价激发动力。幼儿园接受主管部门的评价或幼儿园自身内部的评价，都要对相关工作质量或人员水平、发展程度做出好坏优劣的评判，甚至要定等级，排名次，有时会有一定的物质或精神奖励，或给予相应的惩罚。这一过程实际上就是激发动力、调动积极性的过程。因此，科学合理的评价有利于增强幼儿园教职工或幼儿的自我发展动力，提高工作成效。

(四)促进教师成长，提高管理水平

幼儿园评价既是对幼儿园和教师工作的指导，也是对相关工作和发展方向的引领。这些评价，有利于幼儿园践行先进理念，规范幼儿园的办学行为，健全规章制度，改进管理方法，提高管理水平。同时，这些评价，还可以促进教师学习、了解国家的幼教方针政策，明确自身的职业发展方向，激发教改热情，不断促进教师专业成长。

三、幼儿园评价的类型

幼儿园评价的类型与一般评价一样，根据不同的分类标准有不同的类型。

①按评价的主体分，有自我评价和他人评价两大类。

自我评价是指评价的对象同时也是评价的主体，有时也叫作内部评价。这种评价主要是被评价者进行自我反思，发现问题，找出差距并及时改进。自我评价包括幼儿园自我评价、教师自我评价等。

他人评价也叫作外部评价，是指被评价者之外其他相关人员对被评价者的评价。这种评价包括主管部门对幼儿园的评价、家长参与评价，或其他第三方对幼儿园或教师的评价等。

②按评价的功能和运行时间分,有诊断性评价、形成性评价和总结性评价三种。

诊断性评价是指在活动开始之前进行的为了解情况而进行的评价,常见的有摸底考试、幼儿入园前的测试等。形成性评价又称过程评价,是在事物发展过程中进行的带有反馈调节性的评价,如随堂测验等。总结性评价又称为终结性评价,是在完成某个阶段工作之后为了解目标达成程度而进行的评价,如期末考试、毕业考试、课题结题验收等。

③按评价标准参照体系分,有相对评价、绝对评价和个体内差异评价三种。

相对评价又称常模参照评价,是指在某一类评价对象中选取一个或几个作为基准,将评价对象与基准相对照而进行的评价,如教育招生考试等。绝对评价又称为标准参照评价,是指按固定的标准作为参照而进行的评价,如健康测试等。个体内差异评价是将个体的过去与现在相比较而进行的评价,例如,幼儿在刚入园时的语言、亲社会行为与到大班时的相应发展水平的比较性评价等。

④按评价的方法分,有定性评价和定量评价两种。

定性评价是指对幼儿园或幼儿发展状况进行定性的语言描述,例如,教师的专业水平较高,"这孩子真听话"等。

定量评价是指依据一定的标准对事物进行量化,在数量分析和比较中评判界定的评价,例如,身高170厘米,语文考试得95分等。

四、幼儿园评价的内容体系

幼儿园评价的内容从大到小可以归纳为以下几个方面。

(一)幼儿园整体发展评价

幼儿园整体发展评价可以是教育行政主管部门对幼儿园的评价,也可以是幼儿园自身的一种诊断性评价。其内容包括幼儿园发展涉及的方方面面,例如,幼儿园的办园指导思想、机构设置、规章制度、课程内容、领导班子、与家庭和社区的合作、保教研工作、卫生保健工作、后勤总务工作、幼儿发展状况等。对幼儿园整体发展评价一般在合并验收、升级评估等情况下进行,目的是对幼儿园的整体情况做出全面的评判,以确定幼儿园发展水平的高低。

(二)幼儿园某一项工作的评价

幼儿园某一项工作的评价是指对幼儿园的某一项工作实务进行评价,如幼儿园的保教工作评价、后勤工作评价、卫生保健工作评价等。例如，安徽省黄山市在"黄山市公办幼儿园评估指标体系""保教工作"的二级指标"安全工作"中，从"房屋、设备等有安全防护设施、安全检查制度、教职工和幼儿的安全教育"等方面制定了详细的三级指标评价体系，要求幼儿园各班所有设施、物品及布置符合安全要求；教育活动场所、设备、材料、教玩具均能确保安全，无安全隐患；配备消防设施、设备，符合消防安全规定；校车及司乘人员符合相关部门规定。同时，认真执行安全检查制度，每周进行安全检查，及时采取相应的防护措施，消除安全隐患，有检查原始记录；近三年内无安全事故。另外，重视对教职工和幼儿的安全教育；采取讲座、宣传栏、演习等生动活泼的形式帮助幼儿掌握一些自我防护的知识与方法，培养幼儿的自我防护意识和能力；对于一日活动的各个环节，应事先向幼儿交代具体的针对性安全要求，并做好相关准备工作。评估采取实地查看、查阅资料、与幼儿交谈等形式进行。

（三）幼儿园人员的评价

从对幼儿园工作的促进和幼儿园自身发展的反馈调整来看，幼儿园从园领导到一般工作人员，再到幼儿都是评价的对象，都应该接受某种程度的考核或测评。

1. 幼儿园管理人员的评价

幼儿园的管理人员包括园长、中层领导和后勤某些管理岗位的人员。狭义上的幼儿园管理人员一般指园长、副园长和保教主任、中层领导等。对幼儿园管理人员的评价内容应该包括岗位职责、学历资质、政治思想、职业道德、工作能力、业绩成效等。像目前国家对领导干部的考核标准一样，实际上评价幼儿园管理人员也要按"德、能、勤、绩、廉"的标准去考评。对幼儿园管理人员的评价，可以采取查阅资质证书和工作记录等材料、座谈调查、询问家长和教师等方法进行。

2. 幼儿园教师的评价

对幼儿园教师的评价是幼儿园人员评价中最重要也是最经常的评价。其评价内容也最多，除了常规的学历资质、政治思想、职业道德等考评外，还要重点考评其常规工作的开展情况、游戏活动的组织成效、玩教具的使用与制作技能、普通话和音舞美等教学基本功、掌握和使用现代信息技术手段的熟练程度、家长工作，以及继续教育培训等。对教师的评价可以通过查看业务档案、听课、调查、考试，甚至演讲等形式进行。

3. 幼儿园总务后勤人员的评价

总务后勤人员复杂，不同岗位的考评标准不一样。所以，评价后勤人员既要求有统一的思想觉悟和职业道德要求，同时还要针对不同岗位制定不同的评价标准，做到有针对性的评价。关于评价方法，可以采取问卷或座谈调查法、工作记录查验法、实地察看法和询问法等。

4. 幼儿的发展评价

幼儿发展评价是教师对幼儿成长状况的评判，其评价目的是了解幼儿的发展需要，以便提供更加适宜的帮助和指导。幼儿发展评价的内容应包括幼儿的体质动作、同伴关系、兴趣情感、生活自理能力、卫生和行为习惯等。《幼儿园教育指导纲要(试行)》指出，对幼儿的发展评价应当"在日常活动与教育教学过程中采用自然的方法进行"。教师平时观察所获得的具有典型意义的幼儿行为表现和所积累的各种作品等，都是评价的重要依据。在评价要求上，要全面了解幼儿的发展状况，防止出现只重知识技能轻社会情感的片面倾向，同时还要关注幼儿的个体差异，用发展的眼光看待幼儿。

五、幼儿园评价的组织与实施

评价是一项敏感而又细致的工作，要使评价工作顺利开展并取得应有的成效，幼儿园必须认真做好评价工作的组织和实施。

(一)明确目的，端正评价思想

幼儿园评价主要是为了了解情况，发现问题，及时调整改进，促进幼儿园各项工作和有关人员的持续发展和进步。不能为了评价而评价，不能通过评价把幼儿园、教师或幼儿分等级排名、界定好坏，不能借评价分快慢班实施有差别的教育，更不能借助评价去恐吓压人，打击报复。从大的方面看，幼儿园的一切评价都是为了实现幼儿园的培养目标，促进幼儿身心全面发展。这是一条最根本的指导思想，应该贯串整个评价过程。

(二)分步实施，建立科学评价标准

评价是一个操作过程。实施幼儿园评价一般要经过确定评价对象、制定评价标

准、决定评价情境、实施具体评价、公布和使用评价结果等环节。同时，实施评价，最关键的是制定评价标准。评价人员要根据幼儿园或园内的不同评价对象，制定适宜的评价标准，全面考量，细化指标，尽可能地实现评价标准的针对性和科学化。

(三)民主参与，积极引导自我评价

《幼儿园教育指导纲要(试行)》指出，评价的过程是"教师运用专业知识审视教育实践，发现、分析、研究、解决问题的过程"，也是其自我成长的重要途径。幼儿园教育工作评价实行"以教师自评为主，园长以及有关管理人员、其他教师和家长等参与评价的制度"。幼儿园评价要充分调动教师、家长，甚至社会各方面的积极因素，广泛参与，特别是让教师积极主动地参与评价，自我反思，获取更多的信息反馈，以便教师更好地改进工作，最大限度地提高自身专业发展水平和保教工作质量。当然，幼儿园内的自我评价不光是教师自我评价，幼儿园领导、后勤总务人员、家长，甚至幼儿都要树立自我评价的意识，通过自我评价，自我改进，自我发展。

延伸阅读

提升幼儿教师自我发展评价能力的运行设计[①]

一、设计背景

"发展性教师评价制度以促进教师的专业发展为目的，在没有奖惩的条件下，通过实施教师评价，达到教师与学校共同发展，个人与组织共同发展的双赢目的"，这是华东师范大学王斌华教授对"发展性教师评价制度"的概念界定。

在这一概念的影响下，湖南省新晃县幼儿园试图提高教师自我发展的评价能力，不断激发教师主动学习、自我进取的动机，促进教师专业的自主发展。于是我们重新审视园内的教研活动的现状，发现在全国学前教育课改背景下的教研活动形式多样，而教师在"教研"的过程中提升自我发展评价的认识与能力都不够，教师的评价来自他评得多，因此教师的专业自主发展显得被动。为此我们积极寻找"教研"与"评价"的链接，提升教师自我发展评价的能力，有效激发教师主动学习、自我进取的动机，从而获得专业的自主发展。

基于以上情况分析，湖南省新晃县幼儿园教研组以"一课三研"的形式，加强教

---

① 李奕：《提升幼儿教师自我发展评价能力的运行设计》，载《当代教育论坛(管理研究)》，2010(4)，引用时有改动。

师"教研"的质量,通过"一课"引发"三研",寻找在"教研"的过程中提升教师自我评价能力的链接,帮助教师建立与提升自我发展的意识与能力[如教师自我评价《幼儿园教育指导纲要(试行)》(以下简称新《纲要》)指导下新教材的专业能力等],不断胜任日益发展的教师岗位要求,适应教育教学发展需要,促进幼儿发展,取得幼儿园与教师共同发展的双赢结果。

二、设计目的

为了在"教研"中发展教师的"评价能力",在"评价"中提升"教研质量",随着幼儿园课改的不断深入,我们力图通过教研组"一课三研"体现教研的价值,追随教研的"平实与有效"。教研的"平实"指教研组立足园本教研,确立教研专题,每一个教师在"一课三研"中大胆展示自己原有的教育水平,经历一次"研"的过程;教研"有效"指教师在"三研"中,通过自我发展评价,在原有的基础上提升了专业化水平。

三、设计创意

幼儿园与教研组"一课三研"活动链接教师自我发展评价能力的提升。

链接方法有两点:其一,教师围绕新《纲要》指导下新课程主体背景中的一个重要素材的"点",确定一课,组内三位教师分别独立设计教育方案;其二,根据教学活动方案,教师共同选择"三研"的内容,注重现场教学实践的研讨,在观摩与交流的研讨过程中提升教师的自我发展评价能力,在互动中形成教研组学习共同体。

四、实施步骤及操作要点

1."一课"中培育教师自我发展评价的意识

(1)操作要点

以新课程教材为背景,教研组确定"一课"。教师需要了解"一课"的含义,即"一课"是指教研组围绕新课程的"学习"活动中的"一级主题",并根据教参为不同年龄幼儿提供"二级主题"中的一个活动点,三位教师共同研究教学内容。

(2)实施步骤

我们以中班教研组"一课"的案例来说明。中班教研组"一课三研"中的一课,选择了"学习"教参中一级主题"我自己"所包含的二级主题"我们的身体"中的一个素材"点"——"会动的身体",作为共同研究的内容,三位教师根据自己对新教材的理解,独立设计教学活动的方案,并进行教学现场的实践研讨,例如:

教师甲的"一课":以幼儿会动的身体为背景发展幼儿的数数能力。

教师乙的"一课"：以环境创造为主要策略，使幼儿的身体在教师所创设的环境中充分地动起来，发展幼儿的自控能力与自我保护能力。

教师丙的"一课"：以会动的身体发展幼儿的节奏感。

以上例子说明，"一课"即大家共同选择主题中的一个素材"点"，教师以此为基点开展活动的设计研究，设计的过程就是培育教师自我发展性评价的过程。因为每一个教师以同样的素材，根据自己的水平进行教学活动设计，反映出教师诸多的不同，如教师对班级幼儿发展情况了解的水平不同，对教材的理解不同，因而所制订的幼儿发展的目标也不同，实施的教学策略更不同，等等。

实践证明，这些"不同"在一定程度上反映了教师之间专业化水平的差异，反映了一名教师自我发展性评价的基础，而提升教师的自我发展性评价的能力，需要了解教师的真实水平与"差异"的体现，需要教师的真正"自我""表现"，"一课"给教师自我发展评价打下了基础，体现了教研的"平实"，同时培育了教师自我发展评价的意识。

2. 在"三研"中培育教师自我发展评价的能力

一是根据幼儿园教研组人员组成的特点，即一个教研组三个同龄班共三位教师，需围绕"一课"进行三人次的教学实践研讨，人人参与，加强"研"的有效性，在有效性中体现教师自我发展评价能力的提升，同时转变教研活动中易出现教师常以个人特长的发挥替代或体现教研组发展研究水平，忽略教师整体性实施新课程专业水平的现象。

二是"一课"的三个要点的确立，反映教学活动中教师在专业发展上的不足与难点，这由教研组成员自己确定，意味着教师必须以教研组团队的形式，共同进行自我发展评价。

五、效果评估

"一课三研"的成果在于教师通过自我发展评价，在与教研组的互动交流中，积累了一份"有价值"的新课程教学活动的方案，三名教师的"一课三研"，积累了三份实施新课程教学活动方案，从实际出发提升了教师实施新教材的教学水平，教师在自己原有的基础上有了一定的提高，这正是湖南省新晃县幼儿园教研教改中倡导的教师主动学习、自我进取的激励机制所产生的效果。

在教研组"一课三研"活动中，我们不断尝试与探索培育教师的自我发展评价的意识与能力。"一课三研"的整个过程是"研"的过程，为教师搭建了一个激励专业发展、互动共进的平台，"一课三研"是能不断满足不同层次教师的专业发展需要的机制，它需要教师不断进行自我发展评价而达到自主发展，与此同时达到教师与幼儿的共同发展。

幼儿园教师的自主发展意味着一种专业的自觉，一种责任的归属。教师自主发展需要幼儿园与教师形成一种互动、一种默契、一种合力。我们将继续探索"一课三研"的教研模式，形成教师"一课三研"的专辑，提升教师的自我发展评价的意识与能力，求真求实地做好师资队伍的培养工作。

(四)总结报告，及时反馈评价结果

评价结束，评价小组或其他相关评价人员应对评价工作进行总结，有时还要撰写评价报告，形成评价结论。对于评价的结论，评价者要注意以下几方面的问题：

①结论要客观、公平，不能掺杂个人情感，甚至弄虚作假。

②对评价的结论，既要看现在，又要看过去，还要看发展的速度和潜能；既要用发展的眼光看结论，又要及时反馈评价结果。通过评价结果的反馈，管理者一方面可以满足被评价人员急于知晓的心理，另一方面还可以及时了解被评价者对评价结果的看法和接受程度。

③要有中肯合理的意见和建议。评价结论不只是界定结果，或分级分等，为了真正发挥评价的作用，实现评价目的，在评价结束后，评价者还要给被评价者提出中肯、令人信服、有建设性的意见和建议。

本节小结

1. 幼儿园评价是指依据一定的标准对幼儿园发展状况或某类人员发展水平、程度做出的价值评判。做好幼儿园评价工作有利于了解幼儿园情况，找出发展差距；引导工作方向，明确发展目标；激发动力，提高工作成效；促进教师成长，提高管理水平。

2. 根据不同的分类标准，幼儿园评价也有不同类型。按评价的主体分，有自我评价和他人评价两大类；按评价的功能和运行时间分，有诊断性评价、形成性评价和总结性评价三种；按评价标准参照体系分，有相对评价、绝对评价和个体内差异评价三种；按评价的方法分，有定性评价和定量评价两种。

3. 幼儿园评价的内容从大到小可以归纳为幼儿园整体发展评价、幼儿园某一项工作的评价、幼儿园人员的评价三个方面。

4. 组织与实施幼儿园评价要做到：明确目的，端正评价思想；分步实施，建立科学评价标准；民主参与，积极引导自我评价；总结报告，及时反馈评价结果。

思考与练习

1. 什么是幼儿园评价？幼儿园评价有何作用？

2. 幼儿园评价有哪些类型？幼儿园评价的内容体系如何？

3. 你认为做好幼儿园评价应注意哪些问题？

CHAPTER7

第七章
幼儿教育
政策法规

管理小故事

高祖的感慨①

《汉书》卷一记载：刘邦刚当皇帝，不晓礼仪，大臣在朝拜时往往互相争功，饮酒狂呼，甚至拔剑相向，对此刘邦十分担忧。叔孙通建议刘邦让他征召儒生，研究古代礼仪，商定当今朝会制度。刘邦半信半疑，就下令试试看。于是叔孙通召集鲁地儒生、弟子和部分近臣，到野外演习礼仪。

一月后刘邦认为可行，下令群臣练习。公元前200年，长乐宫建成，诸侯和大臣们进行十月朝拜。在朝拜过程中，凡是不按规定做的就带走治罪，整个朝拜过程中都摆有酒肉，但是没有一个敢喧哗无礼的。汉高祖十分高兴地说："我乃今日知为皇帝之贵也。"

【分析】俗话说：没有规矩不成方圆。一个没有制度、没有纪律的团队事实上就等于一个没有绩效、没有生产力的队伍。一个单位如果没有好的工作习气，一定是机制问题，没有严格的奖勤罚懒，缺乏适宜的规章制度，就不会得到很好的发展。如何建立健全制度管理模式，是每个领导者需要考虑的重要而严肃的问题。

---

① 李津编著：《世界成功管理经典智慧全集》，79页，北京，地震出版社，2008。

幼儿教育政策法规
- 教育政策法规概述
  - 政策法规的相关概念
  - 教育政策法规及其构成体系
  - 教育法律关系
  - 教育法律法规的层级及其效力
  - 教育法律责任
  - 教育法律救济
- 幼儿教育的政策决定
  - 幼儿教育政策决定的内涵
  - 幼儿教育政策决定的作用
  - 幼儿教育主要政策决定简介
- 幼儿教育的法律法规条例
  - 幼儿教育法律法规条例的内涵
  - 幼儿教育法律法规条例的作用
  - 我国幼儿教育主要法律法规简介
- 幼儿教育的规范标准
  - 幼儿教育规范标准的内涵
  - 幼儿教育规范标准的作用
  - 幼儿教育主要规范标准简介
- 幼儿教育的意见办法
  - 幼儿教育意见办法的内涵
  - 幼儿教育意见办法的作用
  - 我国幼儿教育主要意见办法简介

幼儿园管理不单是简单的建设和发展问题，还要保证办园方向明确，符合国家的政策要求，要处理好与社区、家长之间的关系，要保护幼儿的身心健康，要保护教职工的合法权益，等等。这一切都要建立在依规守法的基础之上。也就是说，幼儿园管理不是园长个人随心所欲的事，需要借助于国家的政策法规来支持和指引幼儿园的发展。同时，幼儿园还需要政策法规的保护，以维护自身的正常发展秩序。幼儿园也要依法经营，依法维权。

第一节　教育政策法规概述 //////////////////////////////

一、政策法规的相关概念

（一）政策

政策是指国家或政党为实现一定历史时期的路线而制定的行动准则[①]。政策具有阶级性和实效性。

政策具有多种类型并表现出一定的层次性。在类型方面，从范围看，有对内政策和对外政策两大部分；从政策性质看，有财政经济政策、文化教育政策、军事政策、劳动政策、宗教政策、民族政策等。在层次方面，有国家政策和地方政策两个大方面。

（二）法律

法律是由立法机关制定，国家政权保证执行的行为准则[②]。我国目前的法律体系大致分为七个部门，即宪法、行政法规、民法、刑法、行政诉讼法、民事诉讼法、刑事诉讼法。[③]

（三）法规

法规是法律、法令、条例、规则、章程等的总称，[④] 主要是指由国家机关为了规范某种管理或工作行为等而制定的规范性文件。一般情况下，行政性法规由国务院制定并修改。地方性法规一般由各省、直辖市人民代表大会及其常委会制定并修订。部门规章由国务院所属各部、委、局、办等制定在本部门管辖范围内有效的法规。这类法规制定要经国务院批准，其层次相当于地方性法规。自治条例由民族自治地方的人民代表大会制定并修改。法规同样具有法律效力。

---

　①　刘振铎主编：《汉语辞书大全·汉语词典》，1187 页，长春，北方妇女儿童出版社，2002 。
　②　同上书，230 页。
　③　林雪卿：《幼儿教育法规》，4—5 页，北京，科学出版社，2014。
　④　刘振铎主编：《汉语辞书大全·汉语词典》，230 页，长春，北方妇女儿童出版社，2002。

(四)规范

根据《汉语辞书大全·汉语词典》的解释,规范是指约定俗成或明文规定的标准。[①] 这里所说的规范主要是指由各级机关、团体或组织印发的规范性文件,其内容具有约束和规范人们行为的作用,在本行政区域或其管理范围内具有普遍约束力。

(五)决定

决定的内涵包括许多方面,如裁决、做出主张等。这里讲的决定是指对重要事项或重大行动做出决策或安排,并要求机关各部门、下级机关或有关单位贯彻执行的指令性公文。[②] 决定一般是领导机关对重大事项或行动做出的决策,要求下级机关必须遵照执行,具有不可变更的确定性。

(六)办法

办法是指行政机关为贯彻某一法令或做好某方面工作而制定的法规性文件。[③] 办法的法规约束性侧重于行政约束力。

(七)意见

意见本意是指人对事物的主张、见解、观点、看法等。这里所说的意见是指上级领导机关或主管部门针对当前即将进行的主要工作和亟待解决的重大问题,提出原则性的要求和具体处理办法,并直接下发至下级机关或转发到有关部门遵照执行的一种具有指示作用的公文。[④] 意见一般适用于对重要问题提出见解或处理办法,具有很强的指导性。

(八)条例

条例是指由国家制定或批准的规定某些事项或某一机关的组织、职权等的法律文件,也包括团体制定的章程。[⑤] 条例是根据宪法和法律制定的,是法的表现形式之一,同样具有法的效力。

---

① 刘振铎主编:《汉语辞书大全·汉语词典》,333 页,长春,北方妇女儿童出版社,2002。
② 古月主编:《最新公文写作速成》,22 页,北京,海潮出版社,2011。
③ 同上书,108 页。
④ 同上书,76 页。
⑤ 刘振铎主编:《汉语辞书大全·汉语词典》,917 页,长春,北方妇女儿童出版社,2002。

（九）标准

标准原义为目的、标靶、尺度等，是指衡量事物的准则。[①] 这里所说的标准是指以文件形式发布的某一领域或某个生产操作过程的统一协定，包括某种技术规范、行业规则或其他精确准则等。标准有多种类型，按使用范围划分，有国际标准、区域标准、国家标准、专业标准、地方标准、企业标准；按内容划分，有基础标准、产品标准、辅助产品标准、原材料标准、方法标准；按成熟程度划分，有法定标准、推荐标准、试行标准、标准草案。

（十）细则

细则通常也称实施细则，是指针对已颁布的法规、条例、规定等具体说明和阐释性文件[②]。细则一般由法规条例等原制定机构或其下属部门制定，与原法规条例等配套使用，目的是堵住漏洞，发挥原条文的具体入微的效应。

二、教育政策法规及其构成体系

（一）教育政策法规

教育政策法规包括教育政策和教育法规两个方面。教育政策是国家关于教育工作的规范和行动准则，对整个教育的发展具有重要指导和保障作用。教育法规是指由国家制定或认可，并由国家强制力保证实施的教育工作行为准则。

教育的政策与法规是相互联系的，一方面，教育政策是指导制定教育法规的依据，是教育法规的灵魂；另一方面，教育法规是规定教育各项工作的行为准则，是教育政策的定型化和规范化。当然，它们之间也是有区别的，这种区别主要表现在制定机关、约束力、表现形式、实施方式、稳定性，以及调整范围等方面。

（二）我国教育法律法规的构成体系

目前，我国涉及教育法律、法规的规范性文件主要有宪法、教育法律、教育行政法规、地方性教育法规、自治性教育法规、教育行政规章、教育法律解释和国际教育条约。

---

① 刘振铎主编：《汉语辞书大全·汉语词典》，58 页，长春，北方妇女儿童出版社，2002。
② 古月主编：《最新公文写作速成》，107 页，北京，海潮出版社，2011。

从教育法律法规的构成来看，我国现有的教育法律法规体系由纵向五个层次法和横向六大部门法构成。

纵向的五个层次法是：教育基本法、教育单行法、教育行政法规、地方性教育法规、教育规章。

横向的六大部门法主要是《中华人民共和国教育法》《中华人民共和国义务教育法》《中华人民共和国职业教育法》《中华人民共和国高等教育法》《中华人民共和国教师法》《中华人民共和国民办教育促进法》。

三、教育法律关系

教育法律关系是指教育法律规范确定和调整的人们在教育活动运行过程中形成的权利和义务，是一种特殊的社会关系。教育法律关系包括教育法律关系的主体、教育法律关系的客体和教育法律关系的相关权利、义务内容规范三个要素。其中，教育法律关系的主体包括国家、机构和组织(法人)、公民(自然人)三大类。在学校内部，机构和组织主体主要指学校(幼儿园)，公民主体主要指教职工、学生、家长等。教育法律关系的客体主要包括物质财富、非物质财富和行为三个方面，简单地说，教育法律关系的客体就是主体的权利和义务所指的对象。

四、教育法律法规的层级及其效力

依据教育法律制定的国家机关层次，教育法律法规的层级有六个：

第一层级是《宪法》中有关教育的规范要求。《宪法》由国家最高权力机关(全国人民代表大会)制定。《宪法》是国家的根本大法，具有最高的法律地位和法律效力，是其他一切法律法规制定的依据。

第二层级是教育基本法。《教育法》又称教育宪法、教育母法，是调整教育内部、外部相互关系的基本法律准则。《教育法》由全国人民代表大会及其常务委员会制定，对整个教育全局起宏观调控作用。

第三层级是教育单行法。教育单行法也称教育部门法，如《中华人民共和国义务教育法》《中华人民共和国职业教育法》等。教育单行法由全国人民代表大会及其常务委员会制定。其法律效力低于教育基本法，高于教育行政法规。

第四层级是教育行政法规。教育行政法规是关于教育行政管理的规范性文件。

　　教育行政法规由国家最高行政机关（国务院）制定，其效力低于《宪法》和教育基本法，高于地方性教育法规。

　　第五层级是地方性教育法规。地方性教育法规是由地方国家权力机关制定的有关教育的规范性文件。地方性教育法规只在本行政区域内有效。

　　第六层级是教育规章。教育规章又称教育行政规章，是由中央或地方国家行政机关制定的有关教育的规范性文件。教育规章包括国务院所属部、委发布的教育规章和地方政府教育规章，它们都是教育法律体系的重要组成部分。

五、教育法律责任

　　教育法律责任是指主体因实施违反教育法的行为，依法应承担的法律后果。根据违法主体的地位、行为性质和危害程度，教育法律责任可分为行政法律责任、民事法律责任和刑事法律责任。相应地，承担教育法律责任的制裁方式有教育行政制裁、教育民事制裁和教育刑事制裁三种。

　　①教育行政制裁包括行政处分和行政处罚两类。行政处分的种类有警告、记过、记大过、降级、撤职、开除等。行政处罚的种类有申诫罚、财产罚、行为罚、人身罚等。

　　②教育民事制裁的具体方式有停止侵害、排除障碍、消除危险、归还财产、恢复原状、重修更换、赔偿损失、支付违约金、消除影响恢复名誉、赔礼道歉等。

　　③教育刑事制裁的类型有主刑和附加刑两大类。主刑的具体形式有管制、拘役、有期徒刑、无期徒刑、死刑五种。附加刑的具体形式有罚金、剥夺政治权利、没收财产三类。

六、教育法律救济

　　教育法律救济是指教育法律关系的主体在合法权益受到侵犯并造成损害时，获得恢复和补救的法律制度。教育法律救济的根本目的是补偿受害者的合法权益。教育法律救济的途径主要有司法诉讼救济、行政诉讼和行政复议救济、学校组织或其他民间渠道的救济等。在教育领域，还有教师申诉制度和学生申诉制度两种特殊的法律救济制度。

本节小结

1. 政策、法律、法规、规范、决定、办法、意见、条例、标准、细则是与政策法规相关的几个重要的概念，它们之间有联系，也有区别。

2. 教育政策是党和国家关于教育的行动准则。教育法规是指由国家制定或认可的并由国家强制力保证实施的教育工作行为准则。我国教育法律法规包括纵向的教育基本法、教育部门法、教育行政法规、地方性教育法规、教育规章五个层次和横向的《中华人民共和国义务教育法》《中华人民共和国职业教育法》《中华人民共和国高等教育法》《中华人民共和国教师法》《中华人民共和国民办教育促进法》六大部门法。

3. 教育法律关系是指教育法律规范确定和调整的人们在教育活动运行过程中形成的权利和义务的一种特殊社会关系。教育法律关系要素包括教育法律关系的主体、教育法律关系的客体和教育活动相关权利、义务内容规范三个要素。

4. 依据教育法律制定的国家机关层次，可以分成《宪法》中有关教育的规范要求、教育基本法、教育单行法、教育行政法规、地方性教育法规和教育规章六个层级，不同层级法律法规的效力不一样。

5. 教育法律责任是指主体因实施违反教育基本法的行为，依法应承担的法律后果。教育法律责任可分为行政法律责任、民事法律责任和刑事法律责任。相应地，承担教育法律责任的制裁方式有教育行政制裁、教育民事制裁和教育刑事制裁三种。

6. 教育法律救济是指教育法律关系的主体在合法权益受到侵犯并造成损害时，获得恢复和补救的法律制度，其根本目的是补偿受害者的合法权益。

思考与练习

1. 简要区分政策、法律、法规、规范、决定、办法、意见、条例、标准、细则的基本内涵。

2. 我国教育政策法规的结构体系是什么？

3. 教育法律有哪些层级？不同层级的法律效力如何？

4. 什么是教育法律责任？教育法律责任有哪几种类型？

5. 网上搜集有关教育违法现象，并对其进行违法性质和违法程度的分析。

第二节　幼儿教育的政策决定 //////////////////////////////

一、幼儿教育政策决定的内涵

幼儿教育政策是国家关于幼儿教育的规范和行动准则，对于整个幼儿教育的发展具有重要指导和保障作用。幼儿教育的决定是指国家对有关幼儿教育重要事项或重大行动做出决策或安排，并要求机关各部门、下级机关或有关单位贯彻执行的指令性公文。

二、幼儿教育政策决定的作用

1. 导向分配作用

幼儿教育政策决定的相关要求是幼教工作者行动的指南，对于落实国家教育方针、实现幼儿教育的培养目标具有一定的指向作用。正确的政策决定有利于保证幼儿受教育权利的公平，优化和整合教育资源，实现教育公平。20 世纪 80 年代，我国基础教育实行"地方负责，分级管理"政策，幼儿教育在经费来源、师资供给等方面都归属地方管理。在这一政策的指导下，一些经济发达地方的幼儿教育飞速发展，但在一些经济相对落后的地方，幼儿教育的发展则捉襟见肘。现今，国家提出建设普惠制幼儿园、加快农村幼儿园的发展速度的政策要求，实际上就是要通过政策引导提高公益性幼儿园的比例，均衡教育资源，努力促进教育公平。

2. 支持保障作用

无论是幼儿教育的发展，还是幼儿园的发展、幼儿教师的发展，都需要一定的社会氛围和实际运行条件做保障。例如，《国家中长期教育改革和发展规划纲要（2010—2020 年）》从对政府职责要求的角度提出，国家将"发展学前教育纳入城镇社会主义新农村建设规划"，"大力发展公办幼儿园，积极扶持民办幼儿园"，"加大政府投入，完善成本合理分担机制，对家庭经济困难幼儿入园给予补助"，"加强幼儿教师培养培训，提高幼儿教师队伍整体素质，依法落实幼儿教师地位和待遇"，以及

"努力提高农村学前教育普及程度。着力保证留守儿童入园。采取多种形式扩大农村学前教育资源"等，这一系列政策规定，充分体现了幼儿教育政策法规对幼儿教育的支持和保障功能。

三、幼儿教育主要政策决定简介

(一)联合国儿童公约

《儿童权利公约》是第一部有关保障儿童权利且具有法律约束力的国际性约定，于 1989 年 11 月 20 日在联合国大会讨论通过。

《儿童权利公约》共有 54 项条款，从不同角度规定了世界各地所有儿童应该享有的权利，包括其中最基本的生存权、全面发展权、受保护权和全面参与家庭、文化和社会生活的权利等。这些权利，不因儿童、父母或法定监护人的种族、肤色、性别、语言、宗教、政治身份、出身、财产或残疾等不同而受到任何歧视。《儿童权利公约》还确立了 4 项基本原则：无歧视、儿童利益最大化、生存和发展权，以及尊重儿童的想法。

《儿童权利公约》明确了国际社会在儿童工作领域的目标和努力方向，规定各相关部门和机构在制定政策和落实中应以儿童利益最大化作为标准。

(二)中共中央关于教育体制改革的决定

1985 年 5 月，《中共中央关于教育体制改革的决定》(简称《决定》)指出了我国教育体制在教育事业管理权限的划分，教育结构、教育思想、教育内容、教育方法上存在的弊端。《决定》提出，我国教育体制改革主要是，要把发展基础教育的责任交给地方，有步骤地实行九年制义务教育；调整中等教育结构，大力发展职业技术教育；改革高等学校的招生计划和毕业生分配制度，扩大高等学校办学自主权；同时强调加强领导，调动各方面积极因素，保证教育体制改革的顺利进行。

《决定》提出，要加强教师队伍建设，采取特定的措施提高中小学教师和幼儿教师的社会地位和生活待遇；提倡多层次办学，鼓励单位、集体和个人捐资助学，多渠道筹措教育经费。努力发展幼儿教育，发展特殊儿童的特殊教育。将基础教育的管理权交给地方。

(三)《国家中长期教育改革和发展规划纲要(2010—2020 年)》

《国家中长期教育改革和发展规划纲要(2010—2020 年)》(简称《纲要》)是 21 世纪

我国第一个中长期教育改革和发展规划，是一个时期内指导全国教育改革和发展的纲领性文件。

《纲要》第三章内容介绍了我国一段时期内学前教育的管理体制、发展目标、经费投入和办园机制等。具体规划要求如下：

（五）基本普及学前教育。学前教育对幼儿身心健康、习惯养成、智力发展具有重要意义。遵循幼儿身心发展规律，坚持科学保教方法，保障幼儿快乐健康成长。积极发展学前教育，到2020年，普及学前一年教育，基本普及学前两年教育，有条件的地区普及学前三年教育。重视0至3岁婴幼儿教育。

（六）明确政府职责。把发展学前教育纳入城镇、社会主义新农村建设规划。建立政府主导、社会参与、公办民办并举的办园体制。大力发展公办幼儿园，积极扶持民办幼儿园。加大政府投入，完善成本合理分担机制，对家庭经济困难幼儿入园给予补助。加强学前教育管理，规范办园行为。制定学前教育办园标准，建立幼儿园准入制度。完善幼儿园收费管理办法。严格执行幼儿教师资格标准，切实加强幼儿教师培养培训，提高幼儿教师队伍整体素质，依法落实幼儿教师地位和待遇。教育行政部门加强对学前教育的宏观指导和管理，相关部门履行各自职责，充分调动各方面力量发展学前教育。

（七）重点发展农村学前教育。努力提高农村学前教育普及程度。着力保证留守儿童入园。采取多种形式扩大农村学前教育资源，改扩建、新建幼儿园，充分利用中小学布局调整富余的校舍和教师举办幼儿园（班）。发挥乡镇中心幼儿园对村幼儿园的示范指导作用。支持贫困地区发展学前教育。

本节小结

1. 幼儿教育政策是国家关于幼儿教育的规范和行动准则。幼儿教育的政策决定是指国家对有关幼儿教育重要事项或重大行动做出决策或安排，并要求机关各部门、下级机关或有关单位贯彻执行的指令性公文。

2. 幼儿教育的政策决定对于整个幼儿教育的发展具有重要导向分配、支持保障的作用。

3. 幼儿教育的政策决定多种多样，已经和正在对我国学前教育发挥影响作用的主要有：联合国的《儿童权利公约》《中共中央关于教育体制改革的决定》《中国教育改革和发展纲要》《国家中长期教育改革和发展规划纲要(2010—2020 年)》等。

📚 思考与练习

1. 如何理解幼儿园教育的政策决定的含义及其作用价值?

2. 课外查找并仔细研读中华人民共和国成立后我国学前教育的有关政策决定,体会并梳理出 60 多年来我国学前教育政策的变化脉络。

第三节　幼儿教育的法律法规条例 ///////////////

一、幼儿教育法律法规条例的内涵

根据法律和法规的定义,幼儿教育的法律和法规是具有不同法律效力的行为准则。这里将两者放在一起,把所有国家制定或认可的,并由国家强制力保证实施的幼儿教育工作的行为准则统称为幼儿教育的法律法规。

根据条例的内涵界定,幼儿教育相关的条例是指由国家制定或批准的有关幼儿教育及幼儿园等相关组织运行机制的规范性法律文件,是针对幼儿教育相关事项做出的全面系统而又有长期执行效力的公文。条例属于法律性质的规范性文件,人人必须遵守,违反它就要带来一定的法律后果。

二、幼儿教育法律法规条例的作用

(一)指导引领作用

幼儿教育的法律法规条例向社会团体和个人宣布了幼儿教育的有关行为准则,反映幼儿教育的价值取向,明确规定了适宜和不适宜的行为,为社会组织、个人指明了正确的工作目标和行动方向,具有指导和引领作用。

(二)调节控制作用

幼儿教育的政策法规条例从不同层面规定了各级政府在幼儿教育的规划、投入、保障和监督方面的职责和义务,也在一定程度上规定了教师、家长的相关权利和义务。政策法规就是相关部门和有关人员的行为准则，任何部门、任何人都必须自觉执行幼儿教育的政策要求，遵守相关法律规定，相反，违反幼儿教育相关的政策法规要求，视情节轻重，要承担一定的行政、民事或刑事责任。

（三）教育评价作用

幼儿教育的法律法规条例是关于幼儿教育工作的规范性行为准则，是指导幼教工作人员的根本思想。学习领会幼儿教育的法律法规并将其内化于心，有利于端正教育思想，形成正确的教育理念。同时，对于教育法律法规的执行，对守法人员给予肯定或表彰奖励，对违法人员给予相应的追责惩罚等，这都在一定程度上起到教育人们树立教育法规意识，起到依法执教，依法维权的作用。

此外，教育法律法规还是衡量幼儿教育工作及相关行为的硬性标准，是评价幼教工作的重要尺度，对于政府部门、社会组织、学校（幼儿园）的相关幼儿教育工作行为具有价值评判的作用。

三、我国幼儿教育主要法律法规简介

（一）《中华人民共和国宪法》

1954 年 9 月 20 日第一届全国人民代表大会一次会议通过并颁布了《中华人民共和国宪法》（简称《宪法》）。这是中华人民共和国颁布的第一部宪法。

《宪法》是国家的根本大法，通常规定一个国家的社会制度和国家制度的基本原则、国家机关的组织和活动的基本原则、公民的基本权利和义务等重要内容。

《宪法》中与幼儿教育直接相关的内容不多，但是，作为国家的根本大法，其中的很多条款对幼儿教育的发展方向具有一定的指导作用。

（二）《中华人民共和国教育法》

《中华人民共和国教育法》（《教育法》）于 1995 年 3 月 18 日经第八届全国人民代表大会第三次会议通过，并由中华人民共和国主席令第 45 号公布，自 1995 年 9 月 1日起施行。这是中华人民共和国成立以来我国制定的第一部教育基本法。《教育法》的颁行，标志着我国开始进入全面依法治教的新时期。

2009 年 8 月 27 日，第十一届全国人民代表大会常务委员会对 1995 年颁布的《教育法》进行第一次修正。2015 年 12 月 27 日，第十二届全国人民代表大会常务委员会第十八次会议在第一次修订的基础上进行第二次修订，自2016年6月1日起施行。

2015年修订后的《教育法》包括十章，全文共86条。主要内容包括我国的教育方针、发展教育的指导思想、教育领导体制、教育基本制度、学校及其他教育机构、教师和其他教育工作者、受教育者、教育与社会、教育投入与条件保障、教育对外交流与合作、教育法律责任等。

(三)《中华人民共和国教师法》

1993年10月31日第八届全国人民代表大会常务委员会第四次会议通过了《中华人民共和国教师法》(简称《教师法》)。依据中华人民共和国主席令第15号，于1994年1月1日起施行。

《教师法》的基本精神就是用法律来维护教师的合法权益，保障教师待遇和社会地位的不断提高，加强教师队伍的规范化管理，确保教师队伍整体素质的不断优化和提高。同时，要求各级人民政府应当采取措施，加强教师的思想政治教育和业务培训，改善教师的工作条件和生活条件，保障教师的合法权益，提高教师的社会地位。

《教师法》包括9章，全文共43条，分别介绍了教师的管理机构、教师的权利和义务、教师的资格和任用、教师的培养和培训、教师的考核待遇与奖励，以及相关的法律责任等。

第一，在教师享有的权利方面，规定教师享有六项权利：

(一)进行教育教学活动，开展教育教学改革和实验；

(二)从事科学研究、学术交流，参加专业的学术团体，在学术活动中充分发表意见；

(三)指导学生的学习和发展，评定学生的品行和学业成绩；

(四)按时获取工资报酬，享受国家规定的福利待遇以及寒暑假期的带薪休假；

(五)对学校教育教学、管理工作和教育行政部门的工作提出意见和建议，通过教职工代表大会或者其他形式，参与学校的民主管理；

(六)参加进修或者其他方式的培训。

第二，在教师应尽的义务方面，规定教师应履行六项义务：

(一)遵守宪法、法律和职业道德，为人师表；

(二)贯彻国家的教育方针，遵守规章制度，执行学校的教学计划，履行教师聘约，完成教育教学工作任务；

（三）对学生进行宪法所确定的基本原则的教育和爱国主义、民族团结的教育，法制教育以及思想品德、文化、科学技术教育，组织、带领学生开展有益的社会活动；

（四）关心、爱护全体学生，尊重学生人格，促进学生在品德、智力、体质等方面全面发展；

（五）制止有害于学生的行为或者其他侵犯学生合法权益的行为，批评和抵制有害于学生健康成长的现象；

（六）不断提高思想政治觉悟和教育教学业务水平。

第三，在学历要求方面，规定："取得幼儿园教师资格，应当具备幼儿师范学校毕业及其以上学历。"

第四，在考核待遇方面，规定：

学校或者其他教育机构应当对教师的政治思想、业务水平、工作态度和工作成绩进行考核。

············

教师考核结果是受聘任教、晋升工资、实施奖惩的依据。

············

教师的平均工资水平应当不低于或者高于国家公务员的平均工资水平，并逐步提高。建立正常晋级增薪制度，具体办法由国务院规定。

············

教师在教育教学、培养人才、科学研究、教学改革、学校建设、社会服务、勤工俭学等方面成绩优异的，由所在学校予以表彰、奖励。

国务院和地方各级人民政府及其有关部门对有突出贡献的教师，应当予以表彰、奖励。

对有重大贡献的教师，依照国家有关规定授予荣誉称号。

第五，在法律责任方面，规定："侮辱、殴打教师的，根据不同情况，分别给予行政处分或者行政处罚；造成损害的，责令赔偿损失；情节严重，构成犯罪的，依法追究刑事责任。"

有下列行为的教师也要承担相应的责任："（一）故意不完成教育教学任务给教育

教学工作造成损失的；(二)体罚学生，经教育不改的；(三)品行不良、侮辱学生，影响恶劣的。……情节严重，构成犯罪的，依法追究刑事责任。"

(四)《中华人民共和国教师资格条例》

《中华人民共和国教师资格条例》的颁布，标志着我国的教师队伍建设迈上了一个新的台阶。从 2002 年开始，教师资格制度实施工作进入正常化阶段，每年的春季和秋季各进行一次教师资格认定。

《中华人民共和国教师资格条例》共 7 章，介绍了教师资格的分类与适用、教师资格条件、教师资格考试与认定及相关的惩罚措施等。

《中华人民共和国教师资格条例》规定："具备教师法规定的学历或者经教师资格考试合格的公民，可以依照本条例的规定申请认定其教师资格。""不具备教师法规定的教师资格学历的公民，申请获得教师资格，应当通过国家举办的或者认可的教师资格考试。""幼儿园、小学、初级中学、高级中学、中等职业学校的教师资格考试和中等职业学校实习指导教师资格考试，每年进行两次。"

《中华人民共和国教师资格条例》还规定，"(一)弄虚作假、骗取教师资格的；(二)品行不良、侮辱学生，影响恶劣的"，由县级以上人民政府教育行政部门撤销其教师资格，被撤销教师资格的，自撤销之日起 5 年内不得重新申请认定教师资格，其教师资格证书由县级以上人民政府教育行政部门收缴。

(五)《幼儿园管理条例》

为了加强对幼儿园的管理，促进幼儿教育事业的健康发展，1989 年 8 月 20 日经国务院批准实施《幼儿园管理条例》。1989 年 9 月 11 日中华人民共和国国家教育委员会令第 4 号发布，自 1990 年 2 月 1 日起施行。

《幼儿园管理条例》共 6 章 32 条，介绍了对幼儿园的管理原则、举办幼儿园的条件和审批程序、幼儿园的保育和教育工作、幼儿园的行政事务，以及相关的奖励和处罚等。

(六)《中华人民共和国未成年人保护法》

1991 年 9 月 4 日第七届全国人民代表大会常务委员会第二十一次会议通过《中华人民共和国未成年人保护法》，经 2006 年 12 月 29 日第十届全国人民代表大会常务委员会第二十五次会议修订，自 2007 年 6 月 1 日起施行。

《中华人民共和国未成年人保护法》全文共 7 章，介绍了对未成年人的家庭保护、学校保护、社会保护、司法保护及相关的法律责任等。

《中华人民共和国未成年人保护法》的颁布，进一步明确了未成年人的权利和保护未成年人的原则，强化了法律责任，体现了党和国家对未成年人的关心和爱护，是我国未成年人保护法新的里程碑。

（七）《中华人民共和国民办教育促进法》

2002 年 12 月 28 日第九届全国人民代表大会常务委员会第三十一次会议通过了《中华人民共和国民办教育促进法》，经中华人民共和国主席令第八十号公布，自 2003 年 9 月 1 日起施行。

《中华人民共和国民办教育促进法》全文共 10 章，介绍了民办教育的设立、学校的组织与活动、教师与受教育者、学校资产与财务管理、扶持与奖励、变更与终止，以及相关的法律责任等。

我国民办幼儿园教育机构众多，《中华人民共和国民办教育促进法》是其运行发展的特定法律依据，是实施科教兴国战略，促进民办教育事业的健康发展，维护民办学校和受教育者的合法权益的一项重要法规。

（八）《中华人民共和国民办教育促进法实施条例》

2004 年 2 月 25 日国务院第 41 次常务会议通过《中华人民共和国民办教育促进法实施条例》，2004 年 3 月 5 日国务院令第 399 号公布，自 2004 年 4 月 1 日起施行。

《中华人民共和国民办教育促进法实施条例》是根据《中华人民共和国民办教育促进法》制定，对民办学校的举办、设立、组织与活动、民办学校的资产与财务管理、民办学校的扶持与奖励政策，以及相关的法律责任等做了具体规定。全文共 8 章。

本节小结

1. 幼儿教育法律法规是指国家制定或认可的，并由国家强制力保证其实施的幼儿教育工作的行为准则的统称。幼儿教育工作条例是指由国家制定或批准的有关幼儿教育及幼儿园等相关组织运行机制的规范性法律文件。

2. 幼儿教育法律法规条例对幼儿教育工作及相关人员具有指导引领、调节控制、教育评价的作用。

3. 目前，我国颁布的与幼儿教育相关的主要法律法规有《中华人民共和国宪法》《中华人民共和国教育法》《中华人民共和国教师法》《中华人民共和国教师资格条例》《幼儿园管理条例》《中华人民共和国未成年人保护法》《中华人民共和国民办教育促进法》《中华人民共和国民办教育促进法实施条例》。

思考与练习

1. 如何理解幼儿教育法律法规和条例的内涵？

2. 你认为幼儿教育法律法规和条例有何作用？

3. 仔细研读《中华人民共和国教师法》，了解其基本结构，体会其中对教师权利和义务的基本要求。

第四节 幼儿教育的规范标准

一、幼儿教育规范标准的内涵

幼儿教育规范是指有关幼儿教育的行政措施、决定、命令等行政规范文件的总称。幼儿教育规范在本行政区域或管理范围内具有普遍的约束力。

幼儿教育标准是指以文件形式发布的幼教行业规则或幼教人员的行动准则。如幼儿园教师专业标准、幼儿园园长专业标准、幼儿园课程标准等。

二、幼儿教育规范标准的作用

（一）标杆导向作用

幼儿教育的规范标准是幼儿教育活动的标杆，有利于指导幼教工作者明确工作要求和行动方向，对幼教工作行为具有鲜明的导向作用。另外，规范标准还是幼教工作和幼教人员发展的基本目标要求，对提升幼教工作及其相关人员的水平具有引领的作用。

（二）衡量评判作用

幼儿教育的规范标准是幼儿教育工作的基本尺度，有利于引导幼教工作按基本要求行事。针对幼教工作行为是否符合基本要求，幼教规范标准就是考量的重要尺度。

三、幼儿教育主要规范标准简介

(一)《全日制、寄宿制幼儿园编制标准(试行)》

为提高幼儿园编制的科学性，进一步发挥幼儿园在教育体系中的基础作用，保证幼儿的健康成长，1987年3月9日，国家教委劳人编〔1987〕32号颁布了《全日制、寄宿制幼儿园编制标准(试行)》，自颁发之日起试行。

《全日制、寄宿制幼儿园编制标准(试行)》规定了幼儿园的班级规模和不同类型人员与幼儿之间的比例及相关要求。

(二)《托儿所、幼儿园建筑设计规范》

为规范建筑设计标准，使托儿所、幼儿园的建筑设计能满足安全、卫生和使用功能等方面的基本要求，1987年9月3日国家城乡建设环境保护部、国家教育委员会(87)城设字第466号颁布了《托儿所、幼儿园建筑设计规范》。

《托儿所、幼儿园建筑设计规范》全文共4章61条，主要规定了托儿所、幼儿园的规模和班额，明确了托儿所、幼儿园基地选择和建筑物、室外游戏场地、绿化用地及杂物院、生活用房、服务供应用房等总体布置、设计及设备要求，进一步规范了托儿所、幼儿园的建筑设计标准。

(三)《城市幼儿园建筑面积定额(试行)》

为使城市幼儿园的规划、建设和管理有章可循，进一步规范城市幼儿园的园舍和用地标准，促进幼教事业健康有序地发展，1988年7月14日，建设部、国家教育委员会(88)教基字108号颁布了《城市幼儿园建筑面积定额(试行)》。

《城市幼儿园建筑面积定额(试行)》共4章19条，主要规定了城市幼儿园的适宜规模和班额、幼儿园的园舍建筑定额和用地定额等。

(四)《幼儿园工作规程》

1989年6月5日国家教育委员会令(第2号)发布了《幼儿园工作规程(试行)》，自1990年2月1日起试行。试行6年后，经修订，1996年中华人民共和国国家教育委员会(第25号令)发布，自1996年6月1日起施行。2016年再次修订，当年9月1

日起实施。

《幼儿园工作规程》全文共 9 章 66 条。内容涉及幼儿园的任务、幼儿园保育和教育的主要目标、幼儿入园和编班、幼儿园的安全、幼儿园的卫生保健、幼儿园的教育工作、幼儿园的园舍和设备、幼儿园工作人员的任职条件和工作职责、幼儿园经费的投入和使用、幼儿园与家庭社区的联系与配合、幼儿园的内部管理规范等。

《幼儿园工作规程》就是幼儿园内部的法，它的颁布，推动了幼儿园的全面改革，提高了幼儿园的管理水平和保教质量，使幼儿园管理逐步走上了依法治教的轨道。

(五)《幼儿园教育指导纲要(试行)》

为规范幼儿园教育的内容，有效地指导幼教工作者的具体实践。在 1981 年颁发的《幼儿园教育纲要(试行草案)》的基础上，2001 年 9 月教育部颁布了《幼儿园教育指导纲要(试行)》。

《幼儿园教育指导纲要(试行)》将幼儿园教育内容划分为健康、语言、社会、科学、艺术五个领域。全文分四部分，主要介绍了幼儿园的任务、地位和教育要求，五大领域的目标、内容和指导要点，以及幼儿园教育活动的组织与实施要求等。

《幼儿园教育指导纲要(试行)》是根据《幼儿园工作规程》和有关幼儿园教育法规的要求，在总结国内外幼教改革的经验基础上制定的，对全国幼儿教育进行宏观管理和指导的单行法规文件，是我国幼教工作迈向科学化和法制化轨道的重要标志，将在相当长一段时间内指导我国幼教改革和发展的方向。

(六)《学校食堂与学生集体用餐卫生管理规定》

为了防止学校食物中毒或者其他食源性疾患事故的发生，保障师生员工身体健康，2002 年 9 月 20 日中华人民共和国教育部、卫生部令第 14 号发布了《学校食堂与学生集体用餐卫生管理规定》。本规定适用于各级各类全日制学校以及幼儿园。

《学校食堂与学生集体用餐卫生管理规定》共 6 章 38 条，主要规定了学校(幼儿园)食堂的建筑、设备与环境卫生要求、食品采购、贮存及加工的卫生要求、食堂从业人员卫生要求，以及学校食堂与学生用餐的管理与监督机制等。

(七)《幼儿园标准化建设基本标准(试行)》

为加强对幼儿园建设的管理，促进幼儿园建设的标准化，2012 年 10 月，国家颁布了《幼儿园标准化建设基本标准(试行)》。

《幼儿园标准化建设基本标准(试行)》内容共十条，分别对幼儿园的选址与规模、园舍用地、园舍建设、设施设备配备标准、教职工配备、保育与教育管理、卫生保健、经费管理、安全管理提出了具体的量化要求，为幼儿园的建设提供了一个标准尺度。

《幼儿园标准化建设基本标准(试行)》主要是针对公立幼儿园提出的，民办幼儿园参照执行。

(八)《幼儿园教师专业标准(试行)》

为促进幼儿园教师专业发展，建设高素质幼儿园教师队伍，根据《中华人民共和国教师法》，2012年教育部下发教师[2012]1号文件，颁布了《幼儿园教师专业标准(试行)》。

《幼儿园教师专业标准(试行)》的基本内容构架包含专业理念与师德、专业知识、专业能力三个维度14个领域，对幼儿园教师提出了62项基本要求。

《幼儿园教师专业标准(试行)》包括专业精神、专业素养、专业发展三大内涵，体现了师德为先、幼儿为本、能力为重和终身学习四大基本理念。

《幼儿园教师专业标准(试行)》明确了幼儿园教师是履行幼儿园教育工作职责的专业人员，需要经过严格的培养与培训，具有良好的职业道德，掌握系统的专业知识和专业技能。

《幼儿园教师专业标准(试行)》是国家对合格幼儿园教师专业素质的基本要求，是幼儿园教师开展保教活动的基本规范，是引领幼儿园教师专业发展的基本准则，是幼儿园教师培养、准入、培训、考核等工作的重要依据。

(九)《幼儿园园长专业标准》

为促进幼儿园园长专业发展，建设高素质幼儿园园长队伍，深入推进学前教育改革与发展，根据《中华人民共和国教育法》等有关法律法规，2015年1月教育部颁发了《幼儿园园长专业标准》。

《幼儿园园长专业标准》对幼儿园园长提出了五大办园理念、六项专业职责、60项具体专业要求。其中五大办园理念是以德为先、幼儿为本、引领发展、能力为重、终身学习。六项专业职责是规划幼儿园发展，营造育人文化，领导保育教育，引领教师成长，优化内部管理，调适外部环境。根据幼儿园园长的六项专业职责，每一项分别从专业理解与认识、专业知识与方法、专业能力与行为三个维度提出了具体要求。

《幼儿园园长专业标准》明确了园长是履行幼儿园领导与管理工作职责的专业人员。

《幼儿园园长专业标准》是对幼儿园合格园长专业素质的基本要求，是引领幼儿园园长专业发展的基本准则，是制定幼儿园园长任职资格标准、培训课程标准、考核评价标准的重要依据。

(十)《幼儿园建设标准》

为促进学前教育改革与发展，加强幼儿园建设的科学化、规范化管理，提高幼儿园的规划设计质量和建设水平，营造适合幼儿身心健康发展的物质条件和育人环境，2016 年 11 月 2 日，中华人民共和国住房和城乡建设部、国家发展改革委以建标[2016]246 号文件形式发布了《幼儿园建设标准》，自 2017 年 1 月 1 日起施行。

《幼儿园建设标准》共六章内容，主要包括总则、建设规模与项目构成、选址与规划布局、面积指标、建筑与建筑设备、主要技术经济指标。

《幼儿园建设标准》是为幼儿园建设项目决策服务和合理确定幼儿园建设水平的全国统一标准，是编制、评估和审批幼儿园建设项目建议书、可行性研究报告的依据，也是审查项目工程设计和监督检查工程项目全过程的尺度。在幼儿园建设项目的审批、核准、设计和建设过程中，幼儿园要严格遵守国家相关规定，认真执行本建设标准，坚决控制工程造价。

《幼儿园建设标准》要求，幼儿园建设必须坚持"以幼儿为本"的原则，符合幼儿生理和心理成长规律。园区布局、房屋建筑和设施等应功能完善，配置合理，绿色环保，经济美观，具有抵御自然灾害，保障幼儿安全的能力。同时，要求幼儿园必须先规划后建设。

《幼儿园建设标准》适应于新建幼儿园，改建和扩建幼儿园参照执行。

本节小结

1. 幼儿教育规范是指有关幼儿教育的行政措施、决定、命令等行政规范文件的总称。幼儿教育标准是指以文件形式发布的幼教行业规则或幼教人员的行动准则。

2. 幼儿教育规范标准对幼儿教育工作具有标杆导向和衡量评判作用。

3.目前，我国有关幼儿教育规范的标准主要有《全日制、寄宿制幼儿园编制标准（试行）》《托儿所、幼儿园建筑设计规范》《城市幼儿园建筑面积定额（试行）》《幼儿园工作规程》《幼儿园教育指导纲要（试行）》《学校食堂与学生集体用餐卫生管理规定》《幼儿园标准化建设基本标准（试行）》《幼儿园教师专业标准（试行）》《幼儿园园长专业标准》《幼儿园建设标准》等。

思考与练习

1.如何理解幼儿教育规范标准的内涵？

2.幼儿教育规范标准有何作用？

3.仔细研读《幼儿园园长专业标准》，体会其对幼儿园园长的专业要求。

第五节　幼儿教育的意见办法 ////////////////////////

一、幼儿教育意见办法的内涵

幼儿教育相关的意见是指上级领导机关对下级机关有关幼儿教育的工作部署，是指导下级机关开展学前教育工作的法定公文。幼儿教育相关办法是指有关部门或机关根据一定的政策和有关法律法规要求，就幼儿教育工作或问题提出具体做法和要求的文件。

二、幼儿教育意见办法的作用

幼儿教育的相关意见一般是指上级对下级关于幼儿教育的指示、要求，是开展幼儿教育活动的重要依据和操作指南，对幼儿园、其他幼教机构或相关幼教工作具有重要的指导作用。幼儿教育相关办法的法规约束性侧重于行政约束力，对于开展幼儿教育活动具有具体的操作指导作用。

三、我国幼儿教育主要意见办法简介

(一)《关于幼儿教育改革与发展的指导意见》

为加强地方管理幼儿教育的力度，改变幼儿教育投入不足的现状，进一步推动幼儿教育的改革与发展，教育部、中央编办、国家计委、民政部、财政部、劳动保障部、建设部、卫生部、国务院妇儿工委、全国妇联于 2003 年 1 月 27 日联合发布《关于幼儿教育改革与发展的指导意见》。

《关于幼儿教育改革与发展的指导意见》指出了学前教育改革和发展的目标，进一步明确了幼儿教育"地方负责，分级管理和有关部门分工负责"的管理体制，政府部门要加强对学前教育的管理和投入，全面实施素质教育，努力提高幼儿教育质量，确保幼儿教育事业健康发展。

(二)《国务院关于当前发展学前教育的若干意见》

2010 年 11 月，《国务院关于当前发展学前教育的若干意见》指出，各级政府要切实将学前教育摆在更加重要的位置，加强对幼儿园的监管和领导，加大对学前教育的投入，加快学前教育的教师队伍建设，采取多种形式扩大学前教育资源，以县为单位编制和实施学前教育三年行动计划。

(三)《中共中央 国务院关于学前教育深化改革规范发展的若干意见》

针对学前教育发展不平衡和"入园难""入园贵"的现状，为进一步完善学前教育公共服务体系，切实办好新时代学前教育，更好实现幼有所育，中共中央、国务院 2018 年 11 月 7 日发布了《中共中央 国务院关于学前教育深化改革规范发展的若干意见》(简称《意见》)。

《意见》分九个方面共 35 条内容，指出我国目前学前教育改革发展的指导思想、基本原则和主要目标；要求各地要"以县为单位制定幼儿园布局规划，切实把普惠性幼儿园建设纳入城乡公共管理和公共服务设施统一规划"，"着力构建以普惠性资源为主体的办园体系"，对幼儿园进行合理布局，优化结构；在资源供给方面，提出"要制定小区配套幼儿园建设管理办法"，"继续实施学前教育行动计划"，"政府加大扶持力度，引导社会力量更多举办普惠性幼儿园"，"鼓励支持街道、村集体、有实力的国有企事业单位，特别是普通高等学校举办公办园"；健全经费投入长效机制；

在幼儿园教师队伍建设方面，提出严格幼儿园教师管理，依法配备幼儿园教职工，"完善教师培养体系"，"健全教师培训制度"，"依法保障幼儿园教师地位和待遇"。同时对完善学前教育监管体系、规范民办园发展、全面加强党对学前教育事业的领导、建立问责机制、制定学前教育法等方面提出了建设性的指导意见。

(四)《学生伤害事故处理办法》

为积极预防、妥善处理在校学生的伤害事故，保护学生、学校的合法权益，2002年8月，教育部颁布了《学生伤害事故处理办法》，自2002年9月1日起实施。

《学生伤害事故处理办法》全文共6章40条，主要明确了学生伤害事故处理的原则，规定了学校、学生和学生的监护人在伤害事故中应承担责任的类型，事故的处理程序、事故责任者的处罚和事故损害赔偿的办法。

(五)《中小学幼儿园安全管理办法》

为进一步完善校园安全管理协作与运行机制，提高处置突发事件的应急能力，加强中小学幼儿园安全管理的法律法规建设，根据教育法律法规和国务院的有关规定，教育部、公安部、司法部、建设部、交通部、文化部、卫生部、原工商总局、原质检总局、新闻出版总署联合制定了《中小学幼儿园安全管理办法》，2006年6月30日发布，自2006年9月1日起施行。

《中小学幼儿园安全管理办法》是我国第一个专门关于中小学安全管理的法规性文件，全文共9章66条，涵盖了中小学幼儿园安全工作的各个方面。

《中小学幼儿园安全管理办法》的颁布，进一步明确了教育及其他相关部门的安全管理责任，规范了校内安全管理制度和校园周边安全管理职责与管理要求，指出了安全管理和安全教育的内容和要求，规定了安全事故的处理原则和处理程序，强调了安全工作的奖励与责任追究等问题。

(六)《托儿所幼儿园卫生保健管理办法》

为提高托幼机构的管理水平，预防和减少疾病发生，保障儿童身心健康发展，2010年9月6日，中华人民共和国卫生部和教育部发布《托儿所幼儿园卫生保健管理办法》，自2010年11月1日起施行。

《托儿所幼儿园卫生保健管理办法》全文共26条，主要介绍了托幼机构的工作方针、指导和管理部门，明确了对托幼机构的卫生保健设施、保健人员和保健内容的要求，以及托幼机构卫生保健管理的相关责任。

（七）《幼儿园收费管理暂行办法》

经费是幼儿园发展的基础。幼儿园经费的来源渠道是多方面的，其中，最重要的也是最常见的来源渠道是对幼儿的收费。不管是公立幼儿园，还是私立幼儿园，都存在一个普遍的问题，就是收费的项目和收费的数额问题。针对幼儿园办园中的巧立名目、天价收费问题，为整顿收费秩序，保障受教育者和幼儿园的合法权益，促进学前教育事业科学稳步发展，国家发展改革委、教育部、财政部 2011 年 12 月印发《幼儿园收费管理暂行办法》的通知，要求各省(自治区、直辖市)发展改革委、物价局、教育厅(教委)、财政厅(局)按照执行，自发布后 30 日执行。

（八）《3～6 岁儿童学习与发展指南》

为指导幼儿园和家庭实施科学的保育和教育，促进幼儿身心全面和谐发展，针对当时学前教育普遍存在的困惑和误区，2012 年 10 月，教育部印发了《3～6 岁儿童学习与发展指南》。

《3～6 岁儿童学习与发展指南》从健康、语言、社会、科学、艺术五个领域描述幼儿学习与发展，分别对 3～4 岁、4～5 岁、5～6 岁三个年龄段末期幼儿应该知道什么、能做什么，大致可以达到什么发展水平提出了合理期望。

《3～6 岁儿童学习与发展指南》对防止和克服学前教育"小学化"现象，切实提高幼儿的身心素质，为广大家长和幼儿园教师提供了具体、可操作的指导、建议。

《3～6 岁儿童学习与发展指南》的颁布，标志着我国学前教育管理制度的进一步健全与完善，促进我国学前教育管理的科学化和规范化，对于推动学前教育科学发展具有重要的历史意义。

本节小结

1. 幼儿教育相关的意见是指上级领导机关对下级机关有关幼儿教育的工作部署，是指导下级机关开展学前教育工作的法定公文。幼儿教育相关办法是指有关部门或机关根据一定的政策和有关法律法规要求，就幼儿教育工作或问题提出具体做法和要求的文件。幼儿教育的相关意见办法对于开展幼儿教育活动具有很强的指导作用和行政约束力。

2. 目前，我国有关幼儿教育的主要意见办法有：《关于幼儿教育改革与发展的指导意见》《国务院关于当前发展学前教育的若干意见》《中共中央 国务院关于学前教育深化改革规范发展的若干意见》《学生伤害事故处理办法》《中小学幼儿园安全管理办法》《托儿所幼儿园卫生保健管理办法》《幼儿园收费管理暂行办法》《3~6岁儿童学习与发展指南》等。

思考与练习

1. 如何理解幼儿教育的意见和办法的内涵？幼儿教育的意见和办法有何作用？

2. 认真研读《中共中央 国务院关于学前教育深化改革规范发展的若干意见》，仔细体会国家对幼儿教育的发展预期和有关幼儿教育改革与发展的政策性要求。

CHAPTER 8

第八章
经典管理理论
简介

☕ 管理小故事

让不穿鞋的人买鞋①

一个 A 鞋厂推销员，一个 B 鞋厂推销员，同时来到太平洋一个岛国推销鞋。他们看到了同一个事实：这里的人不穿鞋。

A 鞋厂的推销员向厂部发回信息说："这里的人不穿鞋，鞋在这里没有市场。"然后就离开了这里。

B 鞋厂的推销员向厂部发回信息说："这里的人还没穿鞋，市场前景看好。"然后他把一双最好看的鞋送给国王穿，这里的人看到国王穿鞋，结果人人都穿鞋。于是他在这里开设了卖鞋的商店……

后来，A 鞋厂倒闭了；B 鞋厂发财了。

【分析】同一个事实，两个人却得出截然不同的结论，因为思路不同，看问题和处理问题的方法、理念也不同，因此导致两种截然不同的结果。有什么样的思路，就会有什么样的出路，这就叫思路决定成败。

---

① 李津编著：《世界成功管理经典智慧全集》，191 页，北京，地震出版社，2008。

本章学习导图

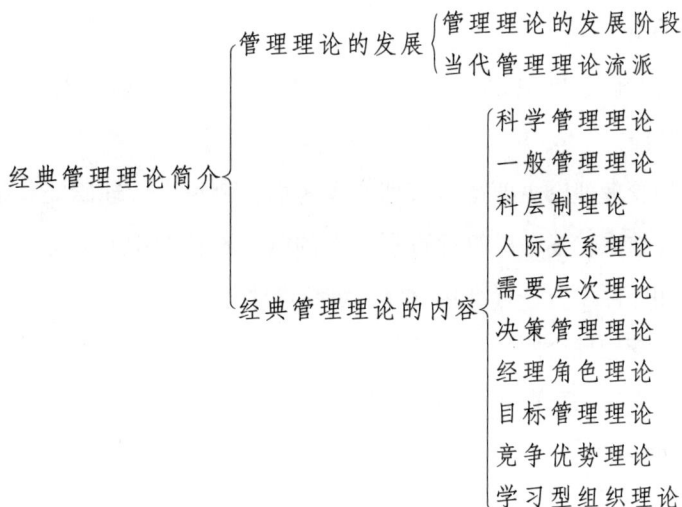

本章学习导图

经典管理理论简介

管理理论的发展 ── 管理理论的发展阶段
　　　　　　　　　 当代管理理论流派

经典管理理论的内容 ── 科学管理理论
　　　　　　　　　　　 一般管理理论
　　　　　　　　　　　 科层制理论
　　　　　　　　　　　 人际关系理论
　　　　　　　　　　　 需要层次理论
　　　　　　　　　　　 决策管理理论
　　　　　　　　　　　 经理角色理论
　　　　　　　　　　　 目标管理理论
　　　　　　　　　　　 竞争优势理论
　　　　　　　　　　　 学习型组织理论

第一节　管理理论的发展

一、管理理论的发展阶段

在管理学史上，管理理论源远流长，且一些管理理论影响较大，被广泛地实践应用，例如，科层制理论、需要理论、竞争理论等。纵观管理思想的发展历程，人们一般将其分为以下几个阶段。

（一）管理理论的萌芽阶段

从时间阶段来看，人们一般把 19 世纪末以前的早期管理活动和管理思想称为管理理论的萌芽阶段。

人类早期的管理实践和管理思想，主要见于古代希腊、罗马、埃及和意大利等国家的一些史籍和宗教文献中。从 18 世纪到 19 世纪，随着机器大生产的发展，工厂和公司的管理日渐提上议事日程，管理问题和相关的管理思想也越来越多地涌现，于是出现了管理思想和管理理论的萌芽。

这一阶段，管理思想的主要代表人物有苏格拉底、柏拉图、亚当·斯密、大卫·李嘉图等。

(二)古典管理理论阶段

从 20 世纪初到 20 世纪 30 年代，管理理论进入初步形成时期，又称古典管理理论阶段或初创阶段。

这一阶段的管理理论主要是从管理效率考虑，侧重于管理职能和组织方式的研究，只重视管理结果，不考虑管理过程中人的感受及管理中的人际关系。一些重要的管理思想，如计件工资、标准化管理、组织管理等思想开始产生。

这一阶段，管理理论的代表人物主要有：科学管理之父泰勒、管理理论之父法约尔、组织管理之父马克斯·韦伯等。

(三)现代管理理论阶段

从 20 世纪 30 年代到 80 年代，针对古典管理理论存在的问题，美国管理学家梅奥通过"霍桑试验"开始研究管理过程中人的行为，提出了"人际关系"理论，标志着管理理论进入了现代发展阶段，也称管理理论的发展阶段。

这一阶段的管理理论主要是研究人的心理、行为等对实现管理目标的影响，包括对个体行为、团体行为和组织行为的研究，形成了一些经典的管理理论，如人际关系理论、需要层次理论、双因素理论、X－Y 理论、决策理论、权变理论、经理角色理论等。

这一阶段管理理论的代表人物主要有美国的梅奥、马斯洛、赫茨伯格、麦格雷戈等。

(四)当代管理理论阶段

进入 20 世纪 80 年代以后，由于国际环境的剧变，尤其是受石油危机的影响，管理理论研究的重点转向研究企业如何应对危机和动荡变化的环境，开始以战略管理为重点，研究组织与环境的关系。这一阶段有时也称为后现代管理理论阶段。

这一阶段的主要管理理论及其代表人物主要有美国的威廉·爱德华·戴明提出的"四环说"、迈克尔·波特提出的竞争战略理论和彼得·圣吉提出的学习型组织理论等。

二、当代管理理论流派

管理理论的发展进入现代和后现代以后，出现了众多学派，这些学派站在不同的角度，采取不同的研究方法，提出各自不同的思想观点。

(一)管理过程学派

管理过程学派主要研究管理者的管理过程及其功能，并以管理职能作为其理论结构，代表人物主要有美国的哈罗德·孔茨、西里尔·奥唐奈。

(二)经验主义学派

经验主义学派主要分析组织管理人员的经验，找出这些成功经验中共性的东西，使其理论化、系统化之后向其他管理人员提出建议。代表人物是美国的彼得·德鲁克。

(三)行为科学学派

行为科学学派认为，抓好人的管理是企业成功的关键，主张管理者要研究人、尊重人、关心人，满足人的需要以调动人的积极性，并创造一种能使成员充分发挥力量的工作环境。代表人物有美国的马斯洛、赫茨伯格、麦格雷戈。

(四)社会系统学派

社会系统学派将社会学的概念引入管理，从系统理论出发，主张对正式组织和非正式组织、团体和个人进行全面的研究分析。代表人物是美国的巴纳德。

(五)决策理论学派

决策理论学派认为管理的关键在于决策，管理必须采用一套制定决策的科学方法及合理的决策程序。代表人物主要是美国的赫伯特·西蒙。

除了上述五大学派之外，还有经理角色学派、数理学派、交流中心学派、管理科学学派、政治经济学派等。

第二节　经典管理理论的内容

经典管理理论有着悠久的发展历史，从亚当·斯密的劳动分工理论到学习型组织理论，从古典管理理论到当今时代的管理理论的丛林学派，这一过程经历了从初创到成长，再到发展、成熟四个历史时期。而且每个时期都有典型的代表人物和系统的理论观点。下面就其中较为著名、对管理实践影响较大的理论做简要介绍。

一、科学管理理论

科学管理理论是美国著名管理学家泰勒，为了提高劳动生产率，他通过实验总结出的一套管理思想体系。其主要观点有五点。

（一）管理者与劳动者分开

泰勒认为，劳动生产率不仅受工人的劳动态度、工作定额、作业方法和工资制度等因素的影响，同时还受管理人员组织、指挥的影响。因此，泰勒主张，将计划职能和执行职能分开，即将管理者和劳动者分开。他提出，在工厂内部设立专门的计划部门，负责厂情调查，拟订计划，发布指令并监督调控劳动者的行为。工人和工长是具体劳动者，要按计划部门的要求执行命令和操作标准。

（二）制定科学的工作方法

泰勒认为，工作方法是否合理直接影响劳动效率。因此，他主张对工人的操作方法、使用的工具、劳动和休息的时间进行合理的搭配，对机器安排和作业环境等进行改进，消除各种不合理的因素，把最好的因素结合起来，从而形成一种标准的作业条件。

（三）实行差别计件工资制

泰勒主张，对工人的劳动进行量化，按照工人是否完成规定的任务而采用不同的工资标准。如果工人达到或超过定额，就按高的工资标准付给报酬；没有达到定额，则按低的工资标准付给，并发给一张黄色的工票以示警告，如不改进将被解雇。

（四）科学地挑选工人

泰勒认为，人与人之间的主要差别不是在智能上，而是在意志上。他主张挑选那些适合其作业而又努力工作的人，然后进行训练，挖掘他们的天赋才能，使他们成为"第一流的工人"，并干出"最高档的工作"。

（五）执行例外原则

泰勒认为，企业的高级管理人员应把权力下放，让下级管理人员去处理一般的日常事务，自己只保留对例外事项，也就是重要事项的决策权和控制权，比如，重大的企业战略问题和重要人事的任免等。

泰勒采用实验方法确定管理问题，开创了实证式管理研究的先河。他率先提出工作标准化的思想，提出将管理者和被管理者的工作区分开来，使管理首次被视为一门可独立研究的科学，奠定了现代管理理论的基础，泰勒本人也因此被称为"科学管理之父"。

延伸阅读

搬铁块实验[①]

1898 年，弗雷德里克·温斯洛·泰勒从伯利恒钢铁厂开始他的实验。这个工厂的原材料是由一组记日工搬运的，工人每天挣 1.15 美元，这在当时是标准工资，每天搬运的铁块重量有 12～13 吨，对工人的奖励和惩罚的方法就是找工人谈话或者开除，有时也可以选拔一些较好的工人到车间里做等级工，并且可得到略高的工资。后来泰勒观察研究了 75 名工人，从中挑出了四个，又对这四个人进行了研究，调查了他们的背景、习惯和抱负，最后挑了一个叫施密特的人，这个人非常爱财并且很小气。泰勒要求这个人按照新的要求工作，每天给他 3.85 美元的报酬。泰勒仔细地研究，使其转换各种工作因素，来观察他们对生产效率的影响。例如，有时工人弯腰搬运，有时他们又直腰搬运，后来他又观察了行走的速度，持握的位置和其他变量。

通过长时间的观察试验，泰勒把劳动时间和休息时间很好地搭配起来，工人每天的工作量可以提高到 47 吨，同时并不会感到太疲劳。他也采用了计件工资制，工人每天搬运量达到 47 吨后，工资也升到 3.85 美元。这样施密特开始工作后，第一天很早就搬完了 47.5 吨，拿到了 3.85 美元的工资。于是其他工人也渐渐按照这种方法来搬运了，劳动生产率提高了很多。

二、一般管理理论

法国管理学家法约尔，从宏观的角度出发研究企业内部管理，从经营职能中分

---

① ［美］弗雷德里克·泰勒：《科学管理原理》，24—29 页，赵涛等译，北京，电子工业出版社，2013。

离出管理活动，总结出了适应于不同管理活动的一般管理理论。这一理论的内容主要包括四点。

（一）管理活动的五种要素

法约尔认为，管理活动包括计划、组织、指挥、协调和控制五个要素。这五个要素实际上也就是管理的五种职能，它们共同构成了一个完整的管理过程。

（二）经营管理的六种活动

法约尔认为，企业经营包含多种活动，其中主要的有：①技术活动，主要指生产、制造、加工等；②商业活动，主要指购买、销售、交换等；③财务活动，主要指资金的筹集和运用；④安全活动，主要指设备和人员的保护，预防偷盗、火灾、水灾，消除罢工、行凶等；⑤会计活动，包括存货盘点、资产负债表的制作、成本核算、统计等；⑥管理活动，包括计划、组织、指挥、协调、控制五种要素。

（三）管理活动应遵守十四条原则

法约尔根据自己的管理经验，得出 14 条管理原则，即①劳动分工原则；②权力与责任原则；③纪律协定原则；④统一指挥原则；⑤统一领导原则；⑥个人利益服从整体利益原则；⑦合理报酬原则；⑧适度集权原则；⑨等级制度原则；⑩恰当秩序原则；⑪公平善意原则；⑫人员稳定原则；⑬首创精神原则；⑭团结和谐原则。

（四）法约尔桥

为了使组织既能坚持统一指挥原则，又能提高办事效率，法约尔提出，可以在需要沟通的两个部门之间建立联系的渠道，即法约尔桥，这个"法约尔桥"可以使需要进行联系的两个部门取得联系，从而缩短相互之间信息沟通的时间，有利于企业迅速决策。例如，两个分属不同系统的部门遇到只有协作才能解决的问题时，可先自行商量、自行解决，只有协商不成时才报请上级部门解决。法约尔桥又称"法约尔跳板"原理。

法约尔对管理原则和管理要素的阐述，构成了他的一般管理理论要点，对后来的管理理论的发展产生了很大影响，法约尔也因此被称为"管理理论之父"。

三、科层制理论

科层制，又称官僚制，是目前世界范围内比较通行的一种行政管理体制。这一理论观点，最早是由德国社会学家和经济学家马克斯·韦伯提出的。科层制指的是将权力依职能和职位进行分工和分层，以规则为管理主体的组织体系和管理方式。韦伯的科层制理论的主要观点有五种。

①组织内部要有正式的规章。韦伯认为，组织要有为实现组织目标和组织功能的需要而制定，并为全体成员共同认可的规则，所有管理人员的行为都必须受这套规则的制约。

②组织职责横向明确分工。韦伯认为，组织内部要明确规定每个部门的职责、权限和任务，并按职能分工，限定各部门的管理范围，做到各负其责，各司其职，互相配合，既不推诿，也不越权。

③组织权力纵向分层授权。韦伯主张，将组织权力按职位层层授权，明确规定每一个管理人员的权力和责任。职位要依据需要而定，不因人设位。组织权力按金字塔形式建立等级结构。处于金字塔顶端的职位少但权力最大。处于中间职位的管理人员，既受上级的指挥和领导，又要负责对下级实施管理。处于金字塔底部的是最基层的工作人员，同时受到高层和中层的管理。

④遵循组织公务关系。韦伯认为，在组织内部，部门与部门，部门与管理人员，管理人员与管理人员的关系均为公务关系。在处理组织事务时，应照章办事，不允许将私人关系掺杂在内，更不允许组织内部人员因私人关系而破坏组织的正式规则。

⑤考核和任命管理人员。韦伯主张，组织领导人员的任职资格，要通过考核和任命进行。除高层领导外，所有管理人员都要经上级任命产生，而且管理人员的晋级应有统一的标准，其薪金的高低也应与其责任分担和能力高低相适应。

韦伯的科层制理论注重正式组织的强制性、权威性，强调以制度管理组织，明确职责，实行等级分工，为现代行政组织管理奠定了坚实的理性基础，且将产生持续的影响作用。韦伯本人也因此被称为"组织管理之父"。

四、人际关系理论

人际关系理论是美国行为主义科学家梅奥通关过霍桑试验总结出的一种管理理论。这种理论的主要内容包括以下三个方面。

①企业中人与人之间的关系影响着工作效率。在霍桑试验中，梅奥通过观察对比发现，人并不是单纯意义上的"经济人"，即过于看重物质利益，工作条件和薪资

报酬也不是影响工作效率的第一要素。工人工作效率主要取决于工作中所形成的人际关系，和谐的人际关系有助于提高工作效率，否则，就影响工作效率的提高。因此，企业的管理者必须要尊重下属，关注他们的工作和生活，努力形成和谐融洽的人际关系氛围。

②企业内部的非正式组织影响劳动生产率。梅奥认为，企业中存在非正式组织。这些非正式组织有自己的核心人物和领袖，有大家共同遵循的观念、价值标准、行为准则和道德规范等。他们以感情为行为准则，共同维护组织成员的利益。因此，管理者必须重视非正式组织的作用，注意在正式组织效率逻辑与非正式组织的感情逻辑之间保持平衡，以便管理者与工人之间能够充分协作。

③提高工人满意度是提高其劳动生产率的首要条件。梅奥认为，在影响劳动生产率的诸因素中，首要因素是工人的满意度，而生产条件、工资薪酬只是第二位的。工人的满意度越高，其士气就越高，相应地，生产效率就越高。因此，企业的管理者必须充分估计下属工作人员的物质和精神两种利益的需求，积极提升他们的满意度。

梅奥的人际关系理论强调人际关系的价值，认为管理者要提高工人的工作效率，必须以人为中心，善于鼓励员工的士气。这一理论为现代行为科学的发展奠定了基础。

五、需要层次理论

需要层次理论是美国心理学家马斯洛提出的，他把人的需要分为生理需要、安全需要、爱和归属的需要、受尊重的需要和自我实现的需要五类，并分层次由低到高依次排列。处于最低层次的是最基本的需要，处于最高层次的是最高级的需要。人只有低层次的需要得到满足后，才有可能出现更高级的、社会化程度更高的需要。下面简介一下需要层次理论。

第一层次是生理需要。生理需要包括呼吸、睡眠、食物、水、分泌和性等。这一层次的需要是推动人们行动的首要动力。马斯洛认为，只有这些最基本的需要，即维持生存所必需的需要得到满足后，其他需要才能成为新的激励因素，而此时已经满足的需要也就不再成为激励因素了。

第二层次是安全的需要。安全的需要主要包括人身安全、健康和道德保障、资源和财产安全、工作职位和家庭安全等。马斯洛认为，人的感受器官、效应器官等都是寻求安全的工具，整个有机体都存在一个追求安全的机制。当人的安全需要得到满足后，它同样也就不再成为激励因素了。

第三层次是爱和归属的需要。马斯洛认为，人人都希望得到相互关心和照顾，而且这种感情上的需要比生理上的需要来得细致，其主要表现是亲情、友情、爱情和性亲密等。

第四层次是尊重的需要。马斯洛认为，每个人都希望自己的才能和成就能得到他人的认可，使自己有稳定的社会地位，受到别人的尊重，能体验到自身的价值，使自己充满自信。根据马斯洛的分析，尊重的需要主要包括信心、成就、对他人尊重、被他人尊重和自我尊重等方面。

第五层次是自我实现的需要。自我实现的需要是指实现个人的理想、抱负，充分发挥个人的能力，以达到自我实现的目标。此时人接受自己也接受他人，解决问题的能力增强，自觉性提高，善于独立处事，完成与自己的能力相称的一切事情。自我实现的需要在需要层次中处于最高层次。这种需要使自己努力实现自己的潜能，使自己越来越成为自己所期望的人物。自我实现的途径有许多种，而且因人而异。

马斯洛从人本主义心理学出发，提出了需要层次理论，认为人的需要是一个由低级向高级发展的过程，每个人在不同时期都有一个占主导倾向的需要。这种观点符合人类需要发展的一般规律，对于管理工作的开展及员工积极性的调动具有重要的启发意义。

六、决策管理理论

决策管理理论的提出者是美国著名的行政学家赫伯特·西蒙。他从行为科学的角度探讨了决策理论，取得了很大成就，被公认是决策管理学派的创始人。下面将有关行政组织的决策管理思想做简要介绍。

①管理就是决策。西蒙认为，传统的组织理论对统一指挥、专业分工和管理层次等问题没有回答清楚，忽视了对组织决策问题的研究。而组织是一个决策系统，有效的组织应以正确的决策为基础，整个管理过程就是"决策—执行—再决策—再执行"的连续不断的过程。

②只有"令人满意"的决策，没有"最优化"的决策。西蒙认为，决策过程受决策

者主观认识能力、知识、价值观等的限制，在客观上，受时间、经费、资源条件等的限制，所以，任何组织和个人的决策都不可能是最理想、最优化的，只能追求在当时条件下"令人满意"的决策。

③"诱因效应"和"贡献效应"。西蒙认为，组织对个人提供的诱因和个人对组织的贡献之间是一种互依互动的关系，组织要根据个人的贡献提供物质或精神上的报酬，同时，组织之所以能提供某种诱因，又来自个人对组织的贡献。这就是著名的"诱因效应"和"贡献效应"。

④决策的影响因素。西蒙认为，决策除了受个人知识、能力、价值观的制约之外，还受组织内部相关因素的影响，如组织权威、组织目标认同、信息沟通、方法和路径，以及成员受培训的程度。

⑤组织设计理论。西蒙认为，组织设计要有利于组织决策。组织结构的设计要先从组织目标入手，将组织决策系统分成彼此相对独立的子系统，并让每个子系统享有充分的决策权，以实现最大限度的分散决策。而组织权力的配置又要适当地分权与集权。因为，过分集权，容易加重主要决策者的负担，无法集中精力考虑解决重大问题，而下级人员还无所事事。这样既占有了下级人员应有的锻炼和发挥才能的机会，又容易偏离组织工作的重心。

总之，西蒙以决策为核心的行政组织理论，使行政组织的研究由静态转向了动态，转换了研究视角，丰富了理论内容，奠定了公共行政学思想体系。也正是因为他对经济组织决策过程的开拓性研究，1978年，他获得了诺贝尔经济学奖。

七、经理角色理论

经理角色理论是加拿大著名学者明茨伯格通过考察经理的职务和工作，在实证研究的基础上，提出的一种管理思想。目前已经形成了角色管理学派，明茨伯格被公认为是这一学派的创始人。明茨伯格的经理角色理论可以用"六、八、十"来概括，即经理有六个特点、八种类型、十种角色。

（一）经理的六个特点

明茨伯格通过观察发现，企业经理具有以下六个特点：①工作紧张而繁重；②工作多样而又琐碎；③经理工作是"务实不务虚"；④爱用口头交谈的方式沟通，"顺便"的信息可能比正式的主题还重要；⑤处于组织和外界联系网络的瓶颈；⑥权利和职责混合一体。

(二)经理的八种类型

明茨伯格认为，根据经理的权力表现和工作方式，可以分成八种类型，即联系人型(销售经理、服务行业的总经理等)、谈判和发言人型(政治经理、公共机构经理)、企业家型、内当家型(高层或中层业务经理、生产经理)、实时排障型、关系协调型、专家型(经理和专家混合体)、联络监听型(新任经理)。

(三)经理的十种角色

明茨伯格将经理的角色分为三大类十种具体角色。第一类是在人际关系方面，经理扮演的是挂名首脑、领导者和联络者的角色；第二类是在信息传递方面，经理扮演的是监听者、传播者和发言人的角色；第三类是在决策制定方面，经理扮演的是企业家、谈判者、资源分配者和混乱驾驭者的角色。

总之，明茨伯格仔细考察了管理者的工作及其对组织的巨大作用，提出了经理角色理论，具体而详细地描述了经理所拥有的权力和地位，抓住了管理的共性问题，并就如何提高管理效率提出了很好的建议。

八、目标管理理论

(一)目标管理理论的提出

目标管理理论的提出者是美国著名管理学家彼得·德鲁克。目标管理的核心思想是以目标为中心，以执行目标为途径，以达成目标为宗旨。

彼得·德鲁克通过对传统管理理论的研究发现，泰勒的科学管理理论把工人看成是"经济人"，认为人都看重物质利益，工作中的表现就是给钱就干活，多给钱就多干，少给钱就少干，不给钱就不干。而梅奥的人际关系理论虽然重视人的社会性，但是，过于看重感情和人际关系，人与人之间表面上一团和气，但实际上工作效率却不高。如何避免以上两种管理理论的缺陷，寻找一条既能让工人积极参与工作，又能使其自我控制的理论，彼得·德鲁克想到了用目标去管理，即目标管理理论。

(二)目标管理理论的基本观点

目标管理理论的基本观点包括以下几个方面：

①员工参与管理。目标管理的基本特点是，以目标作为行动的指南，以实现目

标的效果评定行动。员工参与工作目标的制定，可以把握工作过程，增强责任意识，使他们既掌握工作的主动权，又能产生高涨的工作热情，从而形成积极的工作状态。

②强调自我控制。目标可以使人看清使命。目标管理的根本目的就是目标激励，自我控制，自我约束。

③经理权力下放。现代人崇尚民主，任何人都不愿意在别人的监督下工作和生活。实行目标管理就是将工作过程的管理权交给员工自己，让员工自己决定工作的进程和实施办法。这样，员工不仅不会降低工作效率，反而会因此产生主人翁感，增强工作的主动性和创造性。相对传统的家长制管理方法，目标管理可以说既省力，又高效；对于管理者来说，既民主，又省心。

④效益优先。目标管理可以使员工集中精力，把握现在，形成积极的心态，同时，又有利于激发员工的工作热情，在工作中不断自我完善，持续进步，因此能产生明显的效益。

（三）目标管理的实施过程

实施目标管理一般包括以下几个环节：

①确立单位组织的整体目标。实施目标管理，组织部门首先要制定本单位的长期发展规划和短期发展计划，为接下来细化工作任务提供依据和指导思想。一般来说，制定这一目标要有一定的前瞻性，还要留有余地。

②制定各部门员工的目标。根据组织目标确定每个员工的努力方向，即具体目标，形成组织目标体系。员工目标的制定要充分发扬民主，多方征求意见，做到责任清楚，分工合理。

③制定衡量目标的标准。目标管理最关键的一步就是制定衡量标准，包括对目标实施的数量、质量、时间、费用等要有标准，这样才便于考核和评价。

④做好实施目标准备工作。目标确定之后，一个最重要的工作就是做好充分的准备，如人员配备、材料供应、技术支持、经费分配等，为员工落实工作目标提供便利。

⑤做好激励和沟通工作。管理者的任务是将工作人员组织起来，激励他们为达成目标而努力工作，保持与下属或同事的经常性的联系和沟通，同时做好人员配置、工作待遇和职位晋升等工作。

⑥进行业绩考核。一个工作环节结束，管理者要根据事先制定的工作标准，对

每个员工的工作情况进行业绩考核，并将考核结果反馈给员工，以便调整或修订下一阶段的工作目标。

目标管理理论的提出，在世界范围内产生了很大影响。该理论首先在美国迅速流传，后被日本、西欧、苏联等国家仿效，到 20 世纪 80 年代被引入我国的一些企业和教育领域。不管是作为一种管理思想，还是作为一种管理方法，目标管理对管理理论体系的丰富，乃至对世界经济和社会发展所起的作用都是不可估量的。正是因为这一理论的贡献，美国前总统乔治·W. 布什将 2002 年度"总统自由勋章"授予了彼得·德鲁克，以肯定他对人类管理科学的巨大贡献，彼得·德鲁克也被公认为"现代管理学之父"。

九、竞争优势理论

竞争优势理论由美国哈佛大学迈克尔·波特提出，又称为"国际竞争优势模型"或"钻石模型"。竞争优势理论的核心内容主要是"五种竞争力"和"三种战略"。

(一)"五种竞争力"

五种竞争力实际上就是企业在发展过程中面临五个竞争因素。这五个竞争因素分别是同行业竞争者、供应商的议价能力、购买者的议价能力、潜在进入者的威胁，以及替代品威胁。

(二)"三种通用战略"

波特认为，在五种竞争力量抗争的过程中，有三类成功的思想，也称"三种思路"或"三大战略"，即总成本优先战略、差别化战略、专一化战略。

总成本领先战略是指企业要全力以赴降低成本，抓紧成本与管理费用的控制，以及最大限度地减少研究开发、服务、推销、广告等方面的成本费用。

差别化战略是指将产品或公司提供的服务差别化，例如，名牌形象、技术独特、性能特点、顾客服务、商业网络及其他方面的独特性。而且，最理想的情况是公司在几个方面都有差别化的特点。

专一化战略是指企业可以针对自身特点，主攻某个特殊的顾客群、某产品线的一个细分区段或某一地区市场，并很好地为这一特殊目标服务。公司通过这种业务的专一化，以较高的效率、更好的效果为某一狭窄的战略对象服务，从而超过较广阔范围内竞争的对手。

时至今日，竞争思想已经家喻户晓，深入人心。迈克尔·波特可谓功不可没，因此他被世界管理思想界称为"活着的传奇"、当今全球第一战略权威，同时也是商业管理界公认的"竞争战略之父"。

十、学习型组织理论

学习型组织理论是美国著名的管理学者彼得·圣吉提出的一种管理观念。彼得·圣吉认为，当今时代，企业面临着剧烈竞争的外部环境，企业应建立学习型组织，做到"学习工作化，工作学习化"，不断进行自我组织再造，以维持竞争力。

学习型组织应包括五项要素：

①建立共同愿景。愿景可以凝聚公司上下的意志力，达成组织共识，大家努力的方向一致，个人也乐于奉献，为组织目标奋斗。

②团队学习。团队智慧应大于个人智慧的平均值，以做出正确的组织决策，通过集体思考和分析，找出个人弱点，强化团队向心力。

③改变心智模式。组织的障碍，多来自个人的旧思维，如固执己见、本位主义，唯有通过团队学习，或标杆学习，才能改变心智模式，有所创新。

④自我超越。个人有意愿投入工作，个人与愿景之间有某种"创造性的张力"，这是自我超越的来源。

⑤系统思考。应通过资讯搜集，掌握事件的全貌，以避免只见树木不见森林，培养综观全局的思考能力，看清楚问题的本质，有助于清楚了解因果关系。

综上所述，学习型组织的核心是建立组织的思维能力，进行组织的自我完善，基础是团队学习，关键特征是全员学习、系统思考、全面更新，方法是找到循环成长之路。

总之，经典管理思想博大精深，除了上述十种主要的管理理论之外，影响比较大的思想理论还有威廉·爱德华·戴明的"四环说"、赫茨伯格的"双因素理论"（激励因素和保健因素）、道格拉斯·麦格雷戈的"X—Y理论"、卢桑斯的"权变理论"、威廉·大内的"Z理论"等。它们都在不同程度上对管理活动做出了巨大贡献，丰富了管理科学的内容，有的理论仍继续为经济和社会发展产生重要的指导作用。

本节小结

1. 管理思想的发展可大致分为管理理论的萌芽阶段、古典管理理论阶段、现代管理理论阶段和当代管理理论阶段。在其发展过程中形成了众多学派，如管理过程学派、经验主义学派、行为科学学派、社会系统学派、决策理论学派、经理角色学派、数理学派、交流中心学派、管理科学学派、政治经济学派等。

2. 经典管理理论有着很长的发展历史，对世界管理已经和正在产生影响的经典理论主要有科学管理理论、一般管理理论、科层制理论、人际关系理论、需要层次理论、决策管理理论、经理角色理论、目标管理理论、竞争优势理论、学习型组织理论等。

思考与练习

1. 马斯洛需要层次理论对当代管理有何启示？

2. 请你介绍一下目标管理理论和学习型组织理论的基本观点。

参考文献

1. 鲁杰. 教育社会学. 北京：人民教育出版社，1990

2. 吴志宏等. 新编教育管理学. 上海：华东师范大学出版社，2000

3. 吴志宏. 教育管理学. 北京：人民教育出版社，2006

4. 王普华. 幼儿园管理. 北京：高等教育出版社，2010

5. 周国剑. 幼儿园组织与管理. 天津：南开大学出版社，2012

6. 徐建平，茅锐，江雪梅. 教育政策与法规. 重庆：重庆大学出版社，2013

7. 张燕，邢利娅. 幼儿园管理案例及评析. 北京：北京师范大学出版社，2002

8. 何幼华. 幼儿园管理创意设计. 上海：华东师范大学出版社，2006

9. 程凤春. 幼儿园管理的 50 个典型案例. 上海：华东师范大学出版社，2011

10. 朱家雄，张亚军. 给幼儿园园长的建议. 上海：华东师范大学出版社，2010

11. 肖玉. 幼儿园管理. 北京：人民邮电出版社，2017

12. 王雯. 学前教育管理学. 北京：北京大学出版社，2014

13. 秦明华，张欣. 幼儿园组织与管理. 上海：复旦大学出版社，2008

14. 张慧敏. 幼儿园组织与管理. 北京：人民邮电出版社，2014

15. 刘艳珍，马鹰. 幼儿园组织与管理. 北京：北京师范大学出版社，2010

16. 陈兴杰. 优秀校长 99 个成功的管理细节. 上海：华东师范大学出版社，2010

17. 张珺. 幼儿园环境创设：环境与艺术的对话. 北京：北京师范大学出版社，2016

18. 裴娣娜. 教育科学研究方法. 沈阳：辽宁大学出版社，1999

19. 赵凡宇，赵彦锋. 管理越简单越好大全集. 北京：企业管理出版社，2010

20. 李津. 世界成功管理经典智慧全集. 北京：地震出版社，2008

21. 哈佛商学院教程研究工作室. 哈佛商学院管理全书. 北京：中央编译出版社，2012

22. 何光明. 幼儿园教育活动设计与组织. 长春：吉林大学出版社，2013

23. 张兆瑞. 小成语　大管理：中华文化之瑰宝　管理智慧之锦囊. 北京：群众出版社，2012

24. 中国社会科学院语言研究所词典编辑室编. 现代汉语词典：第 7 版. 北京：商务印书馆，2018

25. 刘振铎. 汉语辞书大全·汉语词典. 长春：北方妇女儿童出版社，2002

26. 孙培青. 中国教育史. 上海：华东师范大学出版社，2009

27. 王国轩，王秀梅. 孔子家语. 北京：中华书局，2009

28. 李小龙. 墨子. 北京：中华书局，2007

29. 饶尚宽. 老子. 北京：中华书局，2006